LES MYSTÈRES DE L'APRÈS-VIE

JEAN MARKALE

LES MYSTÈRES DE L'APRÈS-VIE

Pygmalion
Gérard Watelet
Paris

Sur simple demande aux
Éditions Pygmalion/Gérard Watelet, 70, avenue de Breteuil, 75007 Paris
vous recevrez gratuitement notre catalogue
qui vous tiendra au courant de nos dernières publications.

ISBN 2-85704-340-6

AU CHATEAU DES BROUILLARDS

Là, tout n'est qu'ordre et beauté,
Luxe, calme et volupté.

BAUDELAIRE

Il y a des lieux communs qu'on ne se lasse pas de répéter, par exemple les deux premiers vers d'un célèbre poème de Louis Aragon, écrit à la fin de la Seconde Guerre mondiale et relatif à la grandeur de ce qu'on appelait la « Résistance » : « Celui qui croyait au Ciel, — celui qui n'y croyait pas. » Cette belle envolée lyrique, forcément généreuse, symbolisait de la façon la plus simple qui soit l'unité profonde qui existe à travers les êtres humains : l'égalité devant la mort, comme devant l'action, quelle que soit l'opinion qu'on puisse avoir d'une destinée future dans un au-delà nécessairement différent de cet ici-bas de misères et d'injustices sociales, intellectuelles ou autres. Il ne peut exister deux humanités, celle qui croit au Ciel et celle qui n'y croit pas : c'est une seule et même espèce d'êtres, soumis aux mêmes lois de la nature, avec cette unique *liberté,* croire ou ne pas croire en la survie de l'être.

Malheureusement, la formulation d'Aragon, qu'il n'a pas inventée et qui est typiquement populaire, renferme une redoutable ambiguïté : elle résulte d'une vision confusionnelle qui a abouti, dans l'Histoire, aux pires aberrations, tant du point de vue social et culturel que du point de vue spirituel. En effet, le mot « Ciel », dans un cadre occidental marqué par le Christianisme (que les gens concernés soient croyants ou non), renvoie à une notion étroite de l'*après-vie,* celle qui a été enseignée par vingt siècles de catéchisme, donc de dogme incontournable exprimé et imposé par une religion dominante. Et c'est bien par ce biais que la confusion la plus totale s'est installée dans la pensée occidentale, aussi bien celle des soi-disant matérialistes que celle de ceux qui se prétendent des « spiritualistes ».

Il importe de préciser que cette notion de « Ciel » s'adresse — et ressort — à l'inconscient collectif occidental, ou si l'on préfère, d'une structure mentale inhérente aux sociétés occidentales, ce que j'appellerai un *mythe immanent* incarné dans la *permanence,* c'est-à-dire dans la double image d'un « paradis » de récompense et d'un « enfer » de châtiment. Le phénomène religieux est donc immédiatement derrière cette notion et cette double image ; et il est très difficile de les dissocier, étant donné que les habitudes et les structures d'un groupe humain imprègnent nécessairement les représentations métaphysiques qui, sans elles, risqueraient de demeurer complètement abstraites et donc incompréhensibles. Or, l'ambiguïté réside dans cette confusion opérée entre le *métaphysique* et le *religieux.* Il s'agit en effet de deux *modes* antinomiques qui ont été confondus (partout, dans toutes les civilisations, et pour des motifs de confiscation du « pouvoir ») au mépris des plus élémentaires réalités de la conscience humaine. Ne soyons pas dupes : la *Métaphysique* (qui n'est pas une science, mais une spéculation intellectuelle) est une démarche de l'esprit humain vers une transcendance qu'il s'efforce de connaître par la réflexion, sinon par la raison ; mais la *Religion* (quelle qu'elle soit) est une solution proposée — et en principe librement acceptée — par des personnages revêtus d'une coloration sacrée (voire divine) concernant les rapports de l'Être humain — fragmentaire, individuel — et de l'Être supérieur - créateur et *total.* La Métaphysique part d'en bas ; la Religion part d'en haut, ou soi-disant d'en haut. Et si la Religion propose des solutions, celles-ci sont définitives, absolues, indiscutables ; la Métaphysique *suppose* des explications que nul n'est tenu de croire aveuglément. C'est pourquoi les religions de type « révélé » se sont efforcées de faire remonter leurs croyances ou leurs dogmes le plus haut possible, jusqu'à la divinité. C'est le cas du Christianisme, du Judaïsme bien entendu, et aussi de l'Islam, qui sont, on le sait, les trois grandes religions monothéistes actuelles. Assurément, Don Juan — le héros de Molière et de Mozart — n'est pas un homme religieux, et il s'en défend avec véhémence. Mais peut-on dire, après avoir écouté les derniers accords du magnifique opéra de Mozart, que le superbe Don Juan ne soit pas hanté par les problèmes métaphysiques ? Sinon il n'eût jamais défié la statue du Commandeur. A cette attitude, il convient d'ailleurs d'opposer le comportement du valet de Don Juan, ce malheureux Sganarelle-Léporello : ses derniers mots, dans la pièce de Molière, ce sont : « Mes gages ! mes gages ! » Autrement dit : « Qui va me payer mes gages maintenant que mon maître est mort ? [1] »

Les rapports entre une attitude métaphysique et une attitude religieuse sont fort complexes et bien souvent contradictoires, non seulement pour des cas particuliers, mais pour des mentalités collectives. Ainsi, le Bouddhisme ne peut en fait être considéré comme une religion : c'est plutôt une métaphysique, un système philosophique, un art de vivre et de mourir. Mais l'ambiguïté réside dans le fait que le Bouddhisme propose une série de rites et une sorte de hiérarchie sacerdotale, ce qui l'apparente aux grandes religions fortement structurées. On pourrait dire alors que le Bouddhisme est une religion athée, ce qui est un non-sens, une religion posant toujours, comme postulat fondamental, l'existence d'un ou de plusieurs dieux. Le

1. Il y a pire dans la fameuse scène du pauvre de la pièce de Molière. Lorsque Don Juan propose une pièce d'or au malheureux à condition qu'il jure, Sganarelle, le bon catholique, l'*homme religieux,* invite le pauvre à jurer « parce que cela n'est pas bien grave ». Mais le pauvre, harcelé par la faim et la misère, refuse avec une extraordinaire dignité. C'est alors que Don Juan, « par amour de l'humanité », lui remet la pièce d'or, dans un geste empreint de noblesse, mais aussi de véritable charité chrétienne, celle que le *religieux* Sganarelle est incapable d'assumer. C'est alors qu'on entrevoit la portée métaphysique du comportement de Don Juan.

mot *religion,* emprunté au latin [1], et bâti sur une racine qui signifie « lier », suppose l'établissement d'un lien, d'un véritable « contrat » entre les êtres humains (les « mortels ») et la ou les divinités (les « immortels »). Par ce contrat, la place de chacun est précisée, ainsi que tous les rapports d'allégeance, de soumission, les limites à ne pas dépasser, les récompenses et les châtiments. En somme, la religion est un ensemble de rites et de conventions destinés à maintenir l'équilibre du monde en assurant la plus grande harmonie possible entre la nature humaine, faible et instable, et des forces supérieures que l'on décèle au nom de la transcendance par une explication plus ou moins rationnelle du monde.

Toute religion authentique postule donc l'existence d'un être supérieur, ou de plusieurs. Mais le problème se complique lorsqu'on constate que *certaines religions n'admettent pas la survie de l'âme après la mort.* La question se pose à propos de la religion grecque officielle, que nous connaissons en fait très mal, et pour la religion romaine archaïque : les « pâles ombres » qui errent dans les Enfers ne sont que des reflets sans consistance, des émanations plus ou moins fantomatiques qu'il est difficile de définir comme vivant une autre vie dans un autre monde [2]. Mais, fait plus grave, c'est que *la religion hébraïque elle-même, du moins en certaines de ses composantes, n'admet pas la vie après la mort.* Iaveh est le créateur du monde et des humains. On l'adore parce qu'il

---

1. La plupart des langues européennes, à cause du Christianisme, ont emprunté ce même mot au latin, sauf les trois langues celtiques encore parlées, lesquelles utilisent la racine du latin *credere* (breton : *kredenn ;* gallois : *crefydd ;* gaélique : *craidteact*), ce qui nous ramène à une conception beaucoup plus métaphysique de la religion : en effet, *credere,* avant de signifier « croire », au sens actuel, hérité du fameux « Credo » chrétien, était l'équivalent de *putare,* penser, exprimer une opinion. La racine indo-européenne est *kar (ker, kre)* qui signifie proprement « crier ».

2. Il s'agit ici de la religion primitive des cités grecques et de la religion officielle, politique, de la Rome antique, et non pas des religions dites « à mystères » qui, introduites par le bouleversement hellénistique et le contact avec l'Orient, postulent au contraire fermement cette survie de l'âme et également sa « réincarnation » dans un autre monde.

est tout-puissant et que c'est même un « dieu vengeur ». On le prie ardemment pour obtenir la vie la plus longue et la plus agréable possible, ce qu'il ne peut refuser, si l'on suit scrupuleusement ses commandements. Mais la mort est une fin. Il va sans dire que le Judaïsme a beaucoup évolué et que la mystique juive, très audacieuse pendant tout le Moyen Age, a largement corrigé ce pessimisme originel. Mais cette position de refus d'une immortalité de l'âme [1] était encore celle de la plupart des Juifs au temps de Jésus. Les maîtres à penser de la Palestine au premier siècle de notre ère, c'est-à-dire les prêtres, ceux qu'on appelait les Sadducéens, maintenaient fermement cette doctrine ; et il ne faut pas s'étonner si l'enseignement de Jésus leur paraissait si contraire à leur dogme, et donc parfaitement sacrilège. C'étaient les Pharisiens, pourtant si décriés dans la tradition chrétienne, qui étaient les plus fervents partisans de l'immortalité de l'âme. Cette position, acquise par les Juifs intellectuels au contact des philosophes grecs, des mages iraniens et des sages indiens, voire des druides galates établis en Asie Mineure depuis Philippe de Macédoine, était partagée par les mystérieux Zélotes, ces Pharisiens activistes et révolutionnaires parmi lesquels Jésus a trouvé ses premiers disciples, et par les non moins mystérieux Nazoréens (ou Nazaréens) auxquels appartenait Jésus et dont le nom est à l'origine de la fable de Nazareth [2]. Quant aux Esséniens, révélés par les fameux manuscrits de la mer Morte, et auxquels on a voulu rattacher Jean-Baptiste et Jésus, il n'est nullement établi, si l'on en croit les plus récents décryptages de textes, qu'ils aient professé cette immortalité. Évidemment, lorsqu'on prend conscience de cette réalité

1. Tout cela est en rapport avec les croyances sémites relatives au sang « véhicule de l'âme », notamment les nombreuses interdictions constatées dans la loi juive à propos du sang des bêtes, du sang menstruel, du sang de l'accouchement, etc. Faire du sang le véhicule de l'âme suppose une option matérialiste.

2. La ville de Nazareth n'existait pas au temps de Jésus. Elle date du second siècle de notre ère. L'inscription « I.N.R.I. » sur la Croix marque l'appartenance de Jésus à la secte des « Nazoréens ». Il est significatif que l'Évangile de Jean, qui semble le témoignage le plus authentique, ne parle jamais de la naissance et de l'enfance du Christ.

historique, culturelle et religieuse, on comprend mieux pourquoi le message de Jésus-Christ fut si mal compris et si mal reçu par la plupart des Juifs de son époque.

Dans toutes les religions répertoriées à travers le monde, et à toutes les époques, il y aurait bien d'autres exemples de cette sorte. On peut signaler celle des anciens Égyptiens : il semble qu'à l'origine, la croyance en l'immortalité de l'âme concernait seulement le Pharaon, puis ensuite seulement les *initiés,* c'est-à-dire les prêtres et les membres de la famille royale. Cela pose d'ailleurs un autre problème, celui de l'acquisition d'une certaine forme d'initiation nécessaire pour acquérir, sinon le droit, du moins la faculté de survivre et de renaître, soit dans ce monde-ci, soit dans un autre. A cet égard, il serait utile d'examiner les tenants et aboutissants de la célèbre querelle de saint Augustin et de Pélage, au IVe siècle, sur le baptême chrétien considéré comme la condition sine qua non de l'immortalité, « dans le sein d'Abraham », ou encore la signification profonde de textes essentiels comme le *Livre des Morts* des Égyptiens, ou le *Bardo-Thödol* des Tibétains. Or, une constatation domine : une religion est nécessairement un « contrat » entre la divinité et l'humain ; mais elle n'est aucunement l'assurance d'une autre vie pour cet être humain.

Il serait, dans ces conditions, très souhaitable de réviser certains jugements primaires de type improprement appelé manichéen : matérialisme n'est pas plus synonyme d'athéisme que spiritualisme n'est synonyme de « déisme », puisqu'on constate l'existence de spiritualistes athées (les Bouddhistes, par exemple) en face de matérialistes croyant fermement en un « grand architecte de l'univers » et de prétendus spiritualistes qui ne croient pas à la survie de l'esprit. On a l'impression d'errer dans les corridors d'un Château des Brouillards où l'on se demande quelle est la réalité — ou la non-réalité — de toutes les formes entrevues.

Il faut d'abord dissiper un peu de ces brouillards, en évitant de faire coïncider une Tradition, quelle que soit sa nature ou son origine, avec la Religion, en tant qu'institution sociale structurée, avec ses rites, ses dogmes et ses hiérarchies de valeurs. Une religion, quelle qu'elle soit, est toujours bâtie sur une Tradition, orale ou écrite, remontant le plus loin possible dans le temps jusqu'à un fondateur réel ou mythique, prophète ou être divin ; mais elle propose, et même impose, une *interprétation* de cette Tradition. La Bible n'est pas le Judaïsme, ni le Christianisme : mais elle en reste la base sans laquelle ces deux religions n'existeraient pas. Et pourtant, on l'a bien vu au cours des siècles, la Bible, en tant que Tradition, est susceptible de nombreuses autres interprétations, parfois contraires à celles de la doctrine orthodoxe. Ainsi s'expliquent les « hérésies » et les déviances de toutes sortes qui consistent en un prétendu retour aux sources primitives. Ce fut le cas du Protestantisme. Malheureusement ces nouvelles interprétations deviennent à leur tour des articles de foi et, à nouveau, la Tradition est oubliée au profit d'un dogme sans aucun doute rassurant, mais nécessairement contraignant.

La contrainte est d'ailleurs fort subtile. Au fur et à mesure qu'une religion s'intègre dans une société déterminée [1], elle a tendance à s'écarter des composantes spirituelles, voire *mystiques,* qui l'avaient faite éclore. Ce concept d'initiation obligatoire (« Si vous n'êtes pas *initié,* vous ne pourrez prétendre à la survie ou au bonheur ») pèse lourdement sur cette évolution : à partir du moment où l'initiation devient condition obligatoire, elle peut déboucher sur d'étranges marchandages, ceux-ci étant le fait d'une classe sacerdotale revêtue du pouvoir suprême de disposer du destin des individus. D'interlocuteurs privilégiés, et donc de *médiateurs* entre la divinité et l'être humain qu'ils étaient à l'origine, les prêtres de n'importe quelle religion acquièrent alors une redoutable fonction qui est de délivrer des certificats de bonne conduite et des passeports pour la vie éternelle. « Hors de l'Église, point de salut ! » a-t-on répété pendant près de vingt siècles [2]. Il est peut-être utile de signaler que Charlemagne, le bon

1. D'aucuns disent que le contexte socioculturel suscite l'apparition d'une religion. C'est la querelle de l'œuf et de la poule, car le problème demeure identique.

2. Dans mon enfance, avant la Seconde Guerre mondiale, je devais dire des prières, et surtout donner des timbres-poste et du « papier

empereur d'Occident, a converti les Saxons de force au Christianisme : ceux qui n'embrassaient pas la foi chrétienne étaient passés par les armes pour le plus grand bien de la papauté — et du trésor impérial. Il est également souhaitable de rappeler que chez les Celtes dits « païens », en particulier chez les Irlandais, lors d'une assemblée de la tribu, si personne ne devait prendre la parole avant le roi, le roi ne pouvait prendre la parole avant le druide. Chez les Indo-Européens — les travaux de Georges Dumézil et de quelques autres l'ont mis en évidence — la prédominance de la classe (ou de la caste) sacerdotale est totale et absolue. Il en a d'ailleurs été de même presque partout ailleurs.

Cela explique la naissance de l'anticléricalisme, ce qui ne veut pas dire de l'anti-religion, ni surtout de l'anti-spiritualisme. Au cours des siècles, un nombre impressionnant de penseurs de tous bords ont exprimé leur méfiance vis-à-vis de la Religion, considérée en tant qu'institution sociale, et forcément politique. La fameuse formule : « La Religion, c'est l'opium du peuple », prêtée indifféremment à Proudhon et à Marx, et qui imprègne le XIXe siècle, n'est pas nouvelle, et l'on s'est bien gardé d'en analyser exactement les termes. Qui dit « opium », dit « rêve » ou « consolation », pour ne pas dire « divertissement » dans le sens pascalien du terme. « Que chacun reste à sa place, c'est Dieu qui le veut ainsi ! c'est pour votre bien, selon le plan éternel. Et ceux qui n'ont rien auront tout, les riches seront pauvres et les pauvres seront riches dans cette vie future qu'on vous promet. » Ainsi sont justifiées les inégalités. Ainsi est « divinisé » le capitalisme (et par conséquent la lutte des classes !). C'est ce qu'Herbert Marcuse appelle le déplacement de l'instinct de plaisir vers un avenir — matériel (le paradis sur terre) ou spirituel (le paradis chrétien). En vérité, cette

d'argent » pour la conversion des *nègres* et des « diaboliques » mahométans qui, sans mon intervention, allaient tout droit rôtir en enfer. De nos jours, c'est l'épiscopat catholique français qui propose des églises désaffectées (par manque de fidèles) aux maudits mahométans d'autrefois. De qui se moque-t-on ? Des Musulmans ou des Catholiques ? Ou plus vraisemblablement des deux...

problématique conditionne presque toutes les sociétés humaines. C'est un peu comme si un publicitaire quelque peu cynique n'hésitait pas à affirmer : « Souffrez, nous ferons le reste ! » La liste des peuples menés au nom de cette formule serait fort longue à établir, y compris ceux qui se sont retrouvés dans les pires aberrations [1]. Le refrain est bien connu, parce qu'il reste toujours le même : il faut subir des épreuves avant de connaître le bonheur éternel. Ce sont encore les Celtes, les Irlandais, pour être précis, qui sont à l'origine de ce concept maintenant bien intégré dans la doctrine chrétienne, celui du Purgatoire, lieu (ou *état*) de transition, dans un Au-Delà inexorable, où il est encore possible d'infléchir la sentence. « Ciel, purgatoire et enfer, quels bénéfices n'a-t-on pas retirés en votre nom ! quelle discipline n'a-t-on pas imposée à une société fragile et pénétrée d'Église à défaut d'Évangile ! L'armée des âmes du purgatoire restera, jusqu'au début du XXe siècle, l'assurance tous risques et le remède à l'angoisse. La miséricorde passe par le casuel [2]. » Il est vrai que Martin Luther a été déclaré hérétique lorsqu'il a osé s'attaquer aux « Indulgences ». Il est vrai que l'Évangile, c'est-à-dire la « Bonne Nouvelle », autrement dit la *Tradition* réintégrée dans une certaine histoire, est singulièrement absent de cette entreprise multinationale à responsabilité limitée.

C'est pourquoi tant de penseurs ont tenu à exprimer leur méfiance à l'encontre de la Religion, toujours considérée comme une institution sociale structurée. La fameuse formule du XIXe siècle, « la Religion est l'opium du peuple », due à Marx ou à Proudhon, semble d'ailleurs aussi vieille que le monde. A la fin du XVIIe siècle, dans la période du règne de Louis XIV qui vit la révocation de l'édit de Nantes, la cabale des Dévots et la lutte contre le

1. L'extrême limite de ces aberrations — et de l'horreur absolue — étant le nazisme. Il faudrait se souvenir qu'Hitler justifiait son action et ses monstruosités par une référence quasi constante à la Providence. On se perd en conjectures quant à l'essence de cette « Providence ».

2. Bruno Lagrange, *la Mort chrétienne existe-t-elle ?* dans l'ouvrage collectif : *la Mort est une autre naissance*, Paris, Albin Michel, 1989, p. 54.

Jansénisme et le Quiétisme, un auteur injustement oublié aujourd'hui, Pierre Bayle, se fait l'écho de cette tendance de la pensée occidentale à mettre en doute les dogmes religieux au nom de la Science et de la Raison. Pierre Bayle est d'origine protestante. Converti, sans doute pour la forme, au catholicisme, il redeviendra calviniste. Il a incontestablement l'habitude de ce *libre examen* des Écritures si caractéristique de la Réforme. Et dans un curieux ouvrage intitulé *Pensées diverses écrites à un Docteur de Sorbonne à l'occasion de la Comète de 1680,* il s'attaque particulièrement à ceux qui prétendent détenir la « Connaissance », ceux qu'il appelle les « Savants » ou les « Docteurs », ce qui vise en réalité les Pères de l'Église et les innombrables théologiens officiels. Bayle part du principe que la multitude, qui est ignorante, est bien obligée d'admettre les opinions de « ceux qui savent ». Mais, dit-il, « il ne faut pas que le nom et le titre de savant nous en impose. Que savons-nous si ce grand Docteur qui avance quelque doctrine a apporté plus de façon à s'en convaincre qu'un ignorant qui l'a crue sans l'examiner ? Si le Docteur en a fait autant, sa voix n'a pas plus d'autorité que celle de l'autre, puisqu'il est certain que le témoignage d'un homme ne doit avoir de force qu'à proportion du degré de certitude qu'il s'est acquis en s'instruisant pleinement du fait ».

Cette attitude est bien évidemment du *scepticisme*; mais cela ne touche pas l'aspect doctrinal de toute religion, cet aspect étant susceptible d'être sans cesse modifié par une amélioration de nos connaissances. En fait, Pierre Bayle s'efforce de préserver l'*esprit* de la religion en niant l'utilité ou l'efficacité d'un discours pris à la lettre. Et ce qu'il dénonce fermement, c'est l'autorité dont s'affublent les « docteurs », autorité discutable et qui constitue une barrière entre l'homme et Dieu. Ce n'est ni plus ni moins que la position calviniste. Et Bayle d'imaginer une « société d'athées », c'est-à-dire une société *laïque,* entièrement soumise au contrôle de la raison, ce qui est assurément une position très cartésienne. D'où la réaction bien connue de Voltaire, dans son *Dictionnaire philosophique,* à l'article *Athéisme :* « Par tous pays la populace a besoin du plus grand frein, et si Bayle avait eu seulement cinq à six cents paysans à gouverner, il n'aurait pas manqué de leur annoncer un Dieu rémunérateur et vengeur. » Voilà qui est bien dit, et surtout qui en dit long sur les sentiments de Voltaire à propos de la « populace » : il est vrai que ce brillant pourfendeur des injustices, qui possédait des actions dans les compagnies de négriers nantais, ne hurle au fanatisme que lorsqu'il en est la victime. Pour lui, une religion bien structurée et bien implantée vaut toutes les polices du monde. Mais Voltaire a le mérite de poser le problème en sa véritable dimension : une religion établie et quasiment officielle n'a plus rien de commun avec une Tradition spiritualiste remontant à la nuit des temps.

Car, dans toutes ces discussions à propos de Religion et de Tradition, une seule évidence traverse les siècles : en face de « celui qui croyait au Ciel », il y a « celui qui n'y croyait pas ». Tous les textes dits sacrés, y compris la Bible, tendent à démontrer que l'Homme primitif (si tant est qu'il existe !) a cru au Ciel dès son premier souffle. La science moderne, surtout quand elle est renforcée par la Biologie, l'Archéologie et l'Anthropologie, a prétendu le contraire, en s'appuyant sur les données du darwinisme, autrement dit les théories de l'évolution. Faire d'un mystérieux et primitif être aquatique (devenu ensuite singe ou simplement anthropoïde) l'ancêtre du genre humain, c'est battre en brèche d'abord les récits de la Genèse (l'hébraïque comme les cosmogonies et théogonies des autres peuples), ensuite toutes les hypothèses concernant une *Connaissance* dont aurait bénéficié l'Homme primitif, connaissance aujourd'hui oubliée ou fragmentée jusqu'à la caricature, mais néanmoins conservée dans les arcanes de l'Ésotérisme.

Mais sans recours à ces techniques de pointe que sont Biologie, Archéologie et Anthropologie, sans recours à une quelconque « Histoire des Religions », ni à la Psychologie des profondeurs (euphémisme pour Psychanalyse !), sans apport de la Sociologie, discipline finalement très récente, bon nombre de penseurs (ou simplement de « chercheurs ») de l'Antiquité classique en sont arrivés au même point que Pierre Bayle, Voltaire ou Diderot, de nombreux siècles avant eux. Ce sont les Grecs qui ont été les plus clairs à ce sujet, en particulier les philosophes ioniens héritiers de Thalès de Milet, qui vivait aux environs de l'an 600 avant notre ère. Pour ces « Ioniens », l'origine des choses, et par conséquent des êtres, doit être recherchée dans les transformations d'un élément matériel et primordial comme l'eau, l'air ou le feu. C'est dire que la question de la survie d'une âme, quelle que soit la nature de cette âme, ne se pose pas. Il faut cependant mettre à part, dans cette école, le célèbre Héraclite, né vers 540 à Éphèse, auteur du fameux aphorisme : « Les chemins qui montent sont aussi ceux qui descendent », et qui ouvre la voie tant au relativisme qu'au raisonnement dit dialectique dont Hegel se fera plus tard l'incontestable champion.

Cette conception purement matérialiste de l'univers et des êtres vivants a laissé des traces au Ve siècle, chez Anaxagore et sur Empédocle d'Agrigente, et se retrouve développée chez ceux qu'on appelle les *sophistes* (chercheurs de *Sophia,* c'est-à-dire de « sagesse »), surtout si l'on veut bien oublier la fâcheuse connotation liée à leur nom. C'est contre eux que se déchaîneront Socrate, puis Platon, partisan convaincu de l'immortalité de l'âme. « L'Homme est la mesure de toutes choses », avait déclaré le sophiste Protagoras. Blaise Pascal se souviendra de cette formule, au XVIIe siècle.

Mais c'est surtout chez Démocrite, né vers 460, et essentiellement chez Épicure (342-270) qu'on trouve, sous couvert de « morale », une justification du matérialisme. Démocrite est l'initiateur de la théorie des *atomes.* L'Athénien Épicure est l'inventeur d'un mode de vie, bâti sur la constatation de l'existence éphémère (*carpe diem,* « cueille le jour », dira Horace pour promouvoir cette doctrine de l'instant vécu intensément), provoquant délibérément non pas un athéisme militant mais une indifférence complète en matière de surnaturel, ce qu'on pourrait qualifier actuellement de position « agnostique ». Et, même si la pensée épicurienne, à l'origine parfaitement austère (« Il faut savoir se contenter de ce qu'on a, c'est ainsi qu'on découvrira le bonheur dans la simplicité »), fut plus ou moins déformée par ses disciples jusqu'à devenir synonyme de recherche effrénée du plaisir (ce qui est contraire à l'idée-force de son promoteur, pour qui le plaisir naît de la satisfaction des besoins les plus vitaux et les plus honnêtes), elle se retrouve, exprimée génialement, dans l'un des plus grands ouvrages de la littérature latine, le *De Natura Rerum* du poète Lucrèce (97-53 av. J.-C.).

Le point capital de ce poème philosophique est certainement l'affirmation, bien avant Lavoisier, que « rien ne se perd pas plus que rien ne se crée », et par conséquent d'une *prise de conscience cosmique* : « Ciel, mer, terre, fleuves, soleil, plantes, animaux, tout est constitué des mêmes éléments. » On croirait entendre le barde gallois Taliesin, au VIe siècle de notre ère, psalmodiant la série de ses métamorphoses : « J'ai revêtu une multitude d'aspects avant d'acquérir ma forme définitive... J'ai été goutte de pluie dans les airs. J'ai été la plus profonde des étoiles. J'ai été mot parmi les lettres. J'ai été lumière de la lampe... » Mais, pour Lucrèce, tout se ramène à des atomes, existant de toute éternité et qui, mus d'un mouvement perpétuel, en ce fameux *clinamen* inexplicable et infini, ont provoqué, par suite de la rencontre de certains d'entre eux, la formation de masses, origines de la matière organisée et donc de la vie. La vision est saisissante, et l'on se sent, comme chez Pascal, en présence de deux infinis terrifiants et insondables. Le monde terrestre, qui semble cependant si immense, et que les Anciens croyaient volontiers un tout organisé, éternel et divin, est rabaissé par Lucrèce aux proportions d'un « petit canton de l'univers ». Le poète en annonce d'ailleurs la destruction, par l'eau ou par le feu. Mais peu importe : d'autres mondes naîtront de ses débris. La loi de l'univers, telle qu'elle est conçue par Lucrèce, peut se résumer en une phrase : il s'agit d'une quantité infinie d'atomes, « dont le mouvement est régi par des lois constantes ». L'idée est singulièrement moderne, du moins dans une optique purement scientifique.

Il va sans dire que l'âme humaine n'a guère d'importance dans cette totalité grandiose mais dépourvue d'intelligence créatrice ou organisatrice. L'âme grandit avec le corps, se fortifie ou s'affaisse avec lui, participe à ses maladies, à sa folie, à son ivresse. Et si l'homme est libre, il ne s'agit pas d'un libre arbitre supérieur à toute nécessité, mais de la simple responsabilité des actions. En fait, l'homme n'est que le plus doué des animaux, et il est apparu *sans raison* dans un monde lui-même incompréhensible, et de plus *mal fait*, ce qui explique la souffrance, le travail, la guerre, la maladie, la mort. Rien n'est fait pour nous : l'œil n'est pas créé pour voir, ni l'oreille pour entendre. La nature n'a pas de but, c'est une machine qui fonctionne sans se soucier de ceux qu'elle broie.

On sait que Blaise Pascal répondra à cette conception pessimiste de l'univers par une très célèbre envolée lyrique : « L'homme n'est qu'un roseau, le plus faible de la nature ; mais c'est un roseau pensant. Il ne faut pas que l'univers entier s'arme pour l'écraser : une vapeur, une goutte d'eau, suffit pour le tuer. Mais quand l'univers l'écraserait, l'homme serait encore plus noble que ce qui le tue, parce qu'il sait qu'il meurt et l'avantage que l'univers a sur lui, l'univers n'en sait rien. » La position de Pascal est assurément celle d'un spiritualiste absolu. Elle apparaît aux antipodes de celle de Lucrèce. Mais on remarque que ces deux formes d'appréhension de l'univers reposent l'une et l'autre sur des postulats indémontrables. C'est pourquoi les innombrables disciples de Lucrèce ont été si souvent gênés par l'argument jeté par Pascal, celui de la *pensée*. En admettant que l'être humain soit le seul doué de pensée, ce qui est une contre-vérité, il faudra bien justifier l'origine de cette pensée.

Après les négations du Siècle des Lumières et la vague d'indifférence religieuse qui a déferlé à travers la Révolution française, on en est venu à une explication *mécaniste* de la pensée. C'est le fameux matérialisme mécaniste fort bien formulé par Cabanis : « La pensée est sécrétée par le cerveau comme l'urine est sécrétée par les reins et la bile par le foie. » Dans ces conditions, on ne peut que revenir au système défini par Lucrèce et applaudir ses attaques contre les fables mythologiques et la religion. La Religion, selon Lucrèce, n'a fait qu'entretenir la peur, l'angoisse et la misère en diffusant des absurdités sur les dieux et la survie de l'âme, contes fantastiques destinés à impressionner les ignorants pour le plus grand bénéfice des prêtres. Or, affirme Lucrèce en rendant hommage au « libérateur » Épicure, les humains doivent se débarrasser des pièges que certains individus leur tendent. Il n'y a aucune immortalité à espérer ou à craindre puisque l'âme (= la pensée) meurt avec le corps. Les atomes qui constituent l'être humain entrent dans d'autres combinaisons : c'est la seule survivance, et elle n'est, comme la nature elle-même, ni bonne ni mauvaise. Dans cette optique, il est inutile de se poser des questions métaphysiques et surtout, il est vain de craindre la mort : c'est peut-être le seul bien réel qui nous soit accordé, le sommeil éternel nous libérant de toute souffrance et de toute angoisse. La position du *sage* est donc parfaitement claire : l'indifférence.

Mais cela est vite dit, et il faudrait savoir si cette indifférence reste toujours possible. Les esprits les plus rationalistes ont parfois bien du mal à l'assumer, comme en témoigne cette confidence du biologiste Jean Rostand : « La mort est, pour moi, la cessation totale et définitive de l'être. Je n'ai jamais eu, à cet égard, et même dans ma jeunesse, le moindre doute, *et cette certitude n'est pas faite pour faciliter la vie.* Tout ce que peuvent espérer les gars de mon espèce, c'est de trouver, dans le travail ou dans l'amour, de quoi leur faire oublier passagèrement l'imminence du néant. » Tout compte fait, voici qui n'est pas sans rappeler la « sagesse » de Socrate.

Car Socrate n'est pas Platon, il importe de le souligner, même si, dans notre esprit, leurs systèmes de pensée sont liés. Platon, dans son *Apologie,* rapporte d'étranges paroles de Socrate, prononcées devant les juges qui viennent de le condamner à mort : « Craindre la mort, ce n'est rien d'autre que de passer pour sage alors qu'on ne l'est point, que de passer pour savoir ce que l'on ne sait pas. Car, de la mort, nul n'a de savoir, pas même si ce n'est pas précisément pour l'homme le plus grand des biens ; mais on la craint, comme si l'on savait parfaitement qu'il n'y a pas de plus grand mal... » Et après avoir affirmé sa supériorité vis-à-vis des autres *parce qu'il reconnaît ne pas savoir ce qui se passe chez Hadès,* Socrate en vient à poser deux solutions tout aussi raisonnables l'une que l'autre : ou bien, après la mort, il n'y a que le néant, ou bien il s'agit d'un changement d'existence. Dans ces conditions, à quoi bon s'inquiéter de notre état *post mortem* ?

C'est sur cette « sérénité » socratique que Pascal bâtira son célèbre argument du *pari,* dans un contexte spécifiquement chrétien, et dans un langage emprunté à celui des joueurs : « Tout joueur hasarde avec certitude pour gagner avec incertitude ; et néanmoins il hasarde certainement le fini pour gagner incertainement le fini, sans pécher contre la raison. » Parier pour Dieu, et donc pour l'immortalité, c'est choisir l'infini contre le fini : si l'infini n'existe pas, nous ne perdrons rien ; mais si l'infini existe, nous gagnerons tout. Quelque spécieux et discutable que soit cet « argument », il ne manque pas de force. Et, à travers l'indifférence plus ou moins feinte manifestée par le commun des mortels sur une possible finalité de l'homme et de l'univers, on sentira toujours poindre l'ombre du pari de Pascal.

Car, si ce commun des mortels ignore trop souvent l'existence de l'inventeur de la « machine arithmétique », ancêtre de l'ordinateur, il n'est pas loin de partager son amère constatation du néant de l'homme. Dans un roman populaire quelque peu inclassable, Frédéric Dard, autrement dit le commissaire San-Antonio, fait parler un personnage épisodique qui représente un certain type humain, d'un bon niveau social, cultivé juste ce qu'il faut, et doué d'un solide bon sens que n'eût point désavoué Descartes. Voici les paroles de ce « sage », au moment d'ingurgiter une coupe de champagne : « Je suis terrifié par la quantité de denrées diverses que j'ai consommées en cinquante-six ans. L'autre jour, j'ai fait un petit bilan approximatif... Dix-huit tonnes de pain, trois tonnes de viande, sept tonnes de pâtes, trois tonnes de riz, neuf de légumes, huit cents kilos de chocolat, douze mille litres de vin, cinq mille de bière, vingt mille d'eau minérale, cinq mille bouteilles de champagne, cent quarante mille cigarettes, mille cinq cents suppositoires, en chiffres plus ou moins ronds. Et pour ne citer que les matières de première nécessité. Vous vous rendez compte, l'ami ? Et tout cela pour faire quoi ? Pour faire qui ? Moi ! Regardez le bonhomme : un mètre soixante-neuf, soixante-dix-huit kilos, une gueule à chier. J'ai honte. Que va devenir le résultat de cette formidable consommation ? Vous donnez votre langue au chat ? Un squelette, mon vieux : de la poudre d'os ! Ces tonnes de pain, de bidoche, de fruits, ces hectolitres de boissons vont se résumer en une pincée de poudre grise ! *Je refuse...* J'aurai mangé des vaches, des moutons, des hectares de blé, bu des hectares de vigne, usé des hectares de forêt pour écrire des sottises ou me torcher le cul et cela en perte pure, l'ami, en perte pure [1]. » Bien souvent, les romanciers dits populaires peuvent en remontrer aux plus graves philosophes de la terre.

Car, au fond, il n'y a guère de différence entre ces pittoresques réflexions et les méditations de Pascal : « Quelle chimère est-ce donc que l'homme ? Quelle nouveauté, quel monstre, quel chaos, quel sujet de contradiction, quel prodige ! Juge de toute chose, imbécile ver de terre ; dépositaire du vrai, cloaque d'incertitude et d'erreur ; gloire et rebut de l'univers. » Et Pascal pose la question primordiale : « Qui démêlera cet embrouillement ? »

On se doute que ce ne sont pas les philosophes qui répondent à cette question. Pascal a suffisamment démontré l'inanité de la philosophie. Tout au plus celle-ci peut-elle jouer le rôle d'instrument de connaissance. Est-ce donc la Science considérée non pas dans l'acception du XIXe siècle, quand elle prétendait résoudre tout et mettre Dieu en équation, mais telle qu'elle apparaît en cette fin de vingtième siècle, beaucoup plus prudente et ne négligeant aucun apport, fût-il apparemment le plus métaphysique, le plus *poétique* ? Peut-être, mais ce ne semble pas être encore pour demain, ni même pour après-demain. Alors, la Religion, ou plutôt les religions ? A force d'asséner des vérités, qui ne sont que des sophismes, et qu'elles nous obligent à croire sur parole (*ex cathedra,* bien entendu) et surtout sans chercher à comprendre, ces religions se sont enferrées dans des *discours* qui n'ont d'autre but que de consoler, de faire prendre son mal en patience, et dans des structures socioculturelles, voire politiques, qui ne visent qu'à garantir l'hégémonie d'une caste, vidant du même coup le message primitif de son admirable portée transcendantale. L'échec est total en ce domaine.

Faut-il donc se résoudre à l'agnosticisme ? C'est une position commode qui évite de trop penser. Et, justement, la pensée est le plus grand bien de l'humanité, même si elle

1. San-Antonio, *Va donc m'attendre chez Plumeau,* Paris, Le Fleuve Noir, 1983, pp. 36-37.

est partagée, dans une moindre mesure, par le règne végétal et le règne animal, et peut-être par le règne minéral, autrement dit ce qui constitue le cosmos, la *matière,* laquelle serait douée d'une certaine forme d'intelligence et de liberté (le fameux *hasard* des physiciens).

Or, l'autonomie de cette pensée a été niée par les tenants du matérialisme mécaniste, puisque, pour eux, la pensée surgit de la matière, comme la lumière d'une lampe s'explique par la combustion de ce qu'on y met. S'il n'y a plus d'huile dans la lampe, si la centrale nucléaire est en panne, l'obscurité est totale. Il n'y a plus rien. Oui, mais actuellement, aucun scientifique ne peut soutenir la thèse de Cabanis : « La pensée est sécrétée par le cerveau... » Premièrement, parce que le cerveau n'est pas une glande. Deuxièmement, parce que la pensée n'est ni mesurable, ni pondérable, à la différence de la bile, de l'urine ou de l'adrénaline, et qu'elle n'est donc pas de l'ordre de la matière, argument qui ruine définitivement la thèse matérialiste. Claude Bernard s'en était bien rendu compte lorsqu'il répétait qu'il n'avait jamais trouvé d'âme sous son scalpel. Et, troisièmement, malgré les progrès considérables accomplis par la médecine (et probablement à cause de ceux-ci), personne n'a pu déterminer à quelle partie du corps *s'accroche* la pensée, et par conséquent l'étincelle qui fait la vie, autrement dit l'*âme.* Le cerveau n'est qu'un remarquable ordinateur, qui *dispatche* les multiples données de la vie, de la pensée, de l'énergie. Et, de plus, l'être humain n'utilise son cerveau que dans la proportion approximative de trente pour cent. Aussi beaucoup d'informations risquent-elles d'échapper au cerveau humain. Nous sommes vraiment engloutis dans un véritable Château des Brouillards. Qui dissipera la brume ? Toujours Pascal : « Qui démêlera cet embrouillement ? »

Il faut pourtant se souvenir que, depuis que des êtres intelligents vivent sur la terre, cette question s'est posée et que des jalons ont été plantés dans ce vaste désert recouvert de brouillards. La Tradition existe, même si elle ne nous apparaît que de façon fragmentaire, même si elle est parfois sclérosée, figée, sous des images, des symboles, que nous avons bien du mal à comprendre et à restituer dans leur véritable signification. C'est ce que d'aucuns appellent le « Langage des Oiseaux ». D'autres préfèrent dire le « Langage des Dieux ». Mais c'est le même, celui que la Tradition, en ses multiples expressions, nous a transmis de génération en génération. « Il n'est pas un seul peuple au monde qui ne possède dans le secret de ses légendes (ce langage des Dieux)... Les mythes sont là, notre patrimoine sacré est immense, mais nous ne savons pas le déchiffrer, nous n'avons jamais vraiment vécu son langage, ou plus exactement nous avons rabaissé son langage au niveau de notre vécu banal au lieu de nous laisser porter par lui aux nouveaux plans de conscience auxquels il nous invite. Ce faisant, le ressentant infantile, nous l'avons éliminé de nos matériaux scientifiques... Il est, me semble-t-il, de la plus grande urgence de redonner au conte, à la légende, au mythe, au rituel, leur place dans notre vie et de les laisser nous informer. C'est là le chemin de la Connaissance [1]. »

La mort est assurément, avec le sentiment de notre existence par celle de la pensée (le *cogito ergo sum* de Descartes), la certitude la plus absolue de notre vie. Il est évident que dès notre naissance, nous commençons à mourir. On y met plus ou moins de temps. Et considérée sous cet angle-là, une existence qui s'étire entre le cri du nouveau-né et le dernier souffle du mourant n'est qu'une suite d'absurdités. Même ceux qui, se faisant une raison, comme on dit, profitent de cette existence pour *bien vivre,* pour bien profiter de ce qui leur est donné (par qui, au fait ?), sont obligés un jour ou l'autre de constater qu'il s'agit d'un monument d'aberrations. « *Je refuse* », finit par dire le personnage décrit par San-Antonio. Mais, que refuse-t-il ? La vie elle-même, ou l'absurdité de la vie ? C'est incontestablement l'absurdité de la vie qu'il refuse. Il lui faut une justification à toute cette mise en noire où le grotesque et le sublime font bon ménage. Alors, il est amené à accepter l'idée d'un plan supérieur, d'une finalité inhérente à l'Être, même si cette finalité échappe à l'entendement. Et pour peu qu'il

1. Annick de Souzenelle, *le Symbolisme du Corps humain,* Saint-Jean de Braye, éd. Dangles, 1984, p. 22.

pénètre plus avant dans sa réflexion, il en arrivera à partager l'opinion du druide gaulois qui déclare au poète latin Lucain : « La mort est le milieu d'une longue vie. » Le tout est de savoir ce qu'il y a *de l'autre côté.*

C'est ici qu'interviennent les « visions ». Et le problème se pose de savoir si elles sont « inspirées » par quelque intervention supérieure, ou simplement fantasmatiques, résultat d'une compensation opérée par l'esprit humain à la précarité de la vie. Pourtant, quand on compare les différents récits d'origine mythologique concernant cet Autre Monde, les expériences parapsychologiques (voyance et médiumnité) et les souvenirs racontés par certains patients en état de coma profond et réanimés médicalement, on ne peut qu'être très étonné de la concordance analogique de ces témoignages. Certes, aucun être humain n'est revenu de *là-bas,* hormis certains personnages qui se sont bien gardés de raconter ce qu'ils avaient vu — à moins qu'ils en aient perdu tout souvenir. C'est le cas de Lazare, ressuscité par Jésus, ce qui fait hurler à Alfred de Vigny, dans *le Mont des Oliviers,* par la voix du Christ lui-même s'adressant à Dieu le Père :

« *Dans son tombeau désert faisons monter Lazare.*
Du grand secret des morts qu'il ne soit plus avare,
Et de ce qu'il a vu donnons-lui souvenir ;
Qu'il parle. Ce qui dure et ce qui doit finir,
Ce qu'a mis le Seigneur au cœur de la Nature...
Comment tout s'y détruit et tout s'y renouvelle ;
Pourquoi ce qui s'y cache et ce qui s'y révèle... »

Interrogation importante et angoissée, on s'en doute, surtout de la part du Christ en proie au doute devant l'horrible destin qui l'attend. Et la scène imaginée par Vigny est encore plus tragique, puisqu'après cette prière adressée par Jésus, le « Fils de l'Homme » :

« ... *regarde longtemps, longtemps cherche sans voir.*
Comme un marbre de deuil tout le ciel était noir ;
La Terre, sans clartés, sans astres et sans aurore,
Et sans clartés de l'âme ainsi qu'elle est encore,
Frémissait... »

Le Ciel est-il donc « muet, aveugle et sourd au cri des créatures » ? Si l'on se contente des systèmes de philosophie, des théories matérialistes et même des dogmes religieux tels qu'ils ont été manipulés, on serait tenté de le croire. Une telle accumulation de raisonnements spécieux, de contre-vérités scientifiques et de sottises diverses en guise de lots de consolation, sans parler du charlatanisme de ceux qui se prétendent des « sages » ou des « gourous », a de quoi obscurcir singulièrement les brouillards qui nous entourent. La Connaissance serait-elle donc impossible ? Devons-nous nous contenter de vivre sans comprendre ?

Ce n'est pas si sûr. La Tradition, telle qu'elle nous a été transmise par une prodigieuse floraison de mythes, de contes et de légendes, tant oraux qu'écrits sur le papier ou sur la pierre, surtout la Tradition occidentale, parfaitement méprisée et occultée, est présente dans nos mémoires. Et c'est elle qui nous permet de nous reconnaître au cœur du Château des Brouillards.

PREMIÈRE PARTIE

Le Message des Pierres

I

SOLEIL DES TERTRES

C'est un fait reconnu que tous les enfants ont peur de l'obscurité, et qu'ils ne peuvent pas s'endormir sans la présence d'une petite lumière auprès de leur lit. L'obscurité de la nuit est en effet chargée de mystères, peuplée d'êtres le plus souvent dangereux, maléfiques, parce qu'ils sont seulement *sentis* et non pas révélés : cela attise l'imaginaire, toujours prêt à s'enflammer au moindre signal issu de ce magma inconnu qui ne peut être vide, puisque le vide n'existe pas. Je n'ai point fait exception à la règle commune, et je me souviens avec une certaine nostalgie de cette petite veilleuse que ma grand-mère prenait soin d'allumer lorsque je sombrais doucement dans un sommeil qu'elle espérait libéré de toute présence fantastique. Mais si cette veilleuse jouait parfaitement son rôle et exorcisait en quelque sorte la nuit où je m'enfonçais, si elle rassurait mes rêves en les lavant de toute angoisse, elle contribuait à exciter en moi le désir d'en savoir davantage sur ce qui pouvait exister au-delà du faible halo qu'elle dispensait. Qu'y avait-il donc, là-bas, dans ces ténèbres mordorées qui fuyaient au fur et à mesure que mes yeux tentaient de prolonger à l'infini un champ de vision que je savais malheureusement limité ? C'est ainsi que, lorsque je fus libéré des craintes enfantines, je pris plaisir à me trouver dans l'ombre, dans le seul but de découvrir une petite lumière susceptible de s'y manifester.

Là, réside l'explication de l'intérêt que j'ai toujours porté aux monuments mégalithiques, particulièrement aux dolmens et allées couvertes, ce qu'on appelle aujourd'hui scientifiquement des *cairns,* des tertres artificiels bâtis par les hommes de l'époque néolithique et dans lesquels ils inhumaient leurs défunts. Ce ne fut jamais une attitude morbide, mais une sorte d'exploration d'un univers que je sentais particulièrement riche en enseignements de toutes sortes. J'ai ainsi recherché avec patience — et passion — des débris de dolmens dans les broussailles, m'efforçant d'en évoquer les ombres ; et j'ai erré de longues heures dans les corridors humides des monuments les mieux conservés, dans toute l'ère d'expansion du mégalithisme, c'est-à-dire dans les zones les plus atlantiques de l'Europe occidentale. J'y ai médité et j'y ai rêvé. Mais je crois que ma plus forte émotion à l'intérieur d'un cairn fut ressentie en Irlande, exactement dans le tertre de Newgrange.

Newgrange fait partie d'un ensemble de trois cairns tout à fait remarquables (les deux autres étant Knowth et Dowth) qui se dressent à une soixantaine de mètres au-dessus de la rivière Boyne, dans le comté de Meath, à quinze kilomètres de la mer, dans une région qui fut le centre politique, religieux et même mythologique de l'ancienne Irlande. Newgrange, dont la construction remonte au moins à 3 500 avant notre ère, donc antérieurement aux grandes Pyramides d'Égypte, est de ces monuments qu'on ne peut facilement oublier. Lorsqu'on gravit la route qui s'élève des bocages de la vallée de la Boyne et qu'on aperçoit le monument sur le sommet de la falaise, l'effet est saisissant, surtout depuis qu'a été effectuée une restauration intelligente et somptueuse. Le cairn avait été en effet dégradé par les intempéries, et une grande partie des pierres qui le constituaient avaient glissé sur les terrains alentour. Mais comme le lieu a toujours été respecté, tel un sanctuaire, par les habitants de la région, il n'y a jamais eu de destruction organisée ni d'exploitation de carrière. On peut donc, avec beaucoup de patience, reconstituer le plan primitif de l'ouvrage et remettre les pierres à leur place. Le résultat dépasse toutes les espérances : le tertre mégalithique de Newgrange soutient avantageusement la comparaison avec les plus beaux monuments de l'Antiquité, tant son harmonie est parfaite, tant son aspect est étonnant.

Il s'agit de ce qu'on appelle un « dolmen à couloir » (en anglais, *passage-grave*) sous un cairn majestueux, de forme circulaire et d'une superficie de huit mille mètres carrés. La muraille extérieure, de pierre sèche, est constituée de moellons blancs où domine le quartz, ce qui donne cet aspect si particulier au monument, repérable de loin grâce à cette blancheur, signalée d'ailleurs dans les plus anciens textes du haut Moyen Age. Le sommet du tertre est actuellement recouvert de gazon, et, à la base, toutes visibles et comportant parfois d'étranges gravures, se trouvent des dalles de granit placées horizontalement, au nombre de 97, entourant complètement le monument, comme s'il s'agissait d'une bordure de trottoir, d'où le nom anglais donné à ces pierres, *kerb-stones,* ou plus simplement *kerbs.* Quant à l'entrée, elle est en retrait par rapport à celle-ci et formée d'une porte très basse surmontée d'un linteau, avec, au-dessus, une étrange ouverture rectangulaire couverte par une dalle gravée de signes en losange, ouverture qui joue un rôle très important dans ce qui se passe à l'intérieur.

Car c'est l'intérieur qui reste le plus énigmatique, tant par la disposition et l'ornementation que par son symbolisme et sa destination réelle. On découvre d'abord un couloir bordé d'une vingtaine de supports à gauche et à droite, dont certains sont gravés de signes géométriques ; puis on débouche dans une chambre funéraire très vaste et très haute, en forme de croix, et comportant trois cabinets, deux latéraux et un en face, contenant d'étranges bassins creusés dans la pierre, et dans lesquels furent découverts des ossements humains à demi calcinés. Ce qui frappe également le visiteur, c'est le plafond en encorbellement, d'une élaboration si parfaite qu'aucune goutte d'eau ne peut s'infiltrer, mettant ainsi l'intérieur du tertre à l'abri de toute humidité, ce qui n'est pas le cas dans la plupart des monuments de type réellement mégalithique, avec un plafond constitué par d'énormes dalles. Et ce plafond est d'une hauteur impressionnante, six mètres en son milieu, donnant l'impression d'une coupole sous laquelle les énergies vibratoires se concentrent. Cette forme de construction se retrouve exactement dans l'une des chambres du cairn voisin de Knowth ; et elle répondait non seulement à un besoin d'assurer l'étanchéité, mais aussi à des préoccupations d'ordre symbolique, la chambre funéraire représentant la matrice de la Déesse-Terre à laquelle on confiait les défunts, le couloir, le vagin maternel, et la clef de voûte, le nombril par lequel s'établissent les subtils échanges entre la vie et la mort. Ce sommet de voûte est en effet le lien obligé entre la cellule intérieure et le monde extérieur. C'est le point à partir duquel circulent les énergies venues du cosmos et celles issues des profondeurs de la Terre. Tel est le sens attribué au sommet d'une coupole ou d'un dôme dans l'architecture chrétienne, et qui se retrouve également dans d'autres traditions religieuses, chez les Hindous et les Musulmans en particulier. Tout se passe ici comme si on avait bâti cette chambre (qui n'est d'ailleurs pas au centre du cairn) pour en faire un *lieu d'éclosion,* à l'abri des turbulences de la vie quotidienne, mais en contact direct et permanent avec les forces invisibles. On peut penser que les cérémonies funèbres qui s'y déroulaient ne consistaient pas en inhumations à proprement parler : on n'est pas ici *sous la surface* de la terre, mais *au-dessus,* le tertre étant artificiel et situé d'ailleurs sur une hauteur ; et d'autre part, on n'y trouve aucune trace d'enterrement. Il s'agissait vraisemblablement d'exposition du défunt (ou des défunts) dans un endroit supposé propice à une métamorphose, à une maturation en vue d'une nouvelle vie.

La disposition cruciforme de ce « sanctuaire de régénération » — car il semble que ce soit le terme approprié — est significative par elle-même. Ce n'est pas seulement en mémoire du supplice subi par Jésus au Golgotha (« Colline du Crâne ») que les Chrétiens ont bâti leurs temples en forme de croix. C'est essentiellement parce que la croix, depuis la nuit des temps, est non seulement un symbole permanent et privilégié, mais aussi une *forme* qui permet à certaines vibrations d'entrer *en résonance,* dans des conditions qui nous échappent, mais que devaient connaître les peuples des mégalithes. L'ancienneté de la croix plaide en faveur de cette hypothèse ; et les diverses interprétations de ce symbole ne sont jamais contradictoires. Que les Chrétiens y voient le signe même de la Rédemption par les souffrances du Christ crucifié, n'altère nullement les autres interprétations émises. Le cercle représentant la totalité abstraite, la division de ce cercle en quatre portions rend cette totalité accessible à la compréhension humaine, saisissable, concrète : la croix est l'énergie divine manifestée aussi bien sur le plan de l'espace (les quatre points cardinaux) que sur le plan de la matière (trois éléments, plus le feu, transformateur des éléments). Et c'est aussi la représentaion schématique de l'être humain dans sa structure la plus simple (tête, bras écartés, jambes serrées) avec un point central au croisement des branches, le nœud vital, quelle que soit la place qu'on lui assigne réellement dans le corps humain. Ainsi, l'être humain est-il à l'image de Dieu, mais dans le domaine des réalités concrètes, sur le plan des relativités. Et n'oublions pas les mondes dimensionnels : la croix suppose en effet l'existence d'une quatrième dimension inhérente à la nature humaine comme à la nature divine, donc l'affirmation d'un monde invisible pour nos sens, mais présent potentiellement, et qu'il appartient à chaque être de découvrir et de rendre efficace, seule solution pour *re-naître* dans une nouvelle vie, en un autre monde.

Mais cette chambre funéraire de Newgrange n'a pas seulement une signification symbolique. Il semble bien qu'elle ait été le théâtre de cérémonies de régénération ou de re-naissance — sur un autre plan de conscience, bien entendu — dès l'époque de la construction du monument, au cours du quatrième millénaire avant notre ère, et à une époque bien précise, lors du solstice d'hiver. Cette hypothèse n'est pas le résultat d'une imagination en délire, car elle s'appuie sur un phénomène réel scientifiquement observé par de nombreux archéologues. Voici comment le professeur O'Kelly, le restaurateur de Newgrange, décrit ce qui se passe à l'intérieur du tertre, le 21 décembre 1969 : « A exactement 9 h 45, le haut du disque solaire apparut au-dessus de l'horizon local, et à 9 h 58, le premier trait des rayons du soleil brilla à travers l'ouverture située au-dessus de l'entrée [1], et se mit à progresser tout droit dans le couloir pour atteindre le sol de la chambre funéraire, jusqu'au sommet même du bassin de pierre du « retrait [2] » du fond. Comme le rayon de lumière s'était élargi d'une épaisseur de 17 cm sur le sol de la chambre, la tombe fut dramatiquement illuminée, et les détails les plus variés des côtés et du fond de la chambre, aussi bien que ceux de la voûte, purent être vus en pleine clarté grâce à la lumière reflétée du sol. A 10 h 04, la bande lumineuse de 17 cm commença à se rétrécir et, à 10 h 15 exactement, le rayon direct cessa à l'intérieur de la tombe. Ainsi, pendant dix-sept minutes, au soleil levant du jour le plus court de l'année, un rayonnement solaire direct peut entrer dans Newgrange, non pas à travers la porte, mais à travers l'étroite ouverture qui surmonte l'entrée, à l'extrémité du couloir [3]. »

Ce n'est pas le seul tertre mégalithique où un tel phénomène peut être observé à chaque solstice d'hiver. On pourrait citer le monument de Dissignac, en Saint-Nazaire (Loire-Atlantique), et le célèbre ensemble de Stonehenge en Angleterre, qui n'est pas un tertre funéraire mais un temple solaire en plein air, et dans lequel c'est au solstice d'été que le soleil levant joue un rôle énigmatique. Mais c'est incontestablement à Newgrange, au moment où le soleil est le plus bas sur l'horizon apparent, à l'instant où ce soleil, après sa lente descente, va reprendre une trajectoire ascendante, pour ne pas dire triomphante, que ce phénomène, voulu et aménagé par les hommes du Néolithique, apparaît le plus émouvant et le plus significatif. Il y a là quelque chose d'étonnant, de surprenant et de fantastique, je peux en témoigner. L'apparition du rayon lumineux qui glisse sur le sol du couloir, après avoir pénétré dans le cairn par une ouverture « impossible » et secrète, cet extraordinaire « léchage » du couloir par un rayonnement irréel, cette aurore étrange

1. Cette ouverture rectangulaire uniquement construite pour laisser passer la lumière, ce matin de solstice.

2. Cette sorte d'alcôve qui contient un bassin de pierre.

3. Claire O'Kelly, *Concise guide to Newgrange,* Cork, 1984, p. 24.

qui, peu à peu, envahit un univers indubitablement utérin, tout cela est proprement indescriptible, et plonge les spectateurs privilégiés de ce « miracle » dans un état de conscience qu'on ne peut imaginer sans l'avoir vu. On a vraiment, à ce moment-là, l'impression d'être au cœur d'un tourbillon de lumière et d'énergie incontrôlable, au centre d'un *maelström* cosmique capable d'emporter l'être vers un « ailleurs » sans cesse recommencé, comme si l'on tombait, pour l'éternité, dans un déluge de feu qui ne brûle pas, dans une immensité de bonheur et de perfection.

Mais si les mots se révèlent incapables de décrire correctement ce que l'on ressent en vivant un tel phénomène, on peut néanmoins s'interroger sur sa signification réelle. Est-ce une simple projection de l'esprit, mise en œuvre par les architectes des mégalithes pour *consoler* les vivants et leur appliquer une sorte de méthode Coué consistant en une véritable apothéose du défunt ? Est-ce simplement un rituel funéraire destiné à provoquer — symboliquement — la re-naissance d'un être humain réduit à l'état de cadavre ? Est-ce l'équivalent de la momification, pratique réservée d'abord aux Pharaons d'Égypte, les seuls à pouvoir survivre au-delà de la mort, avant que les prêtres n'eussent étendu la survie à l'ensemble des mortels, en vertu du fait que les Pharaons n'étaient, en dernière analyse, que des mortels comme tous les autres ? Ou alors, faut-il poser comme hypothèse que les peuples des mégalithes connaissaient un rituel précis *pour envoyer les morts dans un autre monde*, ce rituel leur étant parvenu depuis l'aube de l'humanité comme un testament jalousement préservé et dont on ne parle que sous les termes compliqués d'un langage crypté ?

Voilà bien des questions auxquelles, dans l'état actuel de nos connaissances, il est impossible de répondre de façon satisfaisante... C'est aussi parce que, derrière ces questions particulières, s'en dessine une autre, beaucoup plus essentielle et qui a toujours été la pierre de discorde entre spiritualistes et matérialistes de tous bords et de toutes les époques : y a-t-il, à l'aube de l'humanité, au moment symboliquement traduit par le récit de la création du premier homme et de la première femme, un *message* divin, transmis de génération en génération, déformé par les uns, synthétisé sous forme d'image par les autres, et dont le code, enfoui sous les diverses couches culturelles, est aujourd'hui sinon perdu, du moins incompréhensible ? Redoutable question, en vérité, et qui conditionne le destin avoué de l'humanité. On peut seulement supposer, au regard des traditions qui ont perduré sous leurs aspects les plus contradictoires, qu'il a existé, autrefois — sans qu'on puisse placer dans cet *autrefois* une quelconque notion de temps ou de durée — une sorte de contrat entre les êtres vivants et la mystérieuse entité qu'on appelle très improprement « Dieu » (ce nom étant à l'origine un terme désignant une manifestation divine et non la totalité d'un être suprême), contrat qui définissait le rôle de chacun, la divinité étant intemporelle, absolue, hors de toute norme, et l'être vivant, être relatif, manifesté, individualisé, charnel, et comme tel soumis à métamorphoses. Cette hypothèse se tient dans la mesure où la vie ne s'explique que par la mort, et inversement. Mais si elle est réalité, alors, on peut être assuré que les « anciens » savaient que la mort n'était que le milieu d'une longue vie et qu'ils avaient un devoir sacré : aider ceux qui mouraient à parvenir dans les meilleures conditions dans les espaces invisibles de l'autre vie. Des textes sacrés et vénérables, comme le *Bardo-Thödol* tibétain ou le *Livre des Morts* égyptien, tendraient à le faire croire. Et des techniques comme celles que l'on discerne dans le cairn mégalithique de Newgrange sont de nature à appuyer cette hypothèse. Il y a vraiment ici un message des pierres. Le tout est de pouvoir déchiffrer exactement ce que ce message veut faire passer à une humanité qui ne parvient jamais à exorciser complètement son angoisse de la mort, non seulement par peur du néant, mais surtout par la conscience qu'elle a de l'absurdité d'une vie qui s'interromprait définitivement dès que le cœur a cessé de battre, dès que le cerveau ne serait plus irrigué par le sang, lequel, dans certaines traditions, ne l'oublions pas, passe pour être le véhicule de l'âme. Mais si les constructeurs de mégalithes ont pris tant de soin à ériger leurs monuments selon certains critères, selon certaines dispositions, selon des règles qui sont évidentes mais demeurent mystérieuses, il doit y avoir une raison.

Voilà une certitude. Car l'acte gratuit n'existe pas, n'en déplaise à l'amoraliste André Gide. Toute action humaine relève d'un plan cosmique, et chaque respiration d'un être vivant engage l'univers tout entier.

On objectera qu'en formulant de telles hypothèses, on ne fait que projeter dans un passé, rêvé comme paradisiaque, nos propres fantasmes, regrettant en quelque sorte la mentalité primitive, *pré-logique,* si chère à Lévy-Bruhl, du moins pendant les premiers temps de sa carrière. Mieux vaudrait abandonner quelque peu l'orgueil scientifique, ou soi-disant tel, qui nous pousse à ne considérer comme probants que les seuls résultats d'une analyse. Si mentalité primitive il y a, ce dont je doute fort, elle ne peut être que « foncièrement *synthétique,* et elle confond sans hésitation ce que nous séparons, ce que nous distinguons, ce que nous opposons. C'est ainsi qu'elle n'espère pas de différence entre le visible et l'invisible, entre la partie et le tout, entre l'image et la chose figurée, entre le nom et l'être qui le porte, entre les choses et leur *mana* [1]. La relativité einsteinienne ne lui ferait pas peur : elle n'a aucune peine à concevoir identiques le passé et le présent, le présent et l'avenir, non plus d'ailleurs que, dans l'espace, le lointain et le proche. Bien mieux, devançant de loin les physiciens modernes, elle ne départage pas la matière et l'énergie [2] ». Dans ces conditions, toute hypothèse concernant une authentique résolution des problèmes de la vie et de la mort, à l'époque des mégalithes, n'est pas plus absurde que telle ou telle hypothèse heuristique dispensée par une Science qui, après des millénaires de tâtonnements, se cherche encore.

C'est dire que le phénomène du solstice d'hiver à Newgrange ne peut être isolé de son contexte. Il semble lié à une tradition solidement ancrée chez les successeurs des peuples mégalithiques, en Irlande et ailleurs. On constate

1. Mot mélanésien passé dans le langage anthropologique et désignant la force mystérieuse et active de certains individus, en particulier les âmes des morts dans leur rapport avec le sacré, c'est-à-dire avec le divin.

2. Gustave Welter, *les Croyances primitives,* Paris, Armand Colin, 1960, pp. 33-34.

en effet que ce « bain solaire » de régénération (ou de renaissance), redécouvert en 1969, n'était pas inconnu des anciens Irlandais, ni même des Celtes en général. Dans de nombreux récits, et jusque dans le texte français de la *Folie Tristan,* du XIIe siècle, figurent des allusions à une mystérieuse « chambre de soleil », ou « chambre de cristal », où croissent les fleurs les plus merveilleuses, où convergent tous les rayons de la lumière, c'est-à-dire l'énergie cosmique, et où un être vieilli ou flétri peut retrouver vigueur et beauté. Mais la référence la plus nette se trouve dans un récit gaélique du haut Moyen Age transmis dans des manuscrits du XIIe siècle, la célèbre *Histoire d'Étaine.* L'héroïne est cette entité divine qui apparaît sous de nombreux noms et qui, en l'occurrence, est mariée au dieu Mider, l'un des chefs des Tuatha Dé Danann, les anciens dieux de l'Irlande. Étaine, victime de la jalousie d'une magicienne, première femme de Mider, est métamorphosée en insecte qui, pendant sept années, subit des tempêtes sur toute la surface de l'Irlande. Elle finit par tomber sur le manteau du dieu Oengus, lequel n'est autre que le maître du *Sidh na Brugh,* autrement dit le tertre de Newgrange lui-même, ce qui nous ramène dans les mystérieuses profondeurs de ce tertre féerique. « Oengus la mit sur sa poitrine, dans le pli de son manteau [1]. Il l'emmena à sa demeure et à sa *chambre de soleil* qui avait de brillantes fenêtres... Il y plaça des ornements de pourpre... Le Mac Oc [2] prit l'habitude de dormir dans la *chambre de soleil* chaque nuit auprès d'elle et il la réconforta [3] jusqu'à ce que sa joie et ses couleurs lui revinssent, puis il remplit la *chambre de soleil* d'herbes vertes et belles, et l'insecte prospéra sur les fleurs de ces bonnes et précieuses herbes [4]. » Et comme, dans la mythologie irlandaise, Oengus figure le *jeune dieu* qui, comme

1. Le manteau d'Oengus permet de dérober aux regards des autres tout individu qu'Oengus prend sous sa protection en l'enveloppant dans l'étoffe.

2. « Jeune Fils », autre nom d'Oengus, fils de Dagda.

3. Oengus est légalement le protecteur et le garant d'Étaine.

4. J. Markale, *l'Épopée celtique d'Irlande,* Paris, Payot, 1971, p. 47.

Horus en Égypte et Mabon, fils de Modron (« Filial, fils de Maternelle ») dans la tradition galloise, représente les forces nouvelles d'un dieu régénéré, on peut être sûr que cet épisode de l'*Histoire d'Étaine* est lié avec les cérémonies inconnues qui devaient accompagner le « bain solaire » du 21 décembre dans le cairn de Newgrange.

D'une façon générale, les tertres mégalithiques ont été ressentis par la mentalité populaire irlandaise comme les lieux d'habitation ou de refuge des êtres féeriques : ce sont des *fairy-mounds,* même si parfois ces êtres féeriques se montrent malfaisants. C'est le cas de la *bannshee* dont la rencontre est encore très redoutée dans les campagnes. La *bannshee,* c'est la graphie anglaise du gaélique *bean sidh,* littéralement la « femme du sidh », autrement dit la Fée, ou la Sorcière. Le *sidh,* mot qui signifie « paix », c'est le tertre mégalithique, le cairn, où sont supposés vivre les êtres féeriques hérités du passé, les gens du *sidh, aes side,* ou simplement les *side.* Mais ces croyances populaires ne font que recouvrir une tradition plus ancienne, laquelle est proprement mythologique, conservée par les récits en gaélique recueillis pendant tout le Moyen Age par les moines chrétiens qui savaient allier leur foi sincère et incontestable en l'Évangile et la sauvegarde de leur culture originelle. Ce qui apparaît alors, c'est que les mystérieux habitants du *sidh* sont les anciens dieux de l'Irlande préchrétienne, même si leurs visages se sont parfois métamorphosés jusqu'à devenir des héros folkloriques.

L'histoire mythique de l'Irlande raconte qu'il y eut cinq invasions en Irlande, après le Déluge. Ces invasions, dans le langage mythologique, correspondent à des civilisations successives qu'on peut reconnaître, grâce à leurs caractéristiques. Ainsi, la première invasion, celle de Partholon, est l'établissement des défricheurs et des chasseurs. La deuxième, celle des gens de Nemed, nom qui signifie « sacré », a introduit la spiritualité au sein d'une société régie par des impératifs religieux. La troisième, celle des Fir Bolg, dont le nom signifie « Hommes Foudre », paraît correspondre à l'établissement de la métallurgie. La quatrième, celle des Tuatha Dé Danann, « gens de la déesse Dana », qui étaient d'ailleurs des descendants de Nemed exilés dans « les îles du nord du monde » où ils avaient appris la science, la magie et le druidisme, représente l'établissement d'une société structurée, avec une religion de type indo-européen. Les Tuatha Dé Danann sont réellement les dieux des anciens Celtes ; et ils ont tous leurs correspondants dans les autres pays celtiques, y compris en Gaule, si l'on en croit l'essai de nomenclature entrepris par Jules César dans ses *Commentaires.* Mais tous ces envahisseurs eurent maille à partir avec un peuple mystérieux, les *Fomoré,* habitants des îles autour de l'Irlande, qui, tels les Géants de la mythologie germanique, incarnent les forces obscures et maléfiques qui s'opposent à la civilisation. Sans doute faut-il y voir plus prosaïquement les populations autochtones toujours plus ou moins insoumises que les conquérants successifs ne parvenaient pas à assimiler complètement. Mais on nous dit que les Tuatha Dé Danann furent enfin victorieux des Fomoré avant de succomber eux-mêmes sous l'assaut des « Fils de Mile », autrement dit des Gaëls. A la suite de cette bataille, les Gaëls et les Tuatha Dé Danann conclurent un accord de paix : les Gaëls auraient toute la surface de l'Irlande ; les Tuatha Dé Danann, les îles adjacentes *ainsi que le monde souterrain des tertres.* Voilà comment les anciens dieux de l'Irlande pré-chrétienne se sont retrouvés assignés à résidence dans les *fairy-mounds,* les grands tertres mégalithiques.

Mais il ne faudrait pas croire que ces personnages divins se sont retrouvés dans une sorte de géhenne inorganisée. Bien au contraire, l'univers du *sidh* est un monde parallèle, un « Autre Monde », parfaitement structuré, avec ses lois, ses coutumes, ses hiérarchies, et même ses révolutions de palais. Chacun des principaux dieux a son propre *sidh* où il règne comme un roi de tribu, au milieu de sa cour, de ses guerriers, de ses pasteurs, de ses serviteurs. Parfois même, le *sidh* est strictement au-dessous d'une forteresse royale. Tel était le cas de Cruachan (Croghan) en Connaught : sous la forteresse celtique du roi Ailill et de la reine Mebdh, se trouvait un *sidh* qui fut d'ailleurs envahi et pillé par les gens du roi et de la reine. Est-ce une image pour mémoriser les recherches de trésor dans les grands cairns d'Irlande ? De toute façon, lors de la grande fête celtique de *Samain,* le 1er novembre, chaque *sidh* était ouvert. Tout humain pouvait y pénétrer — et en ressortir librement. Inversement, chaque habitant du monde parallèle pouvait se rendre sur la surface et se mêler aux humains. Il y avait également des rapports constants, parfois bienveillants, parfois malveillants, entre les habitants d'en haut et ceux d'en bas. On reconnaîtra évidemment cette grande fraternité entre les deux mondes, celui des vivants et celui des dieux et des défunts, dans la constitution de la fête chrétienne de la Toussaint, tout entière vouée à la « communion des Saints ».

Car les gens du *sidh,* bien que relégués sous terre, n'ont rien de commun avec les pâles ombres évanescentes dont les poètes grecs et latins peuplent le royaume d'Hadès. Ils vivent exactement la même vie que les humains, *à cette différence que dans cet Autre Monde, il n'existe aucune des terribles contraintes de ce monde-ci.* C'est, selon l'expression des anciens conteurs, « le Pays de l'Éternelle Jeunesse ». Et l'on y célèbre des festins d'immortalité, alimentés par les « Cochons de Manannan », l'un des dieux Tuatha Dé Danann, sous la présidence de Goibniu, le dieu-forgeron, au milieu des plus beaux chants, avant d'aller s'ébattre dans « la Plaine des Jeux », ou de s'étendre dans les vergers dont les fruits sont toujours mûrs, ou d'aller galoper sur des « plaines fleuries », qui sont parfois même les vagues de la mer. Il y a tout cela dans l'univers du *sidh,* et bien autre chose encore en ce pays d'immortalité. Il y a aussi des palais merveilleux. Ainsi, voici comment est accueilli Manannan, lors d'une tournée dans chaque *sidh* d'Irlande, à son arrivée à Newgrange : « Manannan partit donc pour les bords de la Boyne verte de rosée. On étendit des roseaux frais dans le victorieux et brillant *sidh* de Brug devant Manannan, et Manannan alla au-devant des troupes de la forteresse. Voici comment était la description de l'hôtel : un beau sol de bronze d'une porte à l'autre dans cette forteresse avec des plaques de bronze blanc sur le sol et de beaux lits d'argent sur les plaques, avec de beaux coins en forme de clefs, avec des pointes et des oiseaux... mélodieux au sommet de ces pointes [1]. » Cela

1. *La Nourriture de la maison des deux gobelets,* trad. Ch.-J. Guyonvarc'h, *Textes mythologiques irlandais,* Rennes, 1980, p. 258.

rappelle, bien entendu, les descriptions enflammées des palais féeriques visités par les chevaliers du roi Arthur dans les romans de la Table Ronde. On peut être surpris, en visitant les profondeurs d'un cairn, de ne pas voir ces merveilles. Lorsqu'il a partagé des tertres entre les Tuatha Dé Danann, Manannann a accompli le *feth fiada,* rite éminemment magique par lequel « on ne pouvait plus voir les princes, que par le Festin de Goibniu les rois suprêmes étaient sans âge et sans déclin et que les porcs de Manannann pouvaient être tués, mais qu'ils étaient vivants pour les guerriers [1] ». Ce texte est assez récent et plutôt christianisé dans son ensemble, mais il semble qu'il rende fidèlement compte d'une réalité de conscience chez les Gaëls des temps druidiques.

En tout cas, le cairn de Newgrange n'est pas inconnu de la tradition mythologique. Il est même le plus célèbre de tous les tertres tant y est abondante la localisation de certains événements. C'est donc le *Sidh* de la *Brug,* ce dernier terme signifiant « habitation ». On trouve fréquemment l'appellation *Brug na Boyne,* « habitation de la Boyne », parfois *Dun Oengus,* « forteresse d'Oengus », ce personnage étant le véritable *dominus loci* de Newgrange. Et le mythe d'Oengus mérite qu'on s'y attarde.

Si l'on en croit les divers récits centrés autour de l'histoire d'Étaine, Brug na Boyne appartenait d'abord à un certain Elcmar, frère du dieu Dagda et époux de la déesse Boann, qui est la Boyne personnifiée. Ce personnage d'Elcmar, qui semble d'ailleurs maléfique, n'est pas très net dans les repères mythologiques ; et parfois, il apparaît sous le nom de Nechtan, forme gaélique du latin Neptunus, mais étant donné que les dieux irlandais se présentent souvent sous trois visages et sous trois noms, il est difficile de préciser le rôle exact d'Elcmar dans la hiérarchie complexe des Tuatha Dé Danann. L'un des récits du cycle d'Étaine raconte que Dagda (le « dieu bon »), également nommé Eochaid Ollathair (ce dernier terme, équivalent du surnom d'Odin, Alfadir, signifie « père de tous »), est amoureux de Boann, la femme d'Elcmar. « La femme

1. *Ibid.,* p. 258.

aurait cédé au Dagda si elle n'avait pas eu peur d'Elcmar tant son pouvoir était grand. Le Dagda envoya alors Elcmar en voyage... Le Dagda mit de grands charmes sur Elcmar qui s'éloignait pour qu'il ne revînt pas à temps, c'est-à-dire tôt. Il l'éloigna de l'obscurité de la nuit et le garda de la faim et de la soif. Il mit sur lui de longues errances si bien que neuf mois furent comme un jour. Car il avait dit qu'il reviendrait entre le jour et la nuit. Le Dagda alla pendant ce temps à la femme d'Elcmar et lui engendra un fils du nom d'Oengus. La femme était guérie de ses souffrances quand Elcmar revint. Il ne remarqua pas sa faute en elle, c'est-à-dire qu'elle avait couché avec le Dagda [1]. » Il s'agit donc d'une opération supposée magique de distorsion du temps, mais la référence à la magie, faite évidemment pour déprécier le personnage, attitude logique dans le contexte chrétien du transcripteur médiéval, fait oublier quelque peu le rôle tout-puissant du Dagda, à la fois « dieu bon », « père de tous », « dispensateur des récoltes », « maître des tempêtes », et *maître du temps.* Dans l'univers du *sidh,* le temps n'existe plus, ou plutôt ce temps n'est plus mesurable selon les mêmes critères. Dagda a envoyé Elcmar ailleurs, sur terre, dans le monde des humains, tandis que lui et Boann se trouvent dans l'Autre Monde : il est normal que vingt-quatre heures pour l'un soit neuf mois pour les autres. Et l'inverse pourrait être tout aussi valable.

Mais c'est ainsi qu'Oengus est né. Le nom d'Oengus (Angus) signifie « choix unique ». Son autre nom est le Mac Oc, c'est-à-dire « fils jeune ». Étant donné qu'il est le fils du dieu *père de tous* et de la déesse Boann, autrement dit *Bo-Vinda,* la « vache blanche », symbole de fécondité, il porte en lui l'espoir d'un monde nouveau régénéré. Si l'on veut, il est le « jeune soleil » face à l'ancien qui est Dagda, ou encore la nouvelle énergie qui succède à l'ancienne par suite d'une rupture dans l'ordre normal du temps. Mais Dagda confie son fils à un père nourricier, un

1. *Textes mythologiques irlandais,* p. 242.

fosterer[1], en l'occurrence Mider, maître du *sidh* de Bri Leith. Tout se passera bien jusqu'au jour où le jeune Oengus, s'étant fait traiter de bâtard par un de ses compagnons de jeux, demandera des explications à Mider, lequel le conduira chez le Dagda pour que son fils soit pourvu d'un patrimoine. C'est alors que le Dagda se livre à une autre manipulation du temps.

Dagda donne en effet à son fils Oengus le *sidh* de Brug na Boyne. Le malheur est que celui-ci est occupé par Elcmar. Qu'à cela ne tienne, Oengus n'aura qu'à se présenter le jour de *Samain* à la Brug et faire semblant de vouloir tuer Elcmar. Il devra, pour l'épargner, demander à celui-ci de *régner un jour à sa place* dans le palais de la Brug. C'est ce qui se passe, mais au bout du « jour », Oengus refuse de rendre sa souveraineté à Elcmar, se retranchant derrière le jugement de Dagda, consulté sur ce point, car *pendant la fête de Samain, le temps s'arrête et un jour équivaut à l'éternité.* Ce procédé peu élégant permet donc à Oengus d'entrer en possession du domaine de la Brug, dont maintenant personne ne peut lui contester la légitime souveraineté.

Il y a plusieurs variantes à cet épisode qui paraît ainsi en acquérir plus d'ancienneté et d'importance. Dans un récit plus récent et assez christianisé, le père adoptif d'Oengus est Elcmar lui-même, et c'est Manannann qui conseille le jeune garçon, lui disant : « Jette-lui un *geis* (redoutable incantation magique) de destruction de telle sorte qu'il ne puisse plus entrer dans la maison jusqu'à ce que ciel et terre, soleil et lune soient confondus. » Oengus suit le conseil et Elcmar quitte la Brug avec tous les siens. Oengus éprouve alors quelques remords (nous sommes dans une version christianisée) et invite son père adoptif à rester ; mais la puissance du *geis* est telle qu'Elcmar ne peut revenir dans une demeure sur laquelle il ne détient plus aucun droit.

---

1. La pratique du *fosterage,* mot intraduisible, est typiquement irlandaise. Il s'agit non seulement d'assurer l'élevage et l'éducation de l'enfant en question, mais de l'adopter réellement, ce qui crée de nombreux liens et obligations entre les deux familles d'origine.

Il existe une troisième version qui semble beaucoup plus archaïque. Elle se trouve exprimée dans un poème de Cined ua Hartacain, mort en 978, ainsi que dans un très court passage en prose du célèbre *Livre de Leinster,* manuscrit du XIe siècle. Ce dernier texte, qui étonne par sa sécheresse, laquelle est une garantie de non-interpolation, fait du Dagda le chef suprême des Tuatha Dé Danann et le possesseur de Brug na Boyne dont la description est assez saisissante : « Ce pays est célèbre. Il y a trois arbres avec des fruits éternels, un cochon toujours vivant sur pied, un cochon vivant, un récipient avec de la bière merveilleuse, et aucun d'eux ne diminue jamais. » Or Oengus, qui se sent frustré dans le partage que le Dagda a entrepris des palais de l'Autre Monde, vient réclamer à son père l'héritage auquel il a droit. Le Dagda lui répond froidement qu'il n'a rien pour lui. « Qu'il me soit accordé cependant, dit le Mac Oc, un jour et une nuit dans ta résidence. Cela lui fut accordé. Va-t'en maintenant à la résidence suivante, dit le Dagda, car tu as achevé ton temps. — Il est clair, dit le Mac Oc, que la nuit et le jour sont la durée du monde entier, et c'est ce qui m'a été donné. Le Dagda partit donc et le Mac Oc resta dans le *sidh*[1]. » Il est évident que le Dagda est, comme le dit Cined ua Hartacain, « maître du temps ». Il a conçu son fils, le Mac Oc, en agissant sur ce temps dans l'espace fictif d'un jour et d'une nuit. Or, il est lui-même victime de cette maîtrise du temps, qui est maintenant la fonction de son propre fils. Le schéma mythologique apparaît clair : Dagda, comme l'Indien Mitra et le Germain Odin, est le « dieu des contrats », et comme tel, il n'est pas tenu de respecter ses engagements[2]. Mais la roue tourne, et le vieux dieu doit être remplacé par le jeune dieu qui s'approprie alors la même maîtrise du temps. Au fond, Oengus n'est autre que l'aspect régénéré, renoué, des énergies qui régissent l'univers et qui sont en perpétuelle métamorphose.

1. *Textes mythologiques irlandais,* p. 273.
2. On sait qu'Odin-Wotan, d'après les *Eddas,* est un grand spécialiste de la mauvaise foi, des faux serments et des vols qualifiés.

Il est remarquable que ces histoires, fondamentales dans la tradition irlandaise, et qui concernent évidemment le concept d'immortalité, soient localisées à Newgrange, le plus beau et le plus élaboré des grands dolmens à couloir d'Irlande. Étant donné que la tradition véhiculée par les manuscrits gaéliques du Moyen Age remonte bien plus haut que les Celtes, ces histoires permettent d'affirmer qu'à la première période des mégalithes, au cinquième millénaire avant notre ère, il existait non seulement des croyances sur l'après-vie, mais aussi des pratiques pour faciliter le passage des défunts dans cet Autre Monde si bien décrit par les conteurs irlandais. C'est l'équivalent du *Bardo-Thödol* et du *Livre des Morts* des anciens Égyptiens. En tout cas, une constatation s'impose : l'Autre Monde est *là,* à côté de nous, même si nous ne le voyons pas.

Une autre anecdote appartenant au cycle ossianique de la tradition irlandaise est significative. Diarmaid et Grainné, qui sont les prototypes de Tristan et Yseult, sont obligés de fuir la colère du vieux roi Finn qui les poursuit avec acharnement en compagnie de sa troupe de *Fiana.* Or, sur le point d'être rejoints, les deux fugitifs aperçoivent, sur un bateau, « un compagnon couvert d'un vêtement étrange, avec un manteau aux larges raies jaunes qui pendait de son épaule. C'était Oengus du *sidh,* le père nourricier de Diarmaid, qui était venu l'aider à sortir de la situation honteuse où il était à l'égard de Finn et des *Fiana* d'Irlande [1] ». Oengus cache Grainné sous les plis de son manteau, et, par ses sortilèges, rend Diarmaid invisible pour les *Fiana.* Mais le destin de Diarmaid est tracé. Quelque temps après, attiré dans un piège magique par Finn, il doit transgresser son interdit majeur, tuer un certain sanglier ; et il meurt sans que Finn, qui avait le don de le guérir, fasse quoi que ce soit pour lui. Dans une des versions, après la mort de Diarmaid, on fait dire à Finn : « Quittons cette colline par crainte qu'Oengus et les Tuatha Dé Danann ne nous attaquent. Et *bien que nous n'ayons aucune part dans la mort de Diarmaid,* Oengus n'aurait rien de plus pressé que de nous en accuser [2]. »

1. G. Dottin, *l'Épopée irlandaise,* nouv. éd., Paris, 1980, p. 167.
2. J. Markale, *l'Épopée celtique d'Irlande,* p. 164.

Effectivement, Oengus a son mot à dire. Quand Grainné, éplorée, se précipite sur la colline de Ben Bulben (comté de Sligo) où se trouve le corps de Diarmaid, elle aperçoit Oengus et trois cents de ses gens rassemblés autour de celui-ci. Oengus déplore la mort de son fils adoptif et déclare à ses compagnons : « Cavaliers du *sidh* sans souillure, que Diarmaid au bel aspect soit emporté par vous jusqu'à la Brug, douce, remplie d'hôtes, éternelle [1]. »

En somme, Brug na Boyne est un peu l'île d'Avalon où un être féerique emmène les humains morts ou sur le point de mourir pour les régénérer ou les maintenir « en dormition ». Newgrange, pour peu qu'on puisse ouvrir le fameux troisième œil, celui qui permet de voir l'invisible, est vraiment l'entrée de l'Autre Monde, la porte qui mène vers une résidence *douce, remplie d'hôtes, éternelle.* Les Chrétiens ne se sont guère trompés sur le sens profond qu'il convenait de donner à ces tertres mégalithiques, particulièrement à celui de Newgrange. Car, dans le cycle d'Étaine, le récit intitulé *la Nourriture de la maison des deux gobelets,* qui est très christianisé, insiste lourdement sur la nature païenne, voire magique et diabolique de Brug na Boyne. Mais par là même, le récit témoigne d'une tradition bien réelle concernant les fabuleux « tertres aux fées ».

L'héroïne de l'histoire est la fille de l'intendant d'Oengus, qui, en vertu du *fosterage,* est devenue sa fille adoptive. Elle se nomme Eithné, et il est probable que ce nom est semblable à celui d'Étaine. Or, comme le nom d'Eithné est parfois donné à la femme d'Elcmar, c'est-à-dire à Boann, on peut être assuré qu'il s'agit en fait du même personnage mythologique, donc de la même entité divine [2], toujours cette même rivière Boyne personnalisée,

1. Michael O'Kelly, *Newgrange,* Londres, Thames and Hudson, 1982, p. 46.

2. On la retrouve sous le nom et sous les traits de la fameuse Viviane (ou Niniane, ou Nimue), qui est la « Dame du Lac » des romans arthuriens, image d'une divinité féminine maternelle, aquatique (les eaux douces) et dispensatrice des richesses de ce monde, ce qui est conforme à l'étymologie originelle de *Bo-Vinda,* la « vache blanche », mère nourricière, en fait toujours vierge.

avec tous ses éléments fécondateurs. De plus, d'après certains récits, Boann-Eithné-Étaine est la sœur (et parfois la fille) du Dagda, ce qui suppose un inceste. Mais on sait que dans toute mythologie, l'inceste est un lien symbolique entre deux fonctions divines, et qu'il ne doit être considéré en aucun cas comme une faute morale. Seuls les dieux peuvent se permettre impunément des transgressions d'interdits. Œdipe en a fait la triste expérience à son désavantage, et sous la réprobation générale de ceux qui ne comprennent pas les subtilités cachées dans les trames mythiques.

Nous sommes ici en plein cœur du drame qui se joue au moment où les druides celtes se convertissent au Christianisme, c'est-à-dire au IVe siècle, en Irlande, sous l'impulsion de saint Patrick, citoyen romain de l'île de Bretagne, brillant élève des druides et néanmoins prêtre et évêque catholique qui, subtilement et intelligemment, commença à convertir la classe druidique et les chefs de tribu avant de s'attaquer au commun des mortels. Néanmoins, ce passage d'une idéologie à une autre n'est que la transmission d'une même conception de la vie et de la mort.

Eithné est donc la fille adoptive d'Oengus, le grand magicien de Brug na Boyne. A la suite d'une mystérieuse et infamante remarque d'un des Tuatha Dé Danann, remarque qui s'apparente davantage à un *geis* druidique qu'à un jugement moral, la jeune Eithné ne peut absorber ni nourriture ni boisson en dehors du lait qu'elle trait elle-même d'une vache brune féerique qui se trouve à Brug na Boyne et d'une vache tachetée qui est également un animal féerique appartenant à Manannann. On voit nettement le rapport de cette histoire avec le nom de Boann (*Bo-Vinda*). On peut aussi se poser certaines questions à propos des deux cupules repérées dans le bassin de granit situé dans le « retrait » est de la chambre de Newgrange. Est-ce une coïncidence ? Le fait que ce récit s'intitule « la Nourriture de la maison *des deux gobelets* », et que la jeune Eithné ne puisse boire le lait des deux vaches que dans ces deux « gobelets », peut facilement éliminer toute notion de hasard.

Donc Eithné, victime d'une sorte de sortilège, vit de cette façon dans le tertre de la Brug pendant plusieurs siècles, « depuis le temps d'Éremon, fils de Mile [1], jusqu'au temps de Loegairé, fils de Niall aux Neuf Otages, c'est-à-dire le temps où le *Tailgenn* [2] vint en Irlande ». On nous dit également que cet état étrange de la jeune fille provient du fait que lors du sortilège (en fait, un exorcisme), le diable qui occupait l'esprit de la jeune fille s'en alla, laissant place à un ange. Par conséquent, Eithné ne pouvait plus absorber de nourriture païenne, ou *diabolique,* et devait se contenter du lait pur de deux vaches venues des lointains pays d'Orient. Or, un jour, Eithné, qui est allée se baigner dans la Boyne avec ses compagnes du *sidh,* ne voit plus celles-ci et se retrouve dans un monde totalement différent. Le bain d'Eithné est évidemment une sorte de baptême qui lui fait quitter définitivement le monde féerique (considéré comme diabolique par le transcripteur du récit !) pour la projeter dans le monde humain christianisé.

Et Eithné perd le don d'invisibilité qui est le lot commun des Tuatha Dé Danann. « Elle vint à terre, remit ses vêtements, chercha les femmes sur les bords de la Boyne et elle ne les trouva pas. Avant qu'il fût longtemps, elle vit un jardin plein de végétation et de branches vertes, et le mur nu du cimetière qui l'entourait. » C'est en somme l'inverse des descriptions habituelles où les héros humains s'engagent dans l'Autre Monde. Eithné appartenait à une race immortelle, et elle vient de revenir mortelle. On songe au thème de Mélusine, laquelle perd son immortalité *païenne,* par suite de la faute commise contre le Père, et qui, à la faveur d'une vie terrestre, pourra obtenir l'immortalité chrétienne en aimant un humain et en se consacrant aux bonnes œuvres. Voici Eithné en contact avec les moines chrétiens. Elle s'instruit dans les saintes Écritures, et malgré les tentatives d'Oengus, invisible pour les Chrétiens, mais encore visible pour elle, elle se fait baptiser. Cependant, et c'est ce qui marque son appartenance originelle au monde féerique, elle meurt de chagrin après avoir entendu la lugubre lamentation d'Oengus, déplorant

1. Au tout début de l'invasion des Gaëls et de leur victoire sur les Tuatha Dé Danann.

2. Il s'agit de saint Patrick, premier évangélisateur de l'Irlande. Donc, nous sommes au IVe siècle.

qu'elle ait abandonné le monde fantastique dont il est le gardien vigilant et immortel. Étrange histoire...

Elle s'inscrit dans le cadre de Newgrange. L'antique tertre de Brug na Boyne n'a certes pas livré tous ses secrets. Mais les traditions qui l'entourent nous montrent qu'il s'agit d'un lieu privilégié où s'effectuent les rituels complexes et maintenant oubliés qui conduisent l'être humain, sinon à l'immortalité, du moins à une perpétuelle re-naissance dans des mondes que nos yeux imparfaits sont encore incapables de discerner tout à côté de nous.

C'est là le problème le plus irritant : cette invisibilité d'un monde que l'esprit humain conçoit comme présent à côté de lui, ou même qu'il *sent confusément* à sa portée sans pouvoir jamais vraiment y pénétrer. On raconte que certains, doués d'une sensibilité plus développée, sensibilité innée ou acquise par une « initiation », ont réussi cette intrusion dans ces « domaines interdits ». Après tout, les chiens perçoivent des sons que les humains n'entendent pas, et les appareils électroniques sont capables de capter des forces qui existent réellement, mais que nous ne pouvons même pas appréhender par nos organes sensoriels. Les témoignages sur cette entrée dans le monde invisible sont variés et nombreux : les visionnaires, les mystiques, les médiums et autres voyants de tous bords, à n'importe quelle époque, dans le cadre de n'importe quelle civilisation, ont raconté là-dessus des choses surprenantes. Mais compte tenu de la subjectivité de leurs rapports, nous ne sommes pas obligés de les croire. Il y aura toujours un doute, jamais une certitude absolue. Pourtant, la mémoire universelle a enregistré des faits, des expériences, des aventures, qui, de génération en génération, sont parvenus jusqu'à nous, y compris par le canal de ce qu'on appelle les contes populaires.

L'un de ceux-ci est bien connu partout dans sa structure essentielle : la vision que peuvent avoir, par suite d'une circonstance exceptionnelle, certains humains des fées et autres personnages dits surnaturels. La version bretonne de ce conte, recueillie en Cornouaille vers 1870, est assez significative. Il s'agit d'une sage-femme qu'on vient appeler pour accoucher une femme-korrigan. Car les êtres du monde invisible ont non seulement le pouvoir de voir les humains, mais encore celui de se matérialiser devant eux. La sage-femme accomplit donc sa mission. Alors la femme-korrigan lui demande de prendre dans l'armoire une pierre ronde et d'en frotter les yeux du nouveau-né. La sage-femme, intriguée, obéit, frotte les yeux de l'enfant, mais, en cachette, s'en frotte aussi son propre œil droit. « Elle ignorait que cette pierre précieuse, qui était parfaitement polie et dont la forme était celle d'un œuf, avait la propriété de donner aux personnes dont elle avait touché les yeux, la faculté de voir les korrigans lorsqu'ils se rendaient invisibles. » Le résultat ne se fait pas attendre : un jour, sur le marché, la sage-femme aperçoit la femme-korrigan, « qui furetait dans les boutiques les plus richement garnies, et qui prenait, parmi les marchandises, celles qui lui plaisaient le plus, sans que les marchands parussent en être surpris ». Car la femme-korrigan s'était évidemment rendue invisible. Mais, le soir, la sage-femme, rencontrant sa commère, ne peut s'empêcher de lui dire que son marché ne lui a pas coûté cher. La femme-korrigan lui demande de quel œil elle l'a vue. L'autre répond que c'est du droit. « Aussitôt la femme-korrigan enfonça un de ses doigts dans l'œil que sa malheureuse commère venait de lui désigner, l'arracha de son orbite et lui dit avec un ricanement digne du diable : — Vous ne me verrez plus à présent ! Et, désormais, la sage-femme fut borgne et ne vit plus jamais les korrigans lorsque ceux-ci étaient invisibles [1]. » Cette pierre merveilleuse, dont la forme ressemble à celle d'un œuf [2], est l'équivalent de l'incantation magique du *feth fiada*, dispensée par

1. J. Markale, *la Tradition celtique en Bretagne armoricaine*, Paris, Payot, 1975, pp. 143-144. Les variantes de ce conte sont innombrables dans toutes les régions.

2. Cela fait penser à l'*œuf de serpent* druidique dont parle Pline l'Ancien dans son *Histoire Naturelle*. Cet objet revêtu de pouvoirs magiques a été considéré comme un oursin fossile ; mais il est plus probable qu'il s'agit d'une pierre météorite analogue à ces « pierres de foudre » (*mein-gurun*), très répandues dans toutes les campagnes et qui ont des vertus protectrices. Il faut noter que la tradition populaire donne ce nom de « pierres de foudre » aux haches votives en pierre, découvertes en grand nombre dans les tertres mégalithiques. Elles ont le don d'écarter la foudre et les tempêtes.

Mananann — ou le Dagda —, et qui permet aux Tuatha Dé Danann, les mystérieux habitants des tertres, d'être invisibles aux yeux du commun des mortels.

Les visionnaires, les mystiques et les médiums se seraient-ils frotté les yeux avec cette pierre magique ? A moins qu'ils ne se fussent trouvés présents lors de la distribution du *feth fiada* par l'un des chefs des Tuatha Dé Danann ? L'étrange rayonnement solaire du solstice d'hiver au cœur du tertre de Newgrange ne serait-il pas la preuve qu'il est permis de distinguer autre chose que l'ombre dans les ténèbres du *sidh* ? « Le soleil des vivants n'éclaire plus les morts », disait Lamartine. Mais est-ce que le soleil des morts éclaire les vivants ?

II

LA MÈRE DES RE-COMMENCEMENTS

Il n'est nullement indispensable d'être un fervent disciple de la psychanalyse pour s'apercevoir que la structure des cairns, autrement dit des dolmens à couloir sous tumulus, est de nature analogiquement féminine. Le tertre lui-même, bâti au-dessus de la surface du sol, et, dans la plupart des cas, sur une hauteur, est l'image exacte du ventre maternel. La chambre funéraire, qui n'est jamais centrale, est évidemment la matrice, tandis que le couloir n'est autre que le conduit vaginal. Cette structure correspond à une réflexion hautement métaphysique : déposer les défunts dans cette chambre funéraire, à l'intérieur du tertre, c'est en effet leur donner toutes les possibilités d'une re-naissance, sur un autre plan, le plan subtil de l'invisible. C'est ce qui ressort d'une analyse détaillée de cette sorte de monuments, quels qu'aient pu être les rituels qui s'y déroulaient et dont nous ignorons tout, sauf le rôle incontestable de la lumière solaire solsticielle.

Incontestablement, les cairns mégalithiques sont tous placés sous le signe de la Femme, de la Mère plus exactement, de celle qui donne la vie, perpétuelle parturiente dont tous les êtres vivants sont les enfants. Le symbolisme primaire qui consiste à voir dans ces tombes un simple dépotoir pour se débarrasser de cadavres encombrants et faciliter ainsi leur décomposition et leur régénération matérielle dans le cycle infini de la nature est ici largement dépassé. Il s'agit de tout autre chose, et le fait de déposer les défunts, tels quels, momifiés ou brûlés, dans le sein de la Terre-Mère, dans des conditions qui dénotent les grandes lignes d'une transcendance, va plus loin que la conformité à l'ordre naturel des choses. Le corps étant matériel, emprunté à la terre, il est normal qu'il retourne à la terre. Mais le reste, cette *composante psi* comme l'appellent les psychologues contemporains, c'est-à-dire l'âme des spiritualistes, le *mana* des soi-disant primitifs, qui est inhérent au corps charnel mais néanmoins irréductible à lui, que devient-il, ce reste, qui est le résultat d'une existence, d'une action de vivre, et qui, tout au long de cette existence, a participé lui-même à la création que d'aucuns jugent divine et d'autres simplement naturelle ? C'est là que le concept maternel intervient, comme il est dit, de façon ambiguë d'ailleurs, dans l'Évangile de Jean, lorsque, sur la croix, Jésus dit à Marie : « Femme, voici ton fils », et à Jean : « Homme, voici ta mère. » Car Marie, dans le contexte chrétien, est la Mère universelle, la toujours Vierge, et, à la réflexion, l'*incréée* sans laquelle le dieu créateur, quel qu'il soit, ne peut faire surgir le monde des ténèbres originelles.

Mais si Dieu, sous quelque nom qu'on l'énonce, crée sans cesse, dans une permanence infinie, ce qui semble ressortir des théologies les plus évoluées, il lui faut sa « parèdre », l'élément féminin nécessaire à toute procréation : or, cette procréation étant permanente, le rôle et la présence de cet élément féminin sont bien entendu « dans les siècles des siècles », pour reprendre l'expression liturgique consacrée par le Christianisme. Et cet élément féminin, si bien suggéré par la structure des cairns mégalithiques, est également présent, sous forme imagée, dans des figurations gravées sur la pierre. Dans les chambres funéraires de très nombreux dolmens et allées couvertes, on découvre au moins une représentation de ce que les archéologues appellent la « déesse néolithique », la « déesse protectrice des morts », quand ils ne disent pas l'idole, voire l'idole « en forme d'écusson » ou « en forme de marmite ». Cette représentation est toujours schématique ou stylisée, parfois franchement abstraite, comme à Newgrange, parfois bien repérable comme au tertre des Pierres Plates en Locmariaquer (Morbihan), mais toujours présente, et probablement placée là parce qu'on jugeait son rôle indispensable dans l'envol du défunt vers une autre vie, dans un autre monde.

A vrai dire, ce ne sont pas les hommes du Néolithique qui ont inventé l'image de cette mystérieuse déesse. Les plus anciens témoignages de l'art nous livrent des figurations féminines en abondance. Ne parlons pas de cette statuette découverte en 1864 à Laugerie-Basse, dans le Limousin, et baptisée improprement « Vénus impudique » grâce à ses lèvres sexuelles bien apparentes, et qui date du Paléolithique, soit quelque quarante mille ans avant notre ère. Ne parlons pas non plus de la « Dame de Brassempouy », découverte dans la Grotte du Pape, dans les Landes, en 1894, magnifique tête de femme sculptée dans l'ivoire, avec une chevelure organisée, ce qui prouve une technique artistique parfaitement au point pour des époques que l'on juge très primitives. Mais, dans toute l'Europe, on a retrouvé dans les gisements du Paléolithique de multiples statues ou statuettes représentant des femmes dont les caractères sexuels sont fortement amplifiés. On a pris l'habitude de nommer ces statues des « Vénus », et l'on n'a pas manqué d'invoquer à ce propos un possible culte de la fécondité. La question mérite d'être discutée dans la mesure où il faut se garder d'une interprétation au premier degré qui renverrait les préoccupations des hommes du Paléolithique à la simple satisfaction des besoins matériels quotidiens d'une société de chasseurs et de cueilleurs. Ce qui n'est pas si évident pour peu qu'on veuille bien mettre entre parenthèses l'opinion que nos lointains ancêtres n'aient été que de pauvres imbéciles, dénués de toute forme de raisonnement et uniquement préoccupés de se nourrir et de se reproduire.

Certaines de ces statuettes ont acquis une réputation mondiale justifiée, comme celles de Grimaldi, en Italie, de Dolni Vestonice, en Tchécoslovaquie, de Kostenki et Gagarino, en U.R.S.S., la plus célèbre de toutes étant certainement la « Vénus de Willendorf », découverte en Autriche. Mais il y en a aussi en France, comme la « Vénus de Tursac », en Dordogne, découverte en 1959, sans tête mais avec des reins cambrés, des seins menus et des fesses saillantes ; ou encore la statuette de Monpazier (Dordogne), très petite, la vulve bien dessinée, les fesses pointées en arrière et le ventre projeté en avant, ce qui l'a fait appeler le « Polichinelle ». Cependant, les plus caractéristiques sont la « Vénus de Lespugue » et la « Vénus de Laussel ».

La « Vénus de Lespugue » provient d'une grotte de Haute-Garonne. C'est une statuette d'ivoire, d'une hauteur de 15 cm, dont le visage est d'un ovale parfait, mais sans yeux, sans nez et sans bouche, avec un cou d'une finesse remarquable, un thorax plat, un ventre rebondi et des fesses proéminentes. Il ne s'agit certes pas d'une représentation au premier degré, d'une imitation d'un modèle : le caractère accentué de certaines parties du corps signifie sûrement quelque chose. Et il en est de même pour la « Vénus de Laussel », qui provient d'un des abris des Eyzies (Dordogne). Ce n'est pas une statuette, mais un bas-relief gravé en creux et présentant des traces d'ocre rouge, mesurant 40 cm de haut. Il s'agit d'une femme, vue de face, la main gauche sur le ventre, l'autre tenant une corne de bison vers le cou, le visage tourné vers cette corne, la chevelure se déroulant sur l'épaule gauche. Les seins sont lourds mais ne retombent pas exagérément. Par contre, les hanches, le ventre et les cuisses sont d'une largeur qui dénonce une adiposité évidente, ce qui suppose que, dans l'esprit du graveur, les fesses devaient être aussi plantureuses. Cette représentation rappelle tout à fait la « Vénus de Lespugue » et les autres statuettes du genre. C'est pourquoi on la range dans la catégorie des « Vénus hottentotes », par comparaison avec certaines statues des Boschimans d'Afrique australe, aux formes passablement généreuses, comme peut l'évoquer le moulage grandeur nature d'une certaine Sarah Barbrann (l'authentique Vénus hottentote !) exposé au Musée de l'Homme, à Paris. L'autre appellation couramment donnée à ce genre de figuration féminine est celle de « Vénus stéatopyge », autrement dit « Vénus aux fesses grasses ».

Il n'y a pas d'exagérations de cette sorte dans les représentations féminines qu'on peut observer dans les cairns mégalithiques, car elles sont toujours très schématisées par les « assembleurs de tas de pierres » qui vivaient, il y a cinq ou six mille ans, sur les rivages de l'Atlantique et dans les vallées des principaux cours d'eau de l'Europe occidentale. Dans la plupart des cas, la figuration féminine apparaît dans la chambre funéraire, à gauche du couloir d'accès, ce qui ne dispensait pas cette image d'être répercutée tout au long du couloir, avec une insistance particulière pour l'entrée. Sa valeur rituelle et symbolique est certaine. De plus, si, sur certaines gravures, les seins apparaissent nettement, parfois multipliés comme pour la déesse d'Éphèse, l'accent est mis, grâce à divers motifs, sur la richesse, l'abondance et la fécondité de cette représentation divine. Ainsi trouve-t-on de nombreuses lignes courbes qui peuvent être alternativement ou complémentairement des chevelures, signe de force, et des colliers, signe de puissance et d'autorité, ou encore des vagues, ce qui ramène au thème bien connu des Eaux Primordiales sur lesquelles souffle l'Esprit. Il existait incontestablement une mythologie complexe de la Déesse chez les peuples des mégalithes, mais on ne peut évidemment que le supposer d'après l'ordonnancement des détails. Certaines de ces « idoles » sont liées à des signes serpentiformes : or, depuis la plus haute Antiquité, le Serpent est toujours le compagnon privilégié de la Femme, comme en témoigne le mythe d'Ève et du serpent sous l'Arbre de la Connaissance ; et l'image s'est perpétuée dans la tradition chrétienne, avec la représentation de la Vierge écrasant (soi-disant !) la tête d'un serpent. Ailleurs, ce sont des haches qui confèrent à cette déesse un caractère guerrier, ce qui justifie son rôle de protectrice des morts face aux dangers que l'âme peut rencontrer dans l'Autre Monde.

La déesse des tertres est également en rapport avec le motif très repérable de la barque. Une gravure du cairn du Petit-Mont, en Arzon (Morbihan), présente ainsi une « idole en forme de marmite » sur un bateau. S'agit-il de la navigation de la divinité qui emmène les morts dans l'Autre Monde, leur faisant franchir le mystérieux fleuve qui sépare le visible de l'invisible ? Est-ce le voyage du Soleil dans les régions obscures de la nuit, là où l'âme des morts doit naviguer un certain temps avant d'éclore de nouveau à l'aurore ? Les deux hypothèses ne sont nullement contradictoires. Certes, la barque peut avoir une signification plus quotidienne, puisque les constructeurs de mégalithes, d'après ce que l'on sait, habitaient tout près des côtes maritimes ou dans les vallées, et qu'ils devaient être des navigateurs probablement très habiles. Mais le mythe, ne l'oublions pas, a besoin, pour se manifester, d'éléments concrets, lesquels sont inévitablement empruntés aux éléments les plus quotidiens, les seuls qui puissent aboutir à une compréhension totale. Cette conjonction de la déesse et de la barque fait penser à la navigation d'Isis sur le Nil, à la recherche du corps démembré d'Osiris, et aussi au célèbre chariot de Trondheim, l'un des plus beaux vestiges de l'Age du Bronze dans lequel on voit un disque solaire en or accomplir son voyage perpétuel vers l'éternité.

De toute façon, la figuration féminine, telle qu'on la découvre dans les tertres mégalithiques, est d'une nature solaire, et non lunaire. On sait que la Femme a toujours provoqué une attitude ambiguë chez tous les peuples, à plus forte raison chez ceux que l'on classe parmi les « primitifs ». La Femme possède en effet le redoutable pouvoir de donner la vie, d'assurer la continuité du groupe familial et social, ce que le mâle ne peut faire que grâce à des astuces d'ordre juridique. De plus, il n'est pas certain que le mâle, dans les sociétés les plus archaïques, ait eu conscience du rôle réel qu'il jouait dans l'accouplement et donc dans la procréation, l'acte sexuel n'étant pas forcément lié à la conception. Les anthropologues ont mis depuis longtemps en évidence que certains peuples d'Océanie ou d'Afrique, vivant dans un système de référence totalement différent du nôtre, croyaient que la conception de l'enfant était due à l'intrusion d'un esprit, voire du vent, ou d'un phénomène naturel. Il en reste quelque chose dans les campagnes européennes, ne serait-ce que la superstition bien connue (mais est-ce une superstition ?) selon laquelle une femme qui urine dehors, la nuit, devant la lune, risque de se retrouver enceinte : car « la lune engrosse les femmes ».

Cette dernière croyance est capitale pour comprendre les divers mythes de re-naissance et de régénération que les siècles nous ont légués. Elle se réfère en effet à une tradition fort archaïque où la Lune est masculine tandis que le Soleil est féminin. Il y a eu, dans l'histoire, un moment où s'est opéré un renversement de valeurs, ce renversement étant superbement révélé par le mythe d'Apollon, le nouveau soleil masculin, luttant contre le serpent Python et remplaçant cette antique divinité féminine dans le sanctuaire de Delphes. Mais avant ce moment de l'histoire, les sociétés devaient être sinon matriarcales (en fait, le matriarcat n'est qu'une vue de l'esprit), du moins fortement gynécocratiques, ce qui semble établi par le symbolisme soli-lunaire : le soleil est en effet l'astre qui donne chaleur et vie, la lune n'étant qu'un pâle reflet nécessaire mais non créateur en lui-même. Cette distinction primitive, on la retrouve encore dans trois groupes de langues, chez les Hébreux, les Germains et les Celtes, où le mot soleil est féminin et le mot lune masculin.

Ce n'est pas un hasard : certaines structures sociales, mentales et juridiques sont un écho amoindri mais probant de cette dichotomie fondamentale. La filiation matrilinéaire en est l'élément le plus stable en même temps que le plus caractéristique. De nos jours encore, chez les peuples hébraïques, on est Juif par sa mère et non par son père, et cela se vérifie par la généalogie de Jésus lui-même, fils de Marie (Myriam), et par là, descendant de David (c'est-à-dire de la famille royale, David n'étant que le personnage symbolique). Pour un Juif, l'individu est fils de sa mère, le père ne jouant qu'un rôle parfaitement accessoire — et c'est le cas pour Joseph, le soi-disant charpentier de Nazareth, irrévérencieusement rangé dans la catégorie des cocus et même promu patron de ceux-ci. Dans la société juive traditionnelle, la judaïté se transmet par les femmes. Ce fait net et précis met en évidence le rôle éminent des personnages féminins de la Bible, pourtant noyés dans une société juridiquement patriarcale. Il faudrait se souvenir des filles de Loth qui, pour assurer la permanence de la race, n'hésitent pas à copuler avec leur père, considérant celui-ci comme un simple instrument de la génération et non comme le dépositaire d'une filiation sacrée. C'est d'ailleurs ce que l'Occident chrétien ne peut comprendre, ou fait semblant de ne pas comprendre. Car le texte de la *Genèse* est là, sous nos yeux, irréfutable [1]. Il s'agit de l'épisode, généralement passé sous silence par les exégètes, au cours duquel sont expliqués les démêlés d'Abraham avec Abimèlèkh, roi de Guérar, à propos de Sara. Abraham a affirmé que Sara était sa femme, et cependant, elle est sa sœur. Sommé de s'expliquer, Abraham prononce ces paroles très caractéristiques de la structure parentale des Hébreux : « Vrai, elle est aussi ma sœur, la fille de mon père, elle, mais non la fille de ma mère ; elle est à moi pour femme [2]. » Autrement dit, Abraham ne commet pas d'inceste puisque Sara *n'est pas sa sœur utérine* et que la seule parenté reconnue réelle est celle qui provient de la mère. On ne peut mieux définir la filiation utérine : le père sera toujours un *goy,* chez les Juifs, donc une quantité négligeable. Le rôle primordial est dévolu à la mère, à la Femme. Voilà une chose bien surprenante dans une société qu'on s'obstine à présenter comme une société phallocratique.

On constate des survivances de ce type dans les sociétés celtiques, notamment en Grande-Bretagne et en Irlande, où l'oncle maternel est souvent présenté comme le véritable chef de famille, les héritages se transmettant essentiellement dans la lignée maternelle. Il en reste des traces dans les épopées anciennes, lorsque des héros comme le roi d'Ulster, Conchobar, sont nommés d'après leur mère et non d'après leur père, ou encore dans le mode de succession de certains rois, tel Arthur, dont l'héritier désigné est Gauvain, son neveu, fils de sa sœur. C'est encore plus net dans le cas du roi Mark et de Tristan, son neveu, fils de sa sœur. De plus, l'histoire de Tristan nous ramène directement à la féminité du soleil : Yseult la Blonde (et son prototype irlandais Grainné, dont le nom provient de *grian,* « soleil ») est en effet l'image en quelque sorte

1. On comprend mieux pourquoi, dans les campagnes françaises, jusqu'à la Seconde Guerre mondiale, le seul fait de posséder une bible en langue française était considéré, par les prêtres catholiques romains, comme un péché mortel !

2. *Genèse,* XX, 12, trad. André Chouraqui.

« folklorique » d'une antique divinité solaire féminine, tandis que Tristan est littéralement un « homme-lune » qui ne peut vivre et agir que grâce au rayonnement d'Yseult. Tristan meurt s'il n'a pas de contact physique au moins une fois par mois avec Yseult : le mythe recouvre ici très exactement la complémentarité soleil-lune, l'importance étant donnée au soleil, créateur et régénérateur, présenté sous ses aspects féminins et maternels.

C'est donc cette entité divine qui règne dans les tertres mégalithiques. Dans certains monuments, comme celui de l'Ile-Longue, dans le golfe du Morbihan, elle est nettement représentée avec des cheveux qui jaillissent extérieurement de ses contours schématiques, et ces cheveux sont aussi des vagues, aussi des flammes, celles du soleil. Cela explique que dans d'autres monuments, en particulier dans le magnifique cairn de Gavrinis, toujours dans le golfe du Morbihan, ces chevelures-vagues-flammes envahissent toutes les gravures et deviennent de véritables fantasmagories. Et, dans les tertres d'Irlande, elles prennent franchement une allure labyrinthique, le labyrinthe étant une représentation symbolique — et géométrique — du ventre maternel. Ainsi apparaît le thème de la spirale, si abondant dans les gravures de Newgrange, celle-ci étant parfois simple, parfois double, souvent triple, et prenant alors le nom breton de *triskell.*

Dans une période dite scientifique, comme la nôtre, et qui tente de donner une explication rationnelle à tous les symboles, la spirale revêt une importance particulière. Des hypothèses qui sont loin d'être fantaisistes assurent que l'univers est en spirale, et il faut bien avouer que certaines photographies d'amas d'étoiles ou de galaxies sont assez saisissantes : on a vraiment l'impression que tout ce qui existe dans le cosmos est doté d'une force centrifuge et se déroule de plus en plus vite dans un espace de plus en plus vaste, pour ne pas dire infini. On sait aussi que, contrairement à l'opinion courante qui veut que la ligne droite soit le plus court chemin d'un point à un autre, c'est la ligne courbe, et donc spiralée, qui est le seul moyen d'aller d'une planète à une autre, en vertu de calculs très complexes relevant de géométries non euclidiennes. Sur un plan plus terre à terre, on pourrait observer la forme de certains coquillages et la croissance de certains végétaux, les fougères en particulier. Et l'on sait que l'oreille humaine est à l'image de la spirale : on y retrouve d'ailleurs la position du fœtus dans le ventre de la mère. Mais les peuples de la Préhistoire n'avaient nul besoin de radiographies pour le savoir, et, bien souvent, ils disposaient leurs défunts, dans les tombes, dans cette même position spiralée du fœtus, comme s'ils voulaient signifier que, grâce à cette attitude, le mort pouvait acquérir une autre vie dans la matrice divine.

C'est pourquoi cette présence de spirales sur les dalles gravées des mégalithes, notamment à Newgrange où elles semblent liées au phénomène solaire du solstice d'hiver, apparaît particulièrement importante pour situer le niveau intellectuel et spirituel de ces peuples dont nous ignorons le nom et l'histoire. Il fallait de toute évidence une profonde réflexion métaphysique, une grande observation de la nature et une certaine extrapolation de cette nature visible vers un monde invisible, pour inscrire de façon aussi systématique des spirales sur les parois des grands tertres funéraires. C'est indubitablement l'affirmation d'une croyance que la vie ne s'arrête pas avec la mort physique et que cette mort est le point de départ d'une évolution ultérieure, vers un autre stade de la dynamique créatrice mise en place — peut-être — par une divinité inconnue mais génératrice, *maternelle,* « dont le centre est partout et la circonférence nulle part ». Le cercle est une représentation de la perfection, de l'achèvement, peut-être de la divinité elle-même, puisque celle-ci est supposée parfaite. Il ne peut en aucun cas être la représentation de la créature, puisque, par définition, celle-ci est imparfaite, *inachevée.* Comment mieux traduire cette idée de l'imparfait qui tend vers le parfait ? Car, si le cercle est fermé, *la spirale est ouverte* et son déroulement peut être considéré comme infini, tout au moins illimité dans le temps et dans l'espace.

On peut donc penser raisonnablement que les spirales et formes labyrinthiques relevées sur les dalles des cairns mégalithiques sont des représentations schématiques, mais riches de sens, du ventre maternel, de l'utérus dans lequel est déposé le défunt, tel un germe, dans sa nature humaine corruptible, afin d'être soumis au rayonnement du soleil féminin pour être réintégré dans le cycle éternel de la vie sous une forme différente, plus élaborée, indiquant le passage à un niveau d'être et de conscience plus élevé. Mais rien ne nous autorise à parler ici d'un cercle infernal de réincarnations ou de régressions possibles dans les états inférieurs. Le *karma* de la tradition indienne ne semble jouer aucun rôle dans la vision mégalithique, la spirale en extension indiquant plutôt une projection de l'être vers un ailleurs situé en dehors du plan de conscience humain terrestre. A moins qu'il ne faille considérer certaines spirales sinistrogyres, c'est-à-dire tournant vers la gauche, en sens inverse de la course du soleil, comme des allusions à un *regressus ad uterum* total, une sorte de *nirvâna* ou de « sein d'Abraham » qui consacrerait le triomphe de la non-existence par suite du retour à l'unité primitive. Cette hypothèse a ses partisans, non seulement en Orient où elle est le postulat indispensable de toute spéculation métaphysique ou religieuse, notamment dans l'Hindouisme et le Bouddhisme, mais également dans certaines variantes de la spiritualité occidentale. Il semble, en tout cas, que ce ne soit pas le postulat mis en avant par les prêtres-architectes mégalithiques, pas plus que par les druides des temps celtiques, leurs incontestables héritiers.

L'idée fondamentale est qu'une re-naissance ne peut s'accomplir qu'en revenant au point de départ, cette chambre funéraire utérine. Ce n'est pas une conception spécifique, car on la retrouve dans bien des traditions. Elle apparaît en particulier dans l'Évangile gnostique selon Thomas : « Les disciples dirent à Jésus : Dis-nous comment sera notre fin. Jésus dit : Avez-vous donc découvert le commencement pour que vous cherchiez la fin ? *Car là où est le commencement, là sera la fin.* Heureux celui qui se tiendra dans le commencement, et il connaîtra la fin et il ne goûtera pas la mort [1]. »

On pourrait se demander s'il n'y a pas, dans ce phénomène du retour au commencement, une sorte de glissement à partir d'un vécu psychologique interprété comme

1. Logia 18. Pierre Crépon, *les Évangiles apocryphes*, Paris, Retz, 1983, p. 152.

une réalité métaphysique. L'appréhension d'une mort prochaine déclenche en effet un processus psychique bien connu qui consiste en une mémorisation des instants les plus primitifs de la vie, donc de la naissance, et peut-être de la situation intra-utérine. Ceux qui vont mourir appellent souvent leur mère. Quoi de plus normal, de plus humain ? Mais il est plus vraisemblable de prétendre que la mort est une authentique naissance, de même que la naissance à l'existence terrestre peut être considérée comme une mort, par rapport à une vie antérieure, ne serait-ce que celle du fœtus. Ce paradoxe est loin d'avoir été éclairci, et il est bien certain qu'un être humain commence à mourir dès sa naissance, puisque c'est à cet instant précis que s'enclenche le processus inexorable qui, à travers diverses formes d'évolution, mène à la mort physique de l'individu. Mais les paroles prêtées à Jésus, dans l'Évangile de Thomas, vont beaucoup plus loin : ce n'est pas seulement l'individu qui est engagé dans cette recherche du commencement dans le but de ne pas connaître la mort, mais le cosmos tout entier auquel appartient l'individu et dont il n'est qu'une partie, contenant peut-être le tout, mais néanmoins fragmentaire.

Ces problèmes de la destinée de l'Homme, liée à celle de l'univers, ne sont pas nouveaux. Toutes les traditions les colportent et les discutent, et il n'y a pas de raison pour que les peuples des mégalithes n'en aient point eu conscience. On sait que ces traditions font référence à un événement qui a conditionné inexorablement le destin de l'humanité, événement qui peut être une chute, coupable ou non, un enfermement de l'âme lumineuse dans une matière obscure, de toute façon une dégénérescence par rapport à un état antérieur ressenti comme parfait. On retrouve ici le raisonnement appelé « preuve ontologique » et qu'on attribue à saint Anselme : l'Homme, imparfait par nature, ne peut concevoir le Parfait si ce Parfait n'a pas laissé en lui sa trace. Et l'on peut prendre le Parfait aussi bien en tant que Dieu personnalisé ou énergie créatrice. Mais, à ce propos, Mircéa Éliade en vient à supposer que « l'idée de la perfection des commencements tendait à impliquer cette idée complémentaire : *pour que quelque chose de véritablement nouveau puisse commencer, il faut que les restes et les ruines du vieux cycle soient complètement anéantis.* Autrement dit, si l'on désire obtenir un commencement *absolu,* la fin d'un Monde doit être radicale [1] ». Ainsi s'expliquent les visions eschatologiques et les divers *ragnarök* (crépuscule des dieux) si abondamment décrits dans les textes sacrés ou mythologiques.

Certes, la proposition d'Éliade, qui semble irréfutable, concerne le cosmos à travers l'histoire, le temps et l'espace. Mais l'ontogénèse ne fait que reproduire exactement la phylogénèse, c'est-à-dire que l'individu vit en lui-même, à sa propre échelle qui peut être la plus infinie, les péripéties de l'univers dans sa globalité. Dans la mythologie germano-scandinave, c'est bien parce que le monde entier vient de brûler et de s'effondrer dans le *Ragnarök* que, grâce au dieu Baldr, fils d'Odin, ce même monde détruit commence à reverdir. Et, pourtant, Baldr a été la première victime de cette destruction, Baldr est mort. Il faut donc qu'il re-naisse pour entraîner l'univers dans une nouvelle forme de vie. Les héros et les dieux, dans leurs morts et leurs transfigurations, dans leurs démembrements et leurs résurrections, ne sont que les modèles exemplaires dont l'être humain doit s'inspirer pour renaître à son tour. Et c'est dans ce sens qu'on doit interpréter la fameuse formule chrétienne : « Soyez tous des Christs. » Les gravures des chambres funéraires des tertres mégalithiques, la disposition même de ces tertres, les rituels étranges qui s'y déroulaient, la présence du soleil solsticiel à Newgrange et dans d'autres monuments de ce type, illustrent cette conception fondamentale.

Mais la destruction est nécessaire, donc la mort. Jésus lui-même est mort. Il a subi l'épreuve et on l'a disposé dans une grotte, une chambre funéraire. Certaines représentations de piéta en Bretagne semblent interpréter cette descente corporelle dans le sein de la terre comme un processus de re-naissance : on voit en effet la Vierge Marie tenir Jésus non pas sur ses genoux, comme c'est le cas dans l'image classique, mais entre ses cuisses, comme si elle procédait à un nouvel accouchement. Il faut bien se

1. Mircéa Éliade, *Aspects du Mythe,* Paris, Gallimard, 1963, p. 69.

rendre à l'évidence : Marie est la Mère universelle, préexistant à l'Histoire du monde, la Vierge éternelle sans qui aucune naissance n'est possible. Et, par conséquent, sans qui aucune re-naissance, aucune résurrection ne peut s'accomplir. C'est là qu'on peut se demander si l'énigmatique personnage de Marie de Magdala, la première à voir Jésus ressuscité, n'est pas l'image nouvelle de la Vierge, celle qui suscite, par sa présence, la nouvelle naissance du Christ. Les visages et les noms sont multiples pour un seul personnage, une seule entité, dans tous les textes sacrés ou mythologiques.

Quoi qu'il en soit, la tradition populaire orale, qui remonte toujours très loin dans le temps, a gardé intacte la structure élémentaire du processus de re-naissance. Un très étrange conte de Bretagne armoricaine en fournit une version pour le moins originale. Il s'agit d'un « petit saint », un dénommé Konérin, qui, un jour qu'il se rendait à l'école, est arrêté par « des gens méchants ». Ils lui disent qu'il doit mourir et lui demandent quelle mort il choisit. Konérin répond qu'il « aime mieux être brûlé. Les brigands le garrottèrent avec des cordes solides, puis ils l'enfermèrent dans un tas d'ajoncs secs qui se trouvaient là, sur le bord d'une garenne, et ils y mirent le feu. Ils attendirent que tout fut consumé, et ils s'en allèrent. Vinrent à passer dans l'après-midi deux pauvres, deux chercheurs de pain, vêtus de haillons misérables, mais qui devaient être des personnages haut placés dans le ciel. En arrivant à l'endroit où Konérin avait été brûlé vif, ils aperçurent, sur le sommet du tas de cendres, une belle pomme qui n'était pas cuite ». Mais au lieu de manger la pomme, les deux mendiants l'emportent soigneusement et vont jusqu'à « une chaumière sur le grand chemin. Une vieille femme filait sur le seuil de la porte ». Les deux mendiants lui demandent si elle n'a pas une fille, et si cette fille est réellement vierge. La vieille femme les en assure. Alors les mendiants lui remettent la pomme, disant que c'est un précieux remède qu'elle devra donner à sa fille lorsque celle-ci se plaindra du ventre. Effectivement, un jour, la fille se sent malade et la mère lui donne la pomme. « La jeune fille mangea la pomme et sentit en effet un grand soulagement. Mais, dans les mois qui suivirent, ses flancs se mirent à s'élargir, à s'élargir à vue d'œil. Sa mère la conduisit à une rebouteuse qui passait pour s'y connaître en maladies de toutes sortes. » Évidemment, la rebouteuse constate que la fille est enceinte, et on imagine la colère de la mère et le désespoir de la fille : « Je vous jure que je suis aussi vierge que la mère de Dieu ! » répète inlassablement la pauvre fille. Tout cela déclenche un scandale dans la paroisse et le recteur est obligé de faire taire les méchantes langues. Et il dit à la mère : « Garde-toi d'injurier et de battre ta fille. Elle n'est pas pécheresse. Tu connaîtras plus tard la signification de tout ceci. » Le temps passe. « L'enfant naquit sans que la mère eût à souffrir les douleurs de l'enfantement. Le recteur vint en personne recevoir le nouveau-né des mains de la matrone, et il l'emporta aussitôt à l'église. » Là, il réclame un parrain et une marraine, mais à la grande stupéfaction de tous, l'enfant se met à parler : « Je n'ai pas besoin de parrain ni de marraine ! Saint Konérin j'étais auparavant, saint Konérin je suis maintenant ! [1] »

Cette pieuse et naïve histoire recèle les éléments d'une structure mythologique impeccable : la re-naissance du dieu, non pas en tant qu'individu différent, mais en tant que personne ayant accompli une profonde métamorphose tout en conservant son identité propre, comme le Baldr de la tradition germanique. Et puisque Konérin était réellement mort, entièrement détruit, sauf son âme — la pomme —, c'est donc à la faveur d'une seconde naissance qu'il accède à une vie supérieure. Mais dans cette « autre » vie, il n'a plus besoin de passer par l'enfance (au sens étymologique, l'enfance est l'état de ceux qui ne parlent pas), même s'il a la forme d'un nouveau-né. Il est *autre,* mais il est toujours *lui-même.* C'est le modèle que proposent ces traditions venues du plus lointain passé de l'humanité, même si certains détails, comme le thème de l'Immaculée Conception (la jeune fille n'est point pécheresse), font irruption dans un récit qui n'est pas chrétien à l'origine.

Mais la re-naissance de Konérin ne réussit que dans la mesure où le « petit saint » suit la règle universelle, subit

1. J. Markale, *la Tradition celtique en Bretagne armoricaine,* pp. 219-223.

la mort sans l'avoir désirée et sans avoir « triché » avec le destin. Il n'en va pas de même dans d'autres cas de figures, toujours rapportés par la tradition populaire orale. Un autre récit de Bretagne armoricaine nous en apporte une preuve éclatante. Le héros est un certain Koadalan à qui il arrive des aventures fantastiques. D'abord domestique d'un magicien (ou du diable !), il aide une princesse-fée (ou la déesse-mère !) prisonnière sous l'aspect d'une jument [1] à s'échapper, et celle-ci lui conseille de dérober les trois livres rouges du magicien, qui contiennent beaucoup de secrets. Grâce à ces secrets, Koadalan peut changer de forme quand il le désire, et, après de nombreux démêlés avec des magiciens, il épouse une fille de roi et devient très riche. Mais « il était devenu très vieux, il avait grande peur de la mort. Chaque jour, il étudiait de plus en plus ses livres et y cherchait le secret pour devenir immortel. Un jour, il crut l'avoir trouvé ».

Il demande à ses gens de lui obéir strictement et fait venir une « femme qui allaitait son enfant premier-né, et qui avait du lait en abondance. Elle devait rester six mois au château, sans voir un homme, pas même son mari ». Koadalan lui donne ses instructions : « A présent, je vais être mis à mort et haché menu comme chair à saucisse [2]. Puis, mon corps, ainsi réduit en morceaux, sera mis dans une grande terrine [3]. Cette terrine sera enfouie dans un tas de fumier chaud [4], et deux fois par jour, pendant six mois,

1. Il s'agit de toute évidence de la déesse-jument, ou plutôt de la déesse-cavalière des anciens Celtes, celle qu'on appelle Macha en Irlande, Rhiannon au Pays de Galles, et Épona chez les Gallo-Romains. Elle représente la « Grande Reine », aspect maternel de la Déesse des Commencements.

2. Symbole plutôt pittoresque, mais adapté au monde rural, de la dissolution. Ce qui est surprenant, c'est la contradiction inhérente au récit : Koadalan a peur de la mort, mais consent quand même à la subir. On peut estimer que ce n'est pas exactement de la mort qu'il avait peur, mais de son anéantissement, ce qui le pousse à découvrir l'immortalité.

3. Image très rurale de la matrice, l'endroit où se produit la maturation. Un alchimiste aurait parlé d'un *athanor.*

4. Élément fertilisateur par excellence, mais révélateur de la vision rurale de la procréation. Il est vrai que Tertullien, l'un des plus farouches Pères de l'Église, avait déclaré : « Nous naissons entre la merde et l'urine. »

à midi et à trois heures, il te faudra venir, une demi-heure chaque fois, répandre le lait de tes seins sur le fumier [1], à l'endroit où tu trouveras la terrine. Mais garde-toi bien de t'endormir pendant que tu répandras le lait de tes seins ! Au bout de six mois, si tu fais exactement ce que je te recommande, je me relèverai tout entier de la terrine, plein de vie et de santé, et plus beau et plus fort que je ne le fus jamais. Et alors, je ne mourrai plus. » Tout se passe comme prévu, sauf trois jours avant la date fatidique. En effet, la femme « s'endormit sur le tas de fumier, en répandant le lait de ses seins au-dessus de la terrine. Hélas ! C'est alors que mourut Koadalan [2]. Lorsqu'on découvrit la terrine, on retrouva son corps tout entier, sorti du vase, et sur le point de se relever. Encore trois jours, et il aurait réussi... [3] ».

Ce conte, chargé d'éléments empruntés à la sorcellerie des campagnes, laisse cependant entrevoir une structure mythologique très ancienne, voire des réminiscences de l'Alchimie traditionnelle. Tout repose en effet sur la fameuse formule alchimique *solve et coagula,* « dissous et rassemble », qui est à la base de toutes les opérations partant d'une Matière première brute pour parvenir à la Pierre philosophale. Mais c'est en fait un exemple d'initiation incomplète, ou même de contre-initiation : le héros *croit* avoir découvert le secret de l'immortalité, mais cette immortalité est faussement interprétée, puisqu'elle concerne le même corps matériel et non pas un « corps glorieux » qui aurait pu être obtenu par le processus naturel normal. Le défaut réside dans la motivation du personnage qui veut échapper à la mort physique et qui, tout bien pesé, n'a pas le moins du monde pris conscience qu'il pouvait transcender son être dans une autre dimension, c'est-à-dire dans l'Autre Monde. Il se contente d'une perpétuation, d'où l'échec de sa tentative, même si cet échec

---

1. Le lait maternel est le strict équivalent du sang qui nourrit le fœtus en passant par le cordon ombilical.

2. Il faut comprendre « mourir totalement, définitivement », ce que Koadalan avait tenté d'éviter.

3. J. Markale, *la Tradition celtique en Bretagne armoricaine,* pp. 169-185.

est présenté comme une maladresse imputée à la femme qui doit nourrir sa régénération.

Bien différente est l'expérience prêtée au célèbre barde Taliesin, duquel l'historien Henri Martin disait qu'il était « le druidisme fait homme ». Il s'agit d'un authentique barde gallois du VIe siècle, auteur de chants de la plus pure tradition celtique, mais à qui on a attribué, plus tard, des poèmes assez délirants où se mêlent les spéculations métaphysiques les plus diverses et une sorte de syncrétisme mystique dans la tonalité ésotérique propre aux XIIe et XIIIe siècles. Et, à partir de ces poèmes, s'est constituée une légende de Taliesin qui a fait du barde historique une sorte de prophète-magicien ayant eu deux naissances au cours d'une initiation très complexe. Les éléments gnostiques ne manquent d'ailleurs pas dans cette légende, et l'on pourrait citer à ce propos l'Évangile apocryphe attribué à Philippe : « Ou bien on est dans ce monde, ou dans la résurrection, ou dans les lieux du milieu. En ce monde, il y a du bon, il y a du mauvais. Ce qui y est bon n'est pas bon, et ce qui y est mauvais n'est pas mauvais. Mais il y a quelque chose de mauvais après ce monde qui est vraiment mauvais, qu'on appelle le milieu : c'est la mort. Pendant que nous sommes dans ce monde, il nous convient d'acquérir la résurrection, afin que, si nous nous dépouillons de la chair, nous soyons trouvés dans le repos et que nous n'errions pas dans le milieu. Car il y en a plusieurs qui s'égarent en chemin [1]. » De toute évidence, Koadalan, le héros du conte breton, s'est égaré dans les chemins tortueux de la mort. Mais, par contre, comme le « petit saint » Konérin, le barde Taliesin va acquérir *en ce monde* la résurrection, ce qui lui permettra d'échapper réellement à la mort, à l'anéantissement.

Le maître d'œuvre, si l'on peut dire, de cette expérience initiatique est un personnage féminin du nom de Keridwen (ou Cyrritwen), épouse d'un certain Tegid Voel, dont l'habitation se situe au milieu d'un lac, le lac Bala en Gwynedd. Elle est mère de deux beaux enfants, Morvran

1. Évangile selon Philippe, 63. Pierre Crépon, *les Évangiles apocryphes*, p. 179.

et Creirwy ; mais son troisième enfant est une sorte de monstre, Afang-Du, dont le nom signifie sans doute « castor noir », ce qui est tout indiqué quand on est né au milieu d'un lac. Or Keridwen, qui connaît les secrets de la nature et dispose de pouvoirs magiques, décide de *métamorphoser* son fils grâce au contenu d'un « chaudron d'inspiration et de science ». Pour ce faire, elle réunit des plantes et fait bouillir le chaudron. « Celui-ci ne devait cesser de bouillir pendant un an et un jour jusqu'à ce que trois gouttes magiques de grâce et d'inspiration fussent obtenues. » Et pour surveiller le chaudron, elle engage un aveugle, Morda, et un certain Gwyon Bach, dont le nom signifie « petit savant ». Or, un jour, « vers la fin de l'année, comme Keridwen cueillait des plantes et se livrait à des incantations, il arriva que trois gouttes du liquide magique coulèrent du chaudron et tombèrent sur le doigt de Gwyon Bach. Et, en raison de leur grande chaleur, il porta son doigt à sa bouche, et à l'instant même où les gouttes merveilleuses le touchèrent, il vit toutes les choses à venir... ». En fait, il se sent déjà *autre,* et doté de redoutables pouvoirs.

Mais Keridwen est furieuse de voir son travail anéanti. Elle poursuit Gwyon Bach pour le châtier. Celui-ci « la vit et se changea en lièvre avant de disparaître, mais elle se changea elle-même en lévrier et le rejoignit. Alors, il se précipita vers la rivière et devint poisson. Mais Keridwen, sous forme d'une loutre, le pourchassa sous les eaux tant et si bien qu'il dut se changer en oiseau. Elle le suivit alors sous l'apparence d'un faucon et ne lui laissa aucun répit dans le ciel. Et juste comme elle était sur le point de fondre sur lui et qu'il avait peur de mourir, il aperçut un tas de grains qu'on venait de battre, sur l'aire d'une grange. Il s'y précipita et se changea en un grain. Mais Keridwen prit la forme d'une poule noire surmontée d'une haute crête, et, en grattant avec ses pattes, elle découvrit le grain et l'avala. Et, à ce que dit l'histoire, elle devint enceinte. Quand ce fut l'époque de sa délivrance, elle n'eut pas le courage de tuer l'enfant en raison de sa beauté. C'est pourquoi elle le mit dans un sac de peau. Elle jeta le sac à la mer, à la grâce de Dieu, le vingt-neuvième jour d'avril [1] ». On approche donc de la grande fête celtique de *Beltaine,* le premier mai, et c'est alors qu'un fils de roi, Gwyddno, recueillera l'enfant, lequel se mettra à lui parler et à prophétiser, et auquel il donnera le nom de Taliesin, signifiant « Front brillant ». On ne peut pas mieux décrire le corps glorieux d'un être humain après sa re-naissance. Car Taliesin, selon sa légende, sera le modèle absolu de l'homme transcendé, qui a déjà, en ce monde, acquis sa résurrection, et qui donc ne pourra mourir, puisqu'il est déjà mort une fois. Taliesin est l'incarnation même de l'Homme Nouveau, sorte de Christ païen non pas ressuscité, mais *re-né* après des épreuves initiatiques dont la mort, la dissolution et la maturation dans le ventre de la Déesse. Car Keridwen est bel et bien un des aspects de la divinité funéraire, protectrice et régénératrice des morts, qu'on voit trôner dans les tertres mégalithiques. Le grain de blé, comme la pomme de Konérin, représente l'âme du héros, ou si l'on préfère, sa « composante *psi* », autour de laquelle la Mère universelle, *fécondée virginalement* par voie buccale, va maturer un nouveau corps, un corps purifié, sublimé et définitivement *lumineux* grâce à la lumière du soleil féminin. Car, comme le dit le psychologue Pierre Solié, « toutes les Grandes Déesses eurent leur heure solaire fécondant la lune — stérile et passive — de leurs rayons [2] ». Il est évident que Gwyon Bach était passif, et même stérile. Une fois « fécondé » par les trois gouttes magiques, qui représentent *les trois lumières* essentielles de la Tradition, il est apte à devenir Taliesin, au terme d'une nouvelle gestation, celle-ci s'accomplissant sur un plan magique, surnaturel, et non plus dans un cadre uniquement matériel.

On comprend alors l'importance des représentations de cette Mère divine, déesse des re-commencements, sous quelque forme qu'on lui attribue, concrète ou abstraite, dans les cairns mégalithiques et les rapports privilégiés qu'elle entretient avec le soleil. L'univers des tertres

---

J. Markale, *l'Épopée celtique en Bretagne,* Paris, Payot, nouv. éd., 1985, pp. 94-98.

2. Pierre Solié, *la Femme essentielle, mythanalyse de la Grande Mère et de ses Fils amants,* Paris, Seghers, 1979.

mégalithiques, c'est le *sidh* (à prononcer « shi ») en langue gaélique (*shee* en anglais), terme qui signifie « paix ». C'est dans ces tertres que la tradition populaire a toujours placé les dieux, les héros et les défunts, tous unis dans ce que, selon la formulation chrétienne, on peut appeler « la paix du Seigneur ». C'est là que s'accomplissent les mutations de l'être, au cours d'étranges rituels. Car l'archéologie contemporaine a établi avec certitude que les cairns ne sont pas seulement des tombeaux : ils ont également servi de sanctuaires, de lieux de culte, et ils ont été largement réutilisés après leur construction, non seulement par les peuples mégalithiques, mais par ceux de l'Age du Bronze, et bien entendu par les Celtes, voire par les Gaulois romanisés, sans parler des sorciers et autres mages ruraux qui semblent perpétuer des usages hérités du plus lointain paganisme. Les contes populaires sont très explicites à ce sujet. Et, au Pays de Galles, non loin d'Aberyswyth, sur le territoire d'une commune qui porte maintenant le nom de Tre Taliesin, se trouve un dolmen ruiné qui passe pour être *y Bedd Taliesin,* « le tombeau de Taliesin ». Et la tradition locale prétend que si l'on accepte de dormir une nuit entière sur ce tombeau, on se réveille ou poète, ou fou. Mais n'est-ce pas la même chose ? Les poètes sont souvent les « fous de Dieu », car ils sont en proie à l'*enthousiasme,* ce qui, au sens étymologique, signifie « possession par Dieu ». C'est ce *ravissement* dans un Autre Monde qui était proposé dans les chambres funéraires des cairns, quand le soleil solsticiel les inondait de sa lumière régénératrice.

Cette idée semble très présente dans un curieux monument, le cairn de Bryn Celli Ddu, en Llandaniel Fab, île de Môn (Pays de Galles). Il s'agit d'un tertre assez bien conservé, entouré de *kerbs,* s'ouvrant par une entrée précédée d'une structure à trois côtés qui a dû servir d'autel sacrificiel, puisqu'on y a retrouvé les ossements d'un bovidé. Le couloir mène à une chambre dolménique ; mais contrairement aux autres monuments de ce genre, il y avait une autre ouverture par-derrière. On est en droit de se demander si Bryn Celli Ddu n'était pas, beaucoup plus qu'un tombeau, un sanctuaire d'initiation où l'on franchissait un passage, une sorte de mort symbolique pour renaître à un autre état de conscience. L'aspect sépulcral n'est nullement contraire à cette interprétation, puisque toute initiation nécessite une mort, fût-elle symbolique. Mais, en outre, une stèle, dont on ne connaît pas la position initiale, actuellement au National Museum of Wales, à Cardiff, et dont une copie se dresse aujourd'hui à l'entrée du monument, propose une gravure énigmatique : ce sont des lignes courbes et ondulantes à l'intérieur d'une structure qui n'est pas sans évoquer l'image traditionnelle de l'idole néolithique des grands cairns de Bretagne armoricaine. Et l'on a proposé de voir dans cette représentation le voyage de l'âme dans l'Autre Monde. Mais, pour reprendre les termes de l'Évangile apocryphe de Philippe, « il y en a plusieurs qui s'égarent en chemin », et qui demeurent donc prisonniers du tertre, dans le monde profond de la mort, ce *milieu* auquel on ne peut échapper que si l'on acquiert la « résurrection », par le moyen bien connu de l'initiation.

L'appellation de Bryn Celli Ddu signifie « Tertre du Bois Noir ». Quand on sait que l'île de Môn (Anglesey) était, aux dires des auteurs de l'Antiquité, l'un des grands lieux de rassemblement pour les druides, au milieu des forêts qui recouvraient toute l'île, si l'on en croit Tacite, on ne peut manquer d'établir une filiation entre les croyances des peuples mégalithiques et celles des Celtes. Cette île de Môn, ravagée par les Romains au cours du premier siècle de notre ère, était, de tout temps, un endroit sacré, un lieu où se préparait symboliquement l'embarquement des morts vers l'Autre Monde, un sanctuaire où s'effectuaient des « passages ». La tradition galloise, à travers les manuscrits du Moyen Age, nous en apporte une preuve éclatante.

Il s'agit d'un très curieux épisode du récit de *Peredur*, version galloise plus rustique et plus archaïque du *Perceval* de Chrétien de Troyes, et puisée, semble-t-il, à des sources différentes. Le héros se trouve à la Cour du Roi des Souffrances où il est témoin d'un spectacle surprenant : « Il vit venir un cheval portant en selle un cadavre. Une des femmes se leva, enleva le cadavre de la selle, le baigna dans une cuve remplie d'eau chaude qui était plus basse que la porte, et lui appliqua un onguent précieux.

L'homme ressuscita, vint le saluer et lui montra joyeux visage. Deux cadavres arrivèrent encore... La femme les ranima tous deux de la même façon que le premier. Peredur demanda des explications. Ils lui dirent qu'il y avait un *addanc* dans une grotte, qui les tuait une fois chaque jour [1]. » Bien entendu, Peredur n'a plus qu'une idée en tête : aller tuer l'*addanc* dans cette grotte qui lui sert de repaire et qui, à n'en pas douter, est un cairn. Quant à l'*addanc,* c'est un monstre fabuleux, une sorte de serpent ou de dragon qui représente les forces de l'obscurité que tout être humain doit vaincre et anéantir avant de pénétrer au royaume de lumière, les fantasmagories qui s'opposent au passage de l'âme vers un Autre Monde où les contradictions sont abolies définitivement. Et cela peut également se comprendre comme un *rite de passage* au cours duquel le néophyte est appelé à se familiariser avec le monde de la mort, ou encore, comme le disait Montaigne, à s'habituer à la mort « qui n'est qu'un quart d'heure sans conséquence ».

En se dirigeant vers l'antre du monstre, Peredur rencontre, « assise sur le haut d'un mont, la femme la plus belle qu'il eût jamais vue ». Celle-ci avertit le héros qu'il sera tué par l'*addanc,* car « il y a, sur le seuil de sa grotte, un *pilier de pierre.* Il voit tous ceux qui viennent sans être vu de personne et, à l'abri du pilier, il les tue tous... ». Voilà qui est clair : le monstre appartient au monde invisible, et il se cache derrière le pilier d'entrée d'un cairn, ce pilier qui est souvent décoré de gravures mystérieuses représentant une forme féminine. Et, faisant partie de ce monde invisible à tout être humain, l'*addanc* peut donc voir les humains sans que ceux-ci le voient. Il les guette, comme la mort qui guette sans cesse les mortels, jaillissant sournoisement de l'ombre et fondant sur les imprudents qui s'aventurent dans les domaines interdits. Peredur ne pourra échapper au sort commun, sauf s'il est aidé par une puissance supérieure qui lui confère une sorte d'immunité, un « sauf-conduit » qui lui permettra de se confronter aux forces des ténèbres.

1. J. Loth, *les Mabinogion,* nouv. éd., Paris, 1979, p. 222.

C'est là qu'intervient cette Femme mystérieuse assise au sommet d'une butte, cette femme qui se présentera ultérieurement, au cours du récit, comme étant l'*Impératrice,* à l'appellation significative : il n'est pas difficile en effet de reconnaître en elle un des visages de la « Grande Reine », de la « Mère des Dieux », de cette Dana irlandaise, mère et maîtresse des Tuatha Dé Danann, celle qui règne dans l'univers du *sidh,* des Tertres, le « monde de la paix », qui est aussi, dans la tradition galloise *brittonique,* la déesse cavalière Rhiannon, la fée Morgane, l'étrange Keridwen qui donne sa seconde naissance à Taliesin, et surtout la non moins énigmatique *Anna* des généalogies galloises, récupérée ensuite par le Christianisme sous les traits de « sainte » Anne, mère de la Vierge Marie, elle aussi déesse-mère, et, comme on le sait, grande patronne des Bretons armoricains. D'ailleurs, dans cette tradition bretonne armoricaine qui mêle si harmonieusement les éléments bibliques aux antiques structures païennes, on appelle le peuple des Trépassés, ceux qui errent encore dans les zones frontières de l'Autre Monde, les *Annaon,* ce qui renvoie évidemment aux « gens de la déesse Dana » et à bien d'autres noms de peuples, ne serait-ce qu'aux fameux « Danaéens », cette tribu hellène que craignait particulièrement le héros Énée, surtout quand elle laissait des offrandes sur la grève, si l'on en croit Virgile. On pourra prétendre qu'il s'agit de coïncidences, mais, à ce niveau mythologique, y a-t-il vraiment des coïncidences ?

Or cette « Impératrice » qui trône sur un tertre, position très significative, propose un marché à Peredur : « Si tu me donnais ta parole de m'aimer plus qu'aucune autre femme au monde, je te ferais don d'une pierre qui te permettrait de le voir en entrant sans être vu de lui. » Voilà donc la solution au problème des approches de la mort : ce n'est ni plus ni moins que le *feth fiada* irlandais, ce don d'invisibilité qui est l'apanage des Tuatha Dé Danann, ou encore des Fées dans la tradition populaire bretonne armoricaine. Mais ce don d'invisibilité est la conséquence d'une véritable *initiation.* Et seule, la *Dana,* la Déesse des Commencements, qui est aussi la « Mère des Recommencements », est susceptible de le procurer. Encore faut-il mériter l'aide de la déesse, et conclure avec elle un pacte, une sorte de contrat.

Cette conception d'une initiation permettant de franchir les régions obscures d'après la mort a-t-elle été celle des peuples constructeurs de mégalithes ? Cela paraît plus que vraisemblable. L'exemple de Bryn Celli Ddu est révélateur, car il y a une seconde issue derrière la chambre funéraire. Et le visage de la divinité est là, infiniment présente, et proposant à ceux qui le veulent bien un véritable *marché :* « Si tu me donnais ta parole de m'aimer plus qu'aucune autre femme au monde... » Au fond, les Chrétiens ne disent pas autre chose quand ils adressent leurs prières à la Vierge Marie et que celle-ci, modèle unique de toutes les femmes, leur demande cette même exclusivité. Le Christianisme a accentué le caractère masculin de la divinité ; mais les composantes « féministes » sont toujours aussi fortes, et l'aspect maternel de Marie, qui a exclu toute connotation sexuelle de cette image purifiée de l'antique déesse d'Éphèse, n'est pas tellement différent de celui qu'on découvre, quelque trois mille ans avant le Christ historique, sur les parois des cairns mégalithiques. L'exaltation du pur amour semble être la règle absolue. Cet Être infini qui veille dans les profondeurs des tertres, a le pouvoir et la fonction d'aimer tous ses fils et toutes ses filles, ce qui suppose une réciproque, un amour infini des fils et des filles pour la Mère universelle. Ainsi se justifie cette présence de la déesse néolithique dans des cairns qui sont à l'image des profondeurs d'un ventre de femme. Ce qui rejoint, au-delà des civilisations, les enseignements orientaux, en particulier ceux du Taoïsme, car il s'agit bel et bien ici, dans cette idée de re-naissance victorieuse, de ce que Lao-tseu appelle « la fusion avec la Mère du Monde », ou « la Divinité du Val », ou encore « la Femelle obscure » qui ne connaît pas la mort parce qu'elle est l'éternelle parturiente. Et c'est ce que nous enseignent la plupart des grands mythes européens.

DEUXIÈME PARTIE

Le Message des Mythes

I

TERRE DES OMBRES

On a l'habitude de dire que tout vient de la Méditerranée orientale, Grèce, Crète, Égypte, Mésopotamie, Phénicie, Palestine confondues. Tout, c'est-à-dire la civilisation, les techniques, l'urbanisme, l'agriculture, le blé, l'art, l'écriture, la philosophie, et aussi la spiritualité. C'est faux, bien entendu, mais très pratique parce que les peuples de la Méditerranée orientale ont été les premiers à se servir de l'écriture et que l'écriture, même si ce n'est pas forcément un progrès, reste bien utile — à condition de la comprendre, ce qui n'est pas toujours le cas — pour conserver les idées et les faits des premiers temps.

Cela dit, force nous est de recourir aux témoignages du Moyen-Orient si nous voulons tenter de découvrir à partir de quel événement s'est développée une longue problématique de l'Au-Delà, si tant est qu'il puisse y avoir un événement unique, révélation, intuition, vision ou perception extra-sensorielle, à l'origine de cette série de réflexions marquées dans le déroulement du temps par des mythes eux-mêmes incarnés dans des *histoires*, des récits qu'on a trop tendance à considérer comme fabuleux sans se référer au sens exact du mot. La « Fable », c'est ce qui est raconté, la légende, ce qui *doit obligatoirement* être dit ou lu de génération en génération, le conte, ce qui est rapporté [1]. Dans toute étude d'un mythe, sous la forme transmissible de la Fable, de la Légende ou du Conte, on ne doit jamais juger de la véracité des faits rapportés. Ce n'est pas une affaire de vérité ou de fausseté, mais une acceptation ou un refus. Le mythe *est.*

Une des tendances actuelles de l'Anthropologie et de l'Histoire des Religions est de considérer que les mythes sont la conséquence des rites. La répétition de certains gestes qui ne sont plus compris après plusieurs générations a produit une explication confuse dans l'esprit du peuple : on a voulu justifier un rite vide de sens en inventant une histoire qui les ramènerait dans un ensemble apparemment cohérent. Cela signifie en clair que nos lointains ancêtres étaient fort superstitieux et que passer sous une échelle ou accomplir une action importante un vendredi 13 risquait de mécontenter les esprits et de provoquer, en retour, une vengeance mesquine de leur part. La certitude qu'ont certains scientifiques de l'existence d'une mentalité *animiste* chez les peuples qu'on persiste à qualifier de *primitifs* est pourtant loin d'être une vérité absolue. On peut tout aussi bien prétendre que le mythe a précédé le rite, puisque le rite est quelque chose de vivant, de concret, de quotidien pour ainsi dire, et aussi de populaire, et qu'en tout état de cause il incarne et matérialise la pensée abstraite du mythe. C'est encore l'éternel dilemme de l'œuf et de la poule : qui a commencé ? Et n'oublions pas la réaction humaine bien connue : ce n'est pas moi, c'est l'autre... Dans ces conditions, il vaut mieux s'abstenir de prendre position, et contempler le mythe, *tel qu'en Lui-même enfin l'éternité le change* [2].

---

1. Le verbe français *conter* provient, comme le mot *compter,* du latin *computare* qui signifie « penser ensemble », « rassembler des données » ; d'où il ressort que le mot anglais pour « ordinateur », *computer,* est parfaitement conforme à son sens étymologique.

2. S. Mallarmé, *le Tombeau d'Edgar Poe.* Ce poème a été écrit en hommage au poète américain lorsqu'on éleva à celui-ci un monument qui n'était qu'un bloc de basalte sans aucune sculpture, ni gravure. Parfois, ce qui est abstrait en dit plus long que ce qui est concret, ce qui fait la valeur éternelle du mythe.

1. L'ombre de Gilgamesh

Dans l'état actuel de nos connaissances, nous devons convenir que les récits babyloniens sont les plus anciens textes écrits *suivis* de toute l'humanité. Ils sont en effet bien antérieurs à la Bible hébraïque — qui s'en est souvent inspirée — parce qu'ils représentent l'original et non une copie, le mode de transmission sur des tablettes permettant une longue conservation que ne peuvent atteindre des manuscrits soumis à des copies successives qui risquent de les dénaturer. A cet égard, l'épopée dite de *Gilgamesh* est d'une importance considérable si l'on veut appréhender comment des peuples apparemment très civilisés spéculaient sur les problèmes de la vie et de la mort et plus particulièrement de l'existence d'un Au-Delà.

Le moins qu'on puisse dire, c'est que la pensée métaphysique des Sumériens et des Assyriens est d'un pessimisme absolu. Et ce n'est même pas parce qu'ils considéraient la mort comme une fin : pour eux, il y avait une après-vie, mais elle n'était guère encourageante. On découvre ainsi une distinction subtile entre l'immortalité, qui désigne la continuation de l'existence actuelle, dans le même corps et sous les mêmes formes matérielles, et la vague survivance dans un monde évanescent d'où il est impossible de revenir : « A la demeure des ténèbres où habite Nergal, à la maison où l'on entre sans espoir d'en sortir, par la route qui ne sert qu'à l'aller, jamais au retour. » Tel est le sort inéluctable qui attend tous les êtres vivants. Mais il y a des dieux, et ceux-ci sont des privilégiés. Comme le chante la belle Siduri au héros Gilgamesh, « lorsque les dieux ont créé le genre humain, ils lui ont fixé le destin de mourir et ils ont gardé l'immortalité entre leurs mains ». Car, dans certains textes, il est en effet question du « Paradis de Dilmun », pays qui semble réservé aux dieux, « pays des vivants » où l'on ne connaît ni maladie, ni mort, où « le lion ne tue pas, le loup ne s'empare pas de l'agneau ». On croirait lire une description de l'Age d'Or, mais cet Age d'Or de la tradition latine était le fait de tous, tandis que la légende babylonienne fait montre d'un élitisme particulièrement étroit : c'est seulement à condition d'être un dieu qu'on peut entrer dans le Paradis de Dilmun ; aucun mortel, quelles que soient ses qualités ou ses actions, ne peut prétendre y pénétrer.

Mais que deviennent donc ces « mortels » ? Ils ne meurent pas vraiment ; après la mort physique, une ombre, qui n'est pas une âme au sens où nous l'entendons, mais plutôt un reflet, sort du corps et entreprend un voyage long et terrifiant dans les entrailles de la Terre. Car c'est là, au cœur de la Terre, donc dans les « enfers » (*infernis*), autrement dit « en bas », que se situe le séjour des défunts. « La poussière est leur nourriture, la boue, leur aliment. Comme les oiseaux, ils sont revêtus de plumes. Ils sont dans les ténèbres et ne reverront plus jamais la lumière. » Mais il semble y avoir deux catégories de défunts. Il faut en effet que les vivants accomplissent certains rites funéraires pour que les ombres parviennent à ce séjour lugubre. On doit toujours déposer des offrandes auprès du cadavre et procéder à des libations sur les tombes, car ces manifestations de piété conditionnent le voyage vers les enfers. Un défunt privé de ces offrandes, ou privé de sépulture, va errer dans les sombres régions sans jamais parvenir vraiment à son but, et bien entendu, il hantera les lieux où il a vécu, tourmentant sans cesse les vivants qui ne lui ont pas manifesté leur affection ou, tout simplement, leur solidarité. « Son ombre, dans la Terre, n'a pas de repos... Il mange les rogatons de marmite, les bribes de nourriture jetées dans la rue. » En somme, il s'agit d'un *fantôme,* et la croyance populaire à ce sujet est absolument universelle. On serait tenté de dire que c'est pour se protéger qu'on enterre les morts et qu'on procède à des rites funéraires. En fait, tout cela met en évidence l'existence d'un lien absolu et obligatoire entre les vivants et les morts, entre ceux qui ont été, ceux qui sont et ceux qui seront. Les morts ne peuvent rien sans les vivants, mais les vivants ne peuvent rien sans les morts. La notion d'âmes du Purgatoire, à l'intérieur du Christianisme, se réfère à cette antique croyance qui est incontestablement la preuve d'une conscience de communion universelle des êtres et des choses.

Mais les dieux eux-mêmes, tout en étant immortels par essence, peuvent être soumis à la mort lorsqu'ils mettent en danger l'équilibre de l'univers. Dans l'optique judéo-chrétienne, c'est ainsi qu'il convient de comprendre la chute de Satan dans l'Abîme : la révolte de l'Archange, lequel était, paraît-il, le plus brillant, le « Porte-Lumière » (Lucifer), troublait l'ordre cosmique établi par le Créateur, d'où cette exclusion vers les Ténèbres, ce qui correspond à une mort. Mais, dans le contexte babylonien, les circonstances sont différentes. Le personnage qui se révolte est Innana, la déesse de l'amour et de la guerre qui, comme par hasard, a pour emblème l'Étoile du Matin, autrement dit Vénus, dont le nom ancien était Lucifer. Cette Innana babylonienne est l'équivalent d'Ishtar, devenue plus tard Astarté, et même *Vénus Astarté,* avant de revêtir l'étrange aspect de Cybèle. Mais, de toute façon, c'est le même personnage divin qu'Aphrodite, parfois représentée sous les traits moins sexualisés d'Artémis, la fameuse « Diane d'Éphèse », dont la virginité perpétuelle allait servir de base à l'évolution du dogme de la Théotokos sous l'image de la Vierge Marie. Mais, par certains aspects, c'est aussi Déméter (Cérès) et son double, Korê-Perséphone (Proserpine) dont on dit qu'elle est la fille. Cependant, Innana, avec les variantes de son nom, Ana, Anu, Anou, est l'une des représentations de cette Déesse des Commencements, cette Déesse-Mère reconnaissable dans l'Anapurna (= Ana la pourvoyeuse) de la tradition indienne, dans l'Anna Parenna de la tradition latine, et bien entendu dans l'Anna des anciens Bretons, devenue Dôn au Pays de Galles et Dana en Irlande, et qui est peut-être l'ancêtre mythique des *Danaéens,* les Grecs primitifs qui venaient, comme les Tuatha Dé Danann, « des îles du nord du monde ».

Le mythe d'Innana-Ishtar, exprimé dans le récit babylonien, est certainement le plus vieux du monde. C'est pourquoi il convient de l'examiner avec soin. Innana est donc la déesse de l'amour et de la guerre, ce qui veut dire qu'elle symbolise l'activité solaire active et créatrice mise en œuvre par les hommes, les mâles. Mais dans cette assemblée des dieux, lesquels représentent chacun, il faut le redire très souvent, des fonctions sociales, économiques ou psychologiques prêtées à une divinité abstraite, innommable et ineffable, le rôle des uns se heurte souvent au rôle des autres. C'est d'ailleurs ainsi qu'il faut comprendre les luttes et les guerres entre dieux personnalisés et entre familles divines soi-disant d'origines diverses (les Ases et les Vanes, chez les Germains). Et Innana se trouve en compétition constante avec sa sœur Éreshkigal, qui règne sur les Enfers. Cette rivalité s'explique parfaitement : Éreshkigal est l'Ombre personnifiée, tandis qu'Innana représente la vie, la chaleur, la lumière. L'antagonisme est inconciliable, sauf dans une totalité qui serait alors la non-existence de ces deux principes fondamentaux de tous les systèmes métaphysiques ou religieux.

Le motif de la descente aux Enfers d'Innana-Ishtar n'est pas très clairement exprimé. La déesse, qui est traditionnellement la protectrice de la ville d'Érech, a pourtant tout pour être heureuse : elle a épousé un homme qu'elle aimait, le berger (en fait, un dieu-berger) Dumuzi, lequel devient roi de cette cité d'Érech. Or, un jour, Innana part en expédition pour le monde des morts. On n'y parvient pas facilement, car il faut d'abord franchir sept murailles percées de sept portes avant de se trouver en face d'un immense cercle souterrain qui entoure les Enfers. Innana se présente aux sept portes et, chaque fois, le gardien l'oblige à retirer l'un de ses vêtements ou l'un de ses bijoux, car ainsi sont les lois de la reine Éreshkigal. A la septième porte, elle doit abandonner son « vêtement de pudeur » et pénètre toute nue, ayant abandonné tous ses pouvoirs et tous ses privilèges dans un monde qui n'est plus le sien.

Le thème des sept portes, des sept enceintes, voire des sept jours ou des sept années, ainsi que des sept vêtements abandonnés ou soulevés, est très commun dans toutes les mythologies. Franchir ces sept obstacles, c'est parvenir à l'unité, donc à la révélation suprême. C'est ainsi que les néophytes, pour être initiés aux mystères osiriens, devaient soulever les sept voiles d'Isis. Et c'est dans cette optique qu'on doit prendre la fameuse « danse des sept voiles », comme un symbole d'une initiation accomplie et réussie. Mais cette initiation se paie parfois un prix très élevé.

Car voici Innana devant sa sœur Éreshkigal, la reine des Enfers. Elle fait comparaître Innana devant les *Announaki*, les sept juges suprêmes du monde souterrain. En effet, Innana a commis un acte irréparable qui risque de remettre en question l'équilibre précaire établi par les dieux : au-dessus, ce sont les dieux du ciel, et les hommes mortels ; au-dessous, les dieux *noirs* et les défunts. Qu'un dieu (ou une déesse) du ciel vienne dans le monde d'en bas, le rapport est faussé, comme si saint Michel, dans sa lutte perpétuelle contre le Dragon des profondeurs, terrassait celui-ci (ce qu'il ne fait pas, contrairement à ce qu'on pense ; il se contente de le *maintenir* dans ses limites), bouleversant et renversant l'ordre cosmique. De toute évidence, Innana est coupable. Les sept juges prononcent contre elle la sentence : « Ils fixèrent sur elle leur regard, le regard de la mort. »

Le corps de la déesse devient alors inerte, et on le suspend à un crochet. L'ordre est rétabli : aucun vivant, fût-il de nature divine, ne peut demeurer dans le royaume des morts. Cependant, au bout de trois jours, Ninshubur, le messager d'Innana, ne voyant pas revenir celle-ci, s'en va informer les dieux d'en haut de ce qui est arrivé. Les dieux d'en haut, En-Lill, Nanna-Sin et Enki, se réunissent en conseil, mais leur avis est unanime : Innana a transgressé des interdits majeurs ; elle a voulu pénétrer là où elle n'avait pas le droit d'aller. Les lois du monde sont immuables, et même les dieux, pourtant tout-puissants, ne peuvent abolir la mort. La mort d'Innana est donc conforme à l'harmonie universelle. Mais on sait que si une déesse est capable de transgresser un interdit, un autre dieu est susceptible de le faire également. Un peu comme Loki, dans la mythologie germano-scandinave, Enki, qui est le dieu de la Sagesse, trouve une solution, laquelle est en fait une ruse destinée à contourner la loi. Il façonne deux statuettes d'argile, créatures parfaitement asexuées, auxquelles il confie la « nourriture de vie » et une « eau de vie » permettant de ramener la déesse dans le monde d'en haut. Effectivement, les deux créatures artificielles parviennent — justement parce qu'elles ne sont pas naturelles — à s'introduire dans les Enfers et à redonner vie au cadavre d'Innana. C'est un défi à la reine des Enfers qui convoque de nouveau les juges suprêmes. Ceux-ci se rendent compte qu'il n'y a rien à faire : Innana, en renaissant, ne peut mourir une nouvelle fois. Mais ils utilisent un stratagème analogue à celui employé par Enki, et ce stratagème est un contournement juridique : « Qui donc, descendu aux Enfers, est jamais remonté des Enfers sans dommage ? Si Innana veut remonter des Enfers, qu'elle fournisse un remplaçant. » L'argument est imparable, et ainsi l'équilibre du monde sera sauvegardé.

Innana sort des Enfers et revient à Érech. Elle s'attendait à ce que son époux Dumuzi fût affligé de sa disparition et en train d'opérer les rites funéraires nécessaires. Or la déesse aperçoit Dumuzi assis sur son trône, dans le palais royal d'Érech, parfaitement à l'aise comme si de rien n'était. Alors Innana lui lance *le regard de mort.* Dumuzi a beau prier le dieu soleil Utu de le transformer en serpent pour échapper à son destin, rien n'y fait : il meurt et les démons, qui avaient accompagné Innana dans sa remontée, se saisissent de son *ombre* et l'entraînent dans le domaine souterrain. La vie d'Innana a été obtenue en échange de celle de son époux.

Le récit de l'aventure est interrompu ici, car il nous manque une des plaquettes gravées de signes cunéiformes qui constituent les fabuleuses reliques de la civilisation assyro-babylonienne. Mais d'autres textes permettent d'en supposer une conclusion très vraisemblable : Éreshkigal, émue par le malheur de Dumuzi, lui permet de remonter dans le monde supérieur pendant une moitié de l'année. On admettra qu'il y a là les prémisses d'une théorie de l'*Éternel Retour,* l'amorce d'une solution au problème angoissant de la mort définitive et surtout sans consistance réelle dans un monde souterrain qui est le domaine du rêve, ou plutôt du cauchemar. Mais, encore une fois, il s'agit d'élitisme ; Dumuzi n'est pas n'importe qui : c'est l'époux d'une déesse, et en tant que tel, il s'est déjà haussé au rang des divinités. On ne peut d'ailleurs que penser au visage ultérieur que prendra ce berger des origines, celui du Tammouz biblique, puis celui d'Attys, le fils-amant de Cybèle, ou encore le bel Adonis de la légende romanisée. Et l'on fera bien sûr référence à la situation identique de Korê-Perséphone, la fille de Déméter, qui, après avoir été ravie aux Enfers par Pluton et ayant absorbé une grenade, ce fruit de l'Autre Monde, ne peut plus remonter en haut sans une décision des dieux qui la fera demeurer six mois sous terre. On a commenté cette histoire comme étant une illustration très heureuse d'une réalité : à savoir la longue germination des plantes sous terre, puis leur éclosion pendant la période estivale. Rite ou mythe ? Le lien avec ce principe de la végétation est néanmoins évident. Il est certain qu'à travers ce symbole, c'est la succession de la vie et de la mort qui est suggérée comme un éternel recommencement. Si le grain ne meurt, dit l'Évangile, la vie ne peut surgir. La même obligation se retrouve dans le Grand Œuvre des Alchimistes : *Solve et Coagula* (Dissous et coagule), telle est la règle, et on pourrait l'exprimer par « démembre et rassemble », ou encore par « meurs et renais ». Il faut avouer que dans la pensée incontestablement pessimiste des Assyro-Babyloniens, cette résurrection, ou plutôt cette « re-naissance » de Dumuzi, constitue une lueur d'espoir.

C'est cet espoir qui guide des personnages comme Gilgamesh dans leur recherche acharnée des secrets de l'Autre Monde. Gilgamesh n'est pas un dieu. Lui et son compagnon Enkidou sont des humains, des mortels, même s'ils sont doués de caractères spéciaux qui en font des héros supérieurs aux autres hommes. Mais l'aventure humaine va maintenant remplacer l'aventure des dieux, parce que les hommes ressentent comme une injustice le sort qui leur est réservé, l'anéantissement, alors que les dieux, même s'ils sont parfois mortels, bénéficient d'avantages qui ne sont pas négligeables. La descente aux Enfers, quand elle est accomplie, ou seulement tentée, par les êtres humains devient un acte de révolte contre les dieux.

Gilgamesh est roi d'Uruk, mais il règne sur son peuple en vrai tyran, obligeant celui-ci à construire des monuments grandioses. Les habitants de la ville, écrasés d'impôts et de travaux, supplient les dieux de leur envoyer un homme gigantesque qui puisse lutter contre leur roi et le vaincre. Les dieux accèdent au désir des habitants d'Uruk. Ils envoient une prostituée d'Uruk dans la forêt où se trouve un être à demi sauvage, Enkidou, doué d'une force prodigieuse. La prostituée, messagère des dieux, lui apprend l'amour et aussi l'art de la guerre. Enkidou la suit à Uruk et combat Gilgamesh. Mais les deux adversaires sont de taille et de force sensiblement égales. Ils finissent par comprendre l'un et l'autre que leur lutte est sans espoir, et ils se jurent une parfaite amitié.

Le plan des dieux est donc déjoué, non par la force ou par la ruse, mais par un sentiment très pur, celui de l'amitié, avec tout ce qu'elle comporte de tendresse, de respect et de dévouement mutuel. Gilgamesh et Enkidou accomplissent des actions d'éclat dans les mondes intermédiaires. La déesse Innana tombe amoureuse de Gilgamesh et s'offre à lui, mais le héros la repousse avec dédain : il se rappelle trop le sort réservé à Dumuzi et les multiples infidélités de la déesse. Celle-ci jure de se venger. Elle supplie son père, le dieu En, d'envoyer sur les deux champions un « taureau céleste » animé de toutes les fureurs de la destruction. Le taureau descend donc sur terre et massacre des centaines de guerriers ; mais Enkidou réussit à le tuer, et pour comble d'insolence (et de blasphème), il jette devant la déesse Innana une cuisse du taureau abattu. Il est évident que les dieux ne peuvent supporter un tel affront de la part d'un mortel. Ils envoient à Enkidou un rêve prémonitoire où celui-ci se voit déjà dans le sombre royaume des morts. Et, effectivement, Enkidou meurt au bout de douze jours.

Voici Gilgamesh confronté avec la mort, non la sienne, mais celle d'un être cher, ce qui est encore plus insupportable. Il refuse d'abord de procéder à l'inhumation d'Enkidou, persuadé que ses lamentations suffiront pour le rappeler à la vie. Mais le corps d'Enkidou se décompose. Gilgamesh perd tout espoir de le ramener à son état antérieur. Il accomplit les rites funéraires ; mais, bouleversé par cette expérience, il quitte la ville et erre dans le désert, possédé par l'âpre désir de trouver le moyen d'échapper lui-même à la mort.

Il sait qu'il existe un seul immortel au monde, Um-Napishti, l'équivalent du Noé de la Bible, qui a survécu au Déluge après avoir construit une arche, sur les conseils d'Enki, dieu de la Sagesse. On voit où les rédacteurs de la *Genèse* hébraïque ont puisé le thème et les circonstances du Déluge. Il se lance hardiment à la recherche de cet homme immortel pour lui demander ses secrets. Il arrive d'abord chez les Hommes-Scorpions, gardiens des

« Portes du Soleil », dont s'est souvenu Homère (ou celui qu'on croit être Homère) dans *l'Odyssée* pour composer l'épisode des Lestrygons, géants dévorateurs voisins des « Chemins du Jour et de la Nuit », donc aux frontières des deux mondes. Il remonte ensuite le temps en suivant le chemin nocturne du soleil d'ouest en est et retrouve la lumière chez la déesse Siduri, près d'une mer inaccessible aux humains. Siduri, qui est fort belle, soumet le héros à toutes les tentations de la chair. Il y résiste, comme Ulysse le fera devant la magicienne Circé ; et Siduri lui révèle les périls qui le menacent avant de lui indiquer (comme Circé le fera pour Ulysse) le chemin qui conduit dans la demeure d'Um-Napishti. Il devra franchir les « Eaux de la Mort » en s'assurant les services d'un mystérieux nocher. Ce thème du nocher, ou du simple passeur, se retrouve dans d'innombrables traditions, et très souvent dans les contes populaires où il garde tout son sens initiatique. Gilgamesh se met en route, et le nocher lui fait passer l'Apsu, cet océan d'eau douce qui entoure et porte la Terre.

Gilgamesh parvient alors chez Um-Napishti qui l'accueille courtoisement et lui raconte toute l'histoire du Déluge. Il ajoute que l'immortalité est un don des dieux, mais qu'il faut être bien présomptueux pour oser la leur demander. Cependant, il propose à Gilgamesh de tenter une épreuve : il devra rester éveillé pendant six jours et sept nuits, soit le temps d'un cycle complet et sacré, afin de passer à un autre stade de conscience, celui où le sommeil et la mort sont inconnus. Mais Gilgamesh s'endort sur-le-champ, ce qui déclenche les railleries d'Um-Napishti. Gilgamesh essaie de nier l'évidence, prétendant que l'autre l'a dupé en l'endormant immédiatement ; mais il se rend compte que toute révolte est vaine. Il prononce même d'étranges paroles : « Le ravisseur s'est emparé de mes entrailles, la Mort habite dans la chambre où je dors, et, où je pose mes pieds, la Mort est là aussi ! »

Cependant, sur les prières de sa femme qui prend en pitié Gilgamesh, Um-Napishti lui révèle un secret divin, l'endroit où se trouve la plante qui procure l'éternelle jeunesse. Elle croît au fond de la mer, et possède une sève capable de supprimer à jamais la décrépitude physique. On remarquera qu'il s'agit ici de *prolonger* la vie terrestre en évitant le vieillissement (thème de la Fontaine de Jouvence) et non pas d'une résurrection ou d'une renaissance. Il est vrai que Gilgamesh se moque éperdument d'une vie après la mort, puisque cette vie, selon les croyances mésopotamiennes, n'est qu'une vague évanescence : il veut échapper à la mort elle-même et prolonger indéfiniment sa vie physique actuelle. En y réfléchissant bien, c'est uniquement ce que les Hébreux de l'époque pré-mosaïque demandaient à Iaveh, et, à l'époque du Christ, nombreux étaient ceux qui partageaient ce point de vue, lequel semble très répandu chez les anciens Sémites. La déesse Siduri n'a-t-elle pas dit à Gilgamesh : « Remplis ton ventre ; — jour et nuit fais bombance, — que chaque nuit soit une fête pour toi ; — jour et nuit, satisfais-toi » ? Il y a peu de différence entre cette conception sémite assurément déiste et spiritualiste et les positions purement matérialistes qu'on observe ici et là, surtout sur les bords de la Méditerranée, notamment dans le système philosophique d'Épicure, relayé à Rome par le poète Lucrèce et qui semble bien celui de la plupart des Romains de la fin de la République et du Haut Empire.

Et Gilgamesh se précipite. Il plonge dans la mer, à l'endroit indiqué par Um-Napishti et parvient à cueillir la plante tant désirée, cette « fleur d'immortalité », cette « herbe d'or » des contes bretons, qui permet de se survivre, quels qu'en soient les moyens. Muni de ce « Graal » ineffable, il prend le chemin du retour. Mais il ne faudrait pas croire que les dieux soient disposés à laisser faire : s'ils le voulaient, ils ne le pourraient même pas puisque la loi universelle, cosmique, est absolue, et qu'elle correspond au Destin suggéré par les Grecs. Et quand, à un moment de son voyage, Gilgamesh se baigne dans une source d'eau fraîche, un serpent s'approche et lui ravit la plante. Immédiatement, le serpent perd sa peau et en revêt une autre.

Le serpent joue, on le voit, un rôle non négligeable dans le drame par lequel l'humanité perd son immortalité. Une comparaison entre cette mésaventure de Gilgamesh et la scène de la *Genèse* où le serpent suggère à Ève que l'immortalité lui sera acquise si elle mange la pomme de l'Arbre de la Connaissance peut conduire à d'étranges réflexions. Les circonstances ne sont pas identiques, mais le résultat reste le même : l'être humain sera inexorablement soumis à la mort, tandis que le serpent triomphant change de peau, se régénère et gagne ainsi son immortalité par ses métamorphoses. Certes, le serpent est maudit pour son acte d'usurpation, mais il n'en demeure pas moins l'agent d'exécution de la grande loi cosmique ; et d'après cette loi, il vaut mieux que ce soit un animal plutôt qu'un être humain qui dispose de ce secret, car l'animal, considéré comme inférieur, ne saura pas en tirer parti autrement que pour lui-même. Cette vieille histoire de serpent tentateur et voleur de secret a dû hanter la conscience des hommes depuis des millénaires, puisqu'on en voit partout les traces, aussi bien dans les traditions que dans les gravures rupestres, sur les menhirs et dans les dolmens en particulier. Et, d'après de nombreux contes populaires, c'est toujours quand une *vouivre,* c'est-à-dire une « serpente » fantastique, boit l'eau d'une fontaine qu'on peut s'emparer de l'escarboucle qu'elle porte dans la tête et qu'elle dépose pour boire. L'escarboucle n'est-elle pas la « Fleur d'Immortalité » perdue par Gilgamesh au bord d'une fontaine ?

Mais Gilgamesh sait maintenant que tout espoir est perdu. Il rentre dans son palais, à Uruk, et passe son temps à accomplir des rites magiques afin d'évoquer l'ombre d'Enkidou. *Car Gilgamesh n'a jamais pénétré dans les Enfers,* et c'est avec une terrible âpreté qu'il cherche à savoir ce qui s'y passe. Étant parvenu à susciter près de lui l'ombre d'Enkidou, il engage avec lui un curieux dialogue. « Dis-moi la loi du monde souterrain que tu connais », demande-t-il à son ami. Et Enkidou de lui répondre : « Non, je ne te la dirai pas, mon ami, je ne te la dirai pas ; si je te disais la loi du monde souterrain que je connais, je te verrais t'asseoir pour pleurer ! » Gilgamesh insiste et accepte de s'asseoir et de pleurer. Alors Enkidou parle : « Ce que tu as eu de cher, que tu as caressé et qui plaisait à ton cœur, comme un vieux vêtement, est maintenant rongé de vers. Ce que tu as eu de cher, que tu as caressé et qui plaisait à ton cœur, est aujourd'hui couvert de poussière. Tout cela dans la poussière est plongé [1]... » Ainsi se termine l'un des plus anciens récits de l'humanité aux prises avec son destin.

Les théoriciens actuels du désespoir et de l'absurde n'ont rien inventé. Ils se contentent de redire, en termes philosophiques choisis, ce que des poètes ont écrit, il y a quelque cinq mille ans, sur des tablettes d'argile. Mais depuis ces temps obscurs (à cause de notre manque d'informations), les êtres humains n'ont pas cessé de vivre, ni même de se lancer éperdument dans des expéditions fantastiques afin d'entrouvrir, ne fût-ce qu'un instant, les sept portes de bronze qui mènent vers l'Autre Monde.

2. L'ombre de Tirésias

La Grèce n'a jamais eu de véritable unité politique ou économique, encore moins une civilisation monolithique. Le célèbre « miracle grec » se situe seulement à Athènes, et au Vᵉ siècle avant notre ère. Mais le monde hellénique est bien plus vaste que l'espace restreint d'une cité de marchands et de navigateurs. Ce qui unissait les Grecs, qu'ils fussent d'Europe ou d'Asie, c'était le sentiment d'appartenir à une commune origine. Et cette origine, qu'on dit être indo-européenne d'après les dialectes qu'ils employaient, est suggérée par les récits mythologiques particulièrement nombreux mais qui ont le défaut d'être des transcriptions très littéraires de croyances remontant à la nuit des temps. C'est d'ailleurs pourquoi il est très difficile, contrairement à ce qui se passe pour la religion romaine, de connaître avec exactitude la dimension réelle de la religion grecque, la vision que nous avons de celle-ci étant trop disparate, trop répartie dans le temps et l'espace, et également « trop polie pour être honnête ».

Il y a néanmoins des textes fondamentaux qui nous renseignent sur les grands mythes primitifs du monde hellénique, l'œuvre d'Hésiode, bien entendu, mais aussi les

1. *L'Épopée de Gilgamesh,* trad. G. Conteneau, pp. 158-159.

tragédies d'Eschyle, et surtout *l'Iliade* et *l'Odyssée,* deux œuvres qu'on a cru longtemps être les premiers témoignages de la culture universelle, et qui ne sont, en fait, que des versions relativement tardives d'événements et de croyances déjà passés à l'état de curiosités archéologiques, même pour les Grecs qui les écoutaient, quand ils n'étaient pas occupés à discourir des affaires politiques de leur cité. Il n'empêche que ces œuvres permettent de tracer les grandes lignes, non pas de la philosophie grecque, qui apparaîtra plus tard, mais des conceptions religieuses et métaphysiques qui ont contribué à la culturation des premiers Hellènes dans le pays, lors de leur rencontre avec les populations égéennes qui les avaient précédés. De là est venue une vision du monde et de l'Autre Monde malaisée à définir mais néanmoins exprimée en un langage concret, simple et direct.

Il existe des dieux, en grand nombre, comme chez les Assyro-Babyloniens. Ce sont des entités personnalisées, ces fameux *deiwos* indo-européens dont Georges Dumézil a tracé les portraits à travers de multiples traditions qui vont de l'Inde à l'Irlande, portraits dépendant en grande partie de leur appartenance à l'un des trois groupes fondamentaux des sociétés de type indo-européen [1]. Les Grecs sont donc des polythéistes, comme chacun sait, au même titre que les Romains, les Slaves, les Germains et les Celtes. Mais il ne faudrait pas se méprendre sur la structure elle-même qui révèle tout à fait autre chose : les dieux du « panthéon » grec, comme des autres « panthéons [2] »,

1. Sans aucune connotation raciale. Est *indo-européen* tout peuple qui se différencie des autres par sa langue et ses structures sociales trifonctionnelles. Beaucoup de peuples d'origines diverses ont adopté, librement ou sous la contrainte, ces structures classées comme indo-européennes.

2. Le mot « panthéon » désigne simplement la totalité des dieux. Le terme est dévié aujourd'hui à cause du bâtiment le plus sinistre de Paris, pourtant construit avant la Révolution pour être une église, et qui se dresse, comme une énorme pustule, sur la Montagne Sainte-Geneviève. On a cru bon d'y entasser les dépouilles des « gloires » de la Patrie reconnaissante. Pauvre Jean-Jacques Rousseau qui n'aimait que les séjours champêtres, et qui eût certainement préféré rester dans l'île des Peupliers, dans le parc d'Ermenonville, au lieu d'être enfermé entre des dalles froides et mortes...

sont une nomenclature de fonctions sociales personnalisées prêtées à la divinité, unique et transcendantale, qu'on ne peut appréhender que sous une forme concrète. D'ailleurs, les Grecs eux-mêmes ont convenu que leurs dieux étaient soumis au Destin, cette mystérieuse *Anangkê* parfois représentée sous les traits de la *Moira*, et qui est la Nécessité dans tout son absolu.

Cependant, les dieux sont immortels, tandis que les humains, quels que soient leur rang et leurs mérites, sont des mortels, voués aux humeurs et aux caprices des dieux, lesquels peuvent les poursuivre de leur haine, de leur vengeance ou de leur bon plaisir. Le paysage grec, qu'on dit ensoleillé, paradisiaque, idéal, apparaît plutôt sinistre lorsque les dieux s'acharnent contre les malheureux mortels. Le héros Ulysse, pourtant souvent appelé le « divin Ulysse » dans les textes, fait partie de cette innombrable cohorte de malheureux humains poursuivis par l'animosité de certains immortels. A son retour de la guerre de Troie, parce qu'il a déplu au fier Poséidon, le voilà aux prises avec les violences des tempêtes, détourné de sa route, livré à la fureur des flots, soumis aux pires épreuves que des divinités narquoises lui font subir comme autant de distractions gratuites. C'est pourquoi, un jour, Ulysse décide d'en avoir le cœur net et d'aller consulter les morts. Car, dans l'optique grecque, si la mort est inéluctable, il y a sûrement quelque chose de l'autre côté.

C'est la déesse-magicienne Circé — qu'on pourrait d'ailleurs reconnaître dans la Morgane celtique — qui trace le chemin d'Ulysse : « Voici le premier des voyages à faire, c'est chez Hadès et la terrible Perséphone, pour demander conseil à l'*ombre* du devin Tirésias de Thèbes, l'aveugle qui n'a rien perdu de sa sagesse, car, jusque dans la mort, Perséphone a voulu que, seul, il conservât le sens et la raison parmi le vol des *ombres* » (*Odyssée,* X). Et Circé de décrire le rituel qui doit être accompli : « A travers le marais, avance jusqu'aux lieux où l'Achéron [1]

1. L'un des fleuves des Enfers. Le nom provient d'une racine *achos* qui signifie « douleur, affliction, tristesse ».

reçoit le Pyriphlégéthon [1] et les eaux qui, du Styx [2], tombent dans le Cocyte [3]. Les deux fleuves hurleurs confluent devant la Pierre [4] : c'est là qu'il faut aller... et là, creuser une fosse carrée d'une coudée ou presque. Autour de cette fosse, fais à *tous les défunts* les trois libations, d'abord de lait miellé, ensuite de vin doux, et d'eau pure en troisième, puis saupoudrant le trou d'une blanche farine, invoque longuement les morts, *têtes sans force...* Quand ta prière aura invoqué les défunts, fais à ce noble peuple l'offrande d'un agneau et d'une brebis *noire,* en tournant vers l'Érèbe [5] la tête des victimes ; mais détourne les yeux et ne regarde, toi, que les courants du fleuve. Les *ombres* des défunts qui *dorment dans la mort* vont accourir en foule. Active alors tes gens : qu'ils écorchent les bêtes... qu'ils fassent l'holocauste en adjurant les dieux, Hadès le fort et la terrible Perséphone ; quant à toi, reste assis ; mais au long de ta cuisse, tire ton glaive à pointe, pour interdire aux morts, *ces têtes sans force,* les approches du sang, tant que Tirésias n'aura pas répondu... » (*Odyssée,* X).

Ce texte est capital pour comprendre l'image que se faisaient les Grecs de l'époque archaïque du monde des défunts. On remarquera d'ailleurs que l'introductrice d'Ulysse, dans cet Autre Monde, c'est *une déesse,* ce qui nous renvoie inévitablement à la représentation de la déesse néolithique sur les parois des grands dolmens à couloir, et ce qui opère un prolongement vers la Sibylle de Cumes, grâce à qui Énée peut pénétrer dans les Enfers, et même vers la Béatrice de Dante qui guide le poète « vers les saintes lisières », comme le dit Gérard de Nerval. Mais

1. Autre fleuve des Enfers, dont le nom signifie « qui brûle avec des flammes ».

2. Fleuve des Enfers dont l'eau était glacée. Le nom provient d'une racine qui signifie « horrible, monstrueux ».

3. Autre fleuve des Enfers. Le nom provient de *kôkuô,* ce qui veut dire « pousser des cris, se lamenter ».

4. Cette Pierre demeure mystérieuse. Il est probable qu'il s'agit d'une sorte de borne marquant la frontière entre les deux mondes. On ne peut que faire un rapprochement avec les « menhirs indicateurs » qu'on relève fréquemment à proximité d'un cairn mégalithique.

5. Nom que l'on donne parfois aux Enfers. Le mot signifie « obscurité, ténèbres ».

Circé, qui est une déesse, donc une immortelle, insiste sur l'état précaire des défunts : ce sont des *ombres,* et ces ombres *dorment dans la mort.* Autrement dit, ces défunts ne vivent pas une vie réelle. Ils ne sont que des formes sans consistance, errant au gré des vents. Ce sont, comme le dit Circé, des *têtes sans force,* ce qui peut signifier des pensées vagabondes, incapables de réaliser le moindre de leurs désirs. L'Autre Monde des Grecs n'a rien à envier à celui des Assyro-Babyloniens où tout n'est que poussière et illusion. En fait, il y a là une dichotomie flagrante entre les conceptions occidentales (la Grèce faisant partie, bon gré mal gré, de l'Occident) et les conceptions orientales, indiennes particulièrement, où c'est la vie qui est considérée comme une *maya,* comme une illusion. Il faut avouer que cet antagonisme fondamental reste malaisé à résoudre, n'en déplaise à tous ceux qui voient dans la tradition orientale et la tradition occidentale les deux aspects culturels d'une même pensée métaphysique.

Il existe cependant une hiérarchie, semble-t-il, chez les défunts. Circé affirme que Tirésias, par faveur insigne des dieux, a gardé quelques lueurs d'intelligence. C'est probablement parce que, en tant que devin, et donc *aveugle,* il avait déjà eu la vision de certaines choses échappant à la compréhension du commun des mortels. Mais le fait est là : les défunts ne sont pas égaux ; et cette inégalité n'est pas la conséquence d'une vertu morale quelconque, mais provoquée par une différence de niveaux de conscience, certains étant parvenus à un stade élevé de connaissance, d'autres en étant restés exclusivement, comme on le dit couramment, « au ras des pâquerettes ». Il n'en reste pas moins vrai que le monde des morts est un univers de fantômes évanescents. On ne peut entrer en contact avec ces fantômes qu'en leur offrant non seulement des libations, signe d'un rituel funéraire normal, mais encore et surtout *du sang,* du sang frais dans lequel ils viendront s'abreuver et reprendre, pour un temps limité, une apparence humaine. Ces détails sont précis, et ils renvoient à la croyance, si spécifique de l'Europe centrale et orientale, dans les *Vampires,* lesquels sont des morts-vivants sans aucune force lorsqu'ils ne peuvent s'abreuver chaque nuit de sang humain. Le problème des Vampires est différent, mais il est lié à l'idée qu'on peut communiquer, d'une façon ou d'une autre, entre les vivants et les morts. Ce qui est surprenant, c'est que la Grèce, principalement aux époques classiques, ne paraît pas particulièrement avoir privilégié la nécromancie. Bien au contraire : les cités grecques se sont toujours employées à combattre les pratiques magiques de toutes sortes [1]. Avec le récit de *l'Odyssée,* on se trouve en présence des croyances — et des rituels — de la primitive communauté des Hellènes, lorsqu'ils opéraient leur fusion avec les populations autochtones de la mer Égée et des alentours.

On peut supposer que l'auteur de *l'Odyssée,* qui n'est évidemment pas Homère, et qui, de toute façon, n'est pas unique, a subi des influences venues de Mésopotamie, probablement par l'intermédiaire des Hittites, de culture indo-européenne, mais qui avaient assez fréquenté les Assyriens pour leur emprunter leurs idées sur l'Au-Delà. D'ailleurs, le périple d'Ulysse offre de frappantes analogies avec celui de Gilgamesh : il s'agit d'une lente initiation grâce à laquelle le héros passe lentement les zones frontières qui s'étendent avant le pays des morts : d'abord, l'île des Lotophages, puis celle du Cyclope pour arriver à la caverne d'Éole, puis au pays des Lestrygons, enfin dans l'île de Circé où celle-ci se comporte en fait comme la Siduri mésopotamienne envers Gilgamesh. On ne pénètre certainement pas n'importe comment dans l'Autre Monde ; tout au moins, *on ne le discerne pas impunément,* car nombreux sont ceux qui peuvent s'égarer dans les bas-fonds de l'univers à leur insu. Il faut avoir acquis les moyens de se défendre contre les *maléfices.* Cette idée,

1. Ce n'est évidemment pas le cas pendant la période hellénistique où la civilisation grecque avait intégré diverses influences venues d'Orient et d'Occident, en particulier la magie babylonienne et les pratiques iraniennes. Un récit comme *l'Ane d'Or,* de l'écrivain latin Apulée, est un témoignage remarquable des croyances et des pratiques les plus courantes dans ce monde hellénistique. De plus, il ne faut pas oublier que le Christianisme primitif, avec tout ce qu'il comporte de « magie » (même si l'on se refuse à employer ce mot) et d'évocation des défunts (culte des martyrs et des saints, méditations sur la résurrection du Christ, etc.), s'est développé au sein d'une société typiquement hellénistique.

primordiale dans les civilisations anciennes, explique les multiples précautions prises à la fois par ceux qui évoquent les morts et ceux qui, dans la réalité (pourquoi pas ?) ou dans le rêve extatique, pénètrent dans l'Autre Monde alors qu'eux-mêmes sont toujours vivants.

Voici donc Ulysse parvenu au terme de ce périlleux voyage à travers les « infernaux paluds ». Il est maintenant prêt pour tenter l'épreuve. « Quand j'ai fait la prière et l'invocation au peuple des défunts, je saisis les victimes : je leur tranche la gorge sur la fosse, où le sang coule en sombres vapeurs, et, du fond de l'Érèbe, je vois se rassembler les ombres des défunts qui dorment dans la mort, femmes et jeunes gens, vieillards chargés d'épreuves, tendres vierges portant au cœur leur premier deuil, guerriers tombés en foule sous le bronze des lances. Ces victimes d'Arès avaient encore leurs armes couvertes de leur sang. En foule, ils accouraient à l'entour de la fosse, avec des cris horribles : je verdissais de crainte. Mais je presse mes gens de dépouiller les bêtes, dont l'airain sans pitié vient de trancher la gorge : ils me font l'holocauste, en adjurant les dieux, Hadès le fort et la terrible Perséphone. Moi, du long de ma cuisse, ayant tiré mon glaive à pointe, je m'assieds et j'interdis à tous les morts, têtes sans force, les approches du sang, tant que Tirésias ne m'aura pas répondu » (*Odyssée,* XI).

C'est néanmoins Elpénor, l'un des compagnons d'Ulysse mort dans l'île de Circé, qui apparaît en premier. Il engage le dialogue avec Ulysse et lui révèle qu'il n'est pas mort par suite d'une ruse ou d'une malédiction, mais tout simplement parce qu'il avait bu un coup de trop et s'était rompu les vertèbres en tombant d'un escalier. Comme quoi, même en relatant un événement tragique, on peut conserver un certain sens de l'humour. Cela n'empêche nullement le malheureux Elpénor de supplier Ulysse de lui rendre les honneurs funèbres et de lui dresser un tombeau, faute de quoi il ne trouverait aucun repos dans le « sommeil de la mort ». Et Ulysse, qui, ne l'oublions pas, est le *rusé* Ulysse, ou encore Ulysse *aux mille tours,* garde la tête froide : « Tenant mon glaive sur le sang, j'en défendais l'approche. » Car c'est une nuée de morts qui se précipitent, attirés par l'odeur du sang frais. Tirésias paraît enfin, « tenant le sceptre d'or ».

Le dialogue entre Ulysse et Tirésias est plutôt décevant. On pourrait s'attendre à ce que le devin, muni de son sceptre d'or, et toujours en possession de sa sagesse, fasse des révélations sur le monde souterrain. Rien. Il est vrai que c'est la faute d'Ulysse qui ne lui demande pas autre chose que de l'aider à retourner chez lui. On sait que c'est une idée fixe chez le roi d'Ithaque. Le seul intérêt réside dans la fin du discours de Tirésias : « Si parmi ces défunts qui dorment dans la mort, il en est que, du sang, tu laisses approcher, tu sauras d'eux la vérité ; mais dans l'Érèbe, les autres rentreront, aussitôt refusés. » Si l'on comprend bien, c'est aux vivants d'interroger les morts, et seulement à condition de les laisser se rassasier du sang des victimes.

C'est ainsi qu'Ulysse interroge sa mère Anticléia. Le dialogue est encore décevant même s'il n'est pas exempt de tendresse, car Ulysse, en réalité, veut seulement savoir ce qui se passe chez lui en son absence. Cependant Anticléia lui déclare : « Pour tous, quand la mort nous prend, voici la loi : les nerfs ne tiennent plus ni la chair ni les os ; tout cède à l'énergie de la brûlante flamme ; dès que l'âme a quitté les ossements blanchis, l'ombre prend sa volée et s'enfuit comme un songe. » Voilà qui est net : pour les Grecs de l'époque achéenne — et sans doute beaucoup plus tard également —, l'âme n'est qu'une simple émanation du corps, vite assimilée à une *ombre,* et celle-ci s'évanouit *comme un songe.* Il n'y a pas grand-chose à espérer de l'après-vie.

Cependant Ulysse profite de la situation pour évoquer certains défunts. « A l'entour du sang noir, leur troupe s'amassait, et moi, je méditais d'interroger chacune... Ayant pris de nouveau, sur le gras de la cuisse, mon glaive à longue pointe, je ne les laissai boire au sang noir qu'une à une. Leur rangée défila ; chacune me conta le passé de sa race ; je les fis parler toutes. » Mais ce qu'il apprend, ce sont les événements d'autrefois. On assiste avec Ulysse à un véritable défilé de héros et de célébrités, ce qui n'apporte aucune lumière précise sur cet Érèbe ténébreux et profond. L'intérêt se réveille cependant en présence d'Achille lorsque celui-ci prononce ces paroles révélatrices : « J'aimerais mieux, derrière la charrue, me louer à quelque pauvre fermier qui n'aurait pas grande chère, plutôt que régner sur ces morts, peuple de pur néant. » Et Achille insiste sur l'illusoire Hadès, « séjour des défunts, fantômes insensibles des humains épuisés ». On est d'autant plus étonné de cette humilité que le fils de Pelée est le héros par excellence, dont la destinée, malgré une fin précoce, est exemplaire. Ulysse a soin de rappeler qu'au temps de sa vie, les Argiens honoraient Achille « à l'égal des dieux ». Chez les morts, pense-t-il, il doit conserver au moins un « grand pouvoir », et, de la sorte, il pourrait échapper à l'affliction que sa nouvelle condition lui fait normalement éprouver. Après tout, Achille est fils de déesse : ne doit-il pas, à ce titre encore, et plus que tout autre, vivre en privilégié dans le monde des morts ? Achille n'envie même pas le sort de Tirésias qui, seul parmi tous, par une faveur insigne de Perséphone, peut encore porter un sceptre d'or et conserver toutes ses facultés mentales (comme on le supposait d'ailleurs chez les Assyro-Babyloniens pour les rois et les prêtres). Il se retranche dans une sorte de méditation sur le sens de la vie. Quand il était sur terre, il était un homme puissant, méprisant ce petit fermier exécrable dont il voudrait maintenant être le valet. Ce faisant, Achille juge l'autre vie, et du même coup, il condamne l'ordre des choses imposé aux humains, puisque cet ordre n'aboutit qu'à la déchéance. C'est déjà une réflexion d'ordre métaphysique ; et il n'a manqué à Achille, du moins dans le passage de *l'Odyssée*, que de se demander quelle était l'origine de cet ordre et d'entrer en révolte consciente contre le destin.

Mais après tout, Ulysse n'était peut-être pas capable de comprendre l'angoisse réelle de son ancien compagnon. Ulysse se borne toujours aux apparences, et même s'il verse des larmes abondantes, il demeure un homme d'action, ne se posant jamais de questions sur des thèmes aussi abstraits que ceux de la causalité et de la finalité des êtres ou des choses. Il continue d'ailleurs son évocation des morts comme si de rien n'était, apercevant même Prométhée, le foie déchiré par les vautours, et Tantale en proie à ses tourments, « dans un lac, debout, et l'eau montait lui toucher le menton ; mais toujours assoiffé, il ne pouvait rien boire : chaque fois que, penché, le vieillard espérait déjà prendre de l'eau, il voyait disparaître en un gouffre le lac et paraître à ses pieds le sol de noir limon desséché par un dieu. Des arbres à panache, au-dessus de sa tête, poiriers et grenadiers et pommiers aux fruits d'or, laissaient pendre leurs fruits ; à peine le vieillard faisait-il un effort pour y porter la main que le vent les emportait jusqu'aux sombres nuées ». Et il y a Sisyphe : « Ses deux bras soutenaient la pierre gigantesque et, des pieds et des mains, il la voulait pousser vers le sommet du tertre ; mais à peine allait-il atteindre la crête qu'une force la faisait retomber soudain et rouler jusqu'au bas la pierre sans vergogne ; mais lui, les muscles tendus, il la poussait de nouveau ; tout son corps ruisselait de sueur et son front se nimbait de poussière. » Ulysse aurait pu émettre un jugement sur ce qu'il voyait, exprimer autre chose que sa pitié. Il se contente de raconter. Ainsi l'auteur de *l'Odyssée* ne se préoccupe guère de l'ordre caché du monde remis en cause par les paroles d'Achille, de l'impossibilité d'atteindre un but, exprimée par le supplice de Tantale, et de l'absurdité de toute action exprimée par les efforts de Sisyphe. Les Grecs passent pourtant pour avoir créé la Philosophie. Mais entre Logique et Métaphysique, il y a un fossé qui ne se comble pas facilement.

L'épisode, qu'on appelle souvent l'épisode de la *Nékyia,* se termine par la vision d'Héraklès, ou plutôt l'*ombre* du héros, si l'on suit exactement le texte. Mais Héraklès, au lieu de se plaindre de sa condition, s'en félicite au contraire, et c'est Ulysse qu'il plaint : « Pauvre ami, traînes-tu cette vie misérable que j'ai traînée là-haut, sous les feux du soleil ? » Et d'évoquer les fameux douze travaux qui lui avaient été imposés... Seulement, l'attitude d'Héraklès est en porte à faux dans cette galerie de célébrités mythologiques, et c'est l'auteur du texte qui l'avoue : *car, dans les Enfers, il n'y a que son ombre,* « parmi les Immortels il séjourne en personne dans la joie des festins ». Tout s'explique : Héraklès est un *demi-dieu,* comme on dit, et même s'il a subi la mort comme un vulgaire humain, il a été haussé au rang des Immortels par Zeus tout-puissant, c'est-à-dire par son propre père.

Au reste, un autre passage de *l'Odyssée* fait une exception pour un des personnages de la guerre de Troie, Ménélas. Lorsque Télémaque, fils d'Ulysse, s'est lancé à la recherche de son père, il a rencontré Ménélas, le roi de Sparte, l'époux d'Hélène, le « roi cocu » à cause de qui la guerre de Troie a réellement eu lieu. Et Ménélas, qui est bien vivant, a raconté à Télémaque ce que lui a prédit l'étrange et fabuleux Protée aux mille aspects, fils de Poséidon : « Le destin ne te réserve pas de mourir en Argos, selon la loi commune, dans tes prés d'élevage. Les dieux t'emmèneront aux Champs Élysées, tout au bout de la terre, chez le blond Radamanthe [1], où la plus douce vie est offerte aux humains, où sans neige, sans grand hiver, toujours sans pluie, on ne sent que zéphyrs, dont les risées sifflantes montent de l'Océan [2] pour rafraîchir les hommes. » Ces Champs Élysées ressemblent fort à ce séjour des Bienheureux, dans une île à l'ouest du monde, et où séjourne le vieux Khronos, d'après ce que raconte Plutarque. On peut presque y reconnaître une description de l'île des Pommiers, soit l'île d'Avalon, ce paradis celtique, quelque part sur l'océan et où ne peuvent aborder que les privilégiés. Mais voilà qui est nouveau dans la tradition grecque archaïque : n'y aurait-il pas que les sinistres profondeurs de l'Érèbe à recevoir les âmes des défunts ? Y aurait-il néanmoins un espoir de survie dans des conditions acceptables pour tous, selon leurs mérites ?

La réponse est *non.* Car l'auteur de *l'Odyssée* prend bien soin de préciser, après la promesse que Ménélas sera conduit dans ces Champs Élysées, que « pour les dieux, l'époux d'Hélène est le gendre de Zeus ». En somme, c'est une affaire de famille. Héraklès était fils de Zeus, d'où son

1. Frère de Minos, roi mythique de Crète, devenu comme lui l'un des juges suprêmes de l'Autre Monde. Sa droiture est proverbiale dans la mythologie tardive de la Grèce. De toute façon, il représente une influence crétoise sur Athènes : c'est Thésée, fils d'Égée, fondateur légendaire d'Athènes, qui débarrasse Minos du Minotaure, ce monstre enfermé dans le Labyrinthe de Crète.

2. Il s'agit du fleuve Océan qui, d'après la tradition grecque, entourait le monde habité.

sort privilégié. Ménélas, souvent revêtu de l'épithète « nourrisson de Zeus », est l'époux de la belle Hélène dont l'infidélité notoire a déclenché la guerre de Troie. Oui, mais... Hélène est la fille du maître de l'Olympe, et sa « divinité » a rejailli sur son époux même bafoué. Si l'on comprend bien la bizarre théologie des anciens Grecs, il y a deux voies inconciliables, celle du commun des mortels, vers le sombre Érèbe, et celle des familles divines qui mène vers les hauteurs lumineuses de l'Olympe ou de quelque île perdue à l'ouest du monde, là où le soleil entreprend son voyage nocturne pour renaître le matin suivant. Et il semble bien, d'après le texte, que Ménélas sera encore mieux traité qu'Héraklès : il ne connaîtra pas la mort et il sera « ravi » par les dieux dans une sorte d'Ascension sacrée pour être conduit au séjour bienheureux. De toute façon, pour les autres mortels, le résultat sera identique : « Aux yeux de ses sujets, il sera pratiquement tout aussi mort qu'Achille pour les siens. Admettons que Ménélas doive garder un corps pour pouvoir jouir du bonheur élyséen, il ne s'en suit pas que ce corps vive désormais à la façon des nôtres. Une pensée théologique plus élaborée parlerait de *corps glorieux...* Le cas de Ménélas concerne donc bien la destinée du héros après la vie terrestre : la contradiction n'est pas levée. Pour qui voit le poème (*l'Odyssée*) dans son ensemble, elle ne rend que plus amer le sort d'un Achille : celui qui valait mieux que Ménélas sur le champ de bataille connaît l'ombre infernale, malgré son sang divin [1]. Et la raison de cette préférence reste mystérieuse. C'est en vain qu'un vers, pour l'expliquer, rappelle que Ménélas est *gendre de Zeus*. Cette expression suffit à la rendre inauthentique : une telle familiarité est sans précédent épique, et, ce me semble, sans équivalent lyrique ou dramatique. Cette justification a été introduite après coup pour répondre à un embarras qui n'était pas moins grand que le nôtre. Et elle ne tranche rien, de toute façon : parmi tant d'autres

1. Achille est fils de la nymphe Thétis, une des cinquante Néréides, qui appartient de ce fait au clan des divinités.

beaux-enfants que possède Zeus, pourquoi celui-là serait-il le seul à se trouver *sauvé* » [1] ?

La question est irritante et elle demeure sans réponse. Peut-être faut-il aller voir du côté d'Hélène, cette mystérieuse jeune femme *solaire* (et non lunaire, comme on l'a trop dit à cause de la quasi-homophonie avec Sélénè, la « Lune ») dont l'équivalent paraît bien être la *Pomme,* fruit solaire, cette « pomme de discorde » qui rappelle celle du Jardin d'Éden, et que le berger Pâris donna à Aphrodite, méritant ainsi la plus belle femme du monde, mais déchaînant du même coup la colère d'Athéna et d'Héra. Hélène la Solaire, image d'une ancienne divinité oubliée même par les Grecs de l'époque archaïque, a pu conférer l'immortalité à Ménélas, par l'union qu'elle a contractée avec lui. Mais, dans ce cas, pourquoi Ménélas et non pas Pâris ? On retombe sur cette même irritante question. A moins qu'Hélène, image de la déesse néolithique qui préside d'étranges rituels dans les chambres funéraires des grands cairns, c'est-à-dire la Grande Déesse des Commencements, soit la toute-puissante, celle qui décide, de son plein gré, à qui elle remettra la Fleur d'Immortalité qui a échappé à Gilgamesh ?

Quoi qu'il en soit, l'Autre Monde des anciens Grecs n'est pas particulièrement réjouissant. « La pire existence est préférable au trépas le plus glorieux », fait dire Euripide à l'un de ses héros. C'est ce que semble affirmer Achille dans *l'Odyssée.* La quête hellénique de l'Autre Monde ne va guère au-delà des réalités les plus sordides : plaines stériles, bosquets rabougris, marais fétides, fleuves somnolents, torrents sulfureux, obscurité malsaine parcourue parfois de lumières douteuses et blafardes. Et dans ces paysages désolés, des ombres qui ne sont même plus des silhouettes humaines puisqu'il faut du sang frais pour les ranimer un instant et les sortir de leur torpeur de néant. Ce sont des reflets, comme des réminiscences qui s'effacent et qui ne réapparaîtront jamais plus. La pensée grecque, née dans un pays de soleil, de ciel bleu et de mer

1. Gabriel Germain, *la Quête des Autres Mondes dans « l'Odyssée »*, étude parue dans les *Cahiers du Sud,* n° 325, Marseille, 1954, pp. 373-374.

favorable, est décidément l'une des plus pessimistes qui aient jamais vu le jour.

Dans ces conditions, la démarche philosophique d'Épicure se justifie pleinement. La pensée d'Épicure se greffe en effet sur celle de Démocrite (vers 460-370) pour qui l'âme, qui paraît animer les corps organisés, est elle-même, comme les corps, composée d'atomes, plus exactement « d'atomes très mobiles, ronds et polis ». Les pensées qui se succèdent dans notre âme ne sont que les mouvements des atomes qui la composent. Si l'âme perçoit les objets matériels, c'est-à-dire les composés d'atomes qui l'entourent, c'est parce que ces objets émettent à tout moment et de tous côtés des images extrêmement petites qui viennent frapper les organes des sens. Ainsi les corps et les âmes, les objets et les mondes, sont des composés d'atomes, et il n'y a jamais eu, il n'y aura jamais que des atomes, du vide et du mouvement. Cette conception totalement matérialiste s'inscrit dans la droite ligne de la pensée mythologique des premiers Grecs : lorsque les corps composés d'atomes cessent d'être organisés, il y a dissolution plus ou moins lente, ce qui amène l'image de ces ombres évanescentes qu'Ulysse évoque dans les Enfers. Et, finalement, la question de la survie après la mort ne se pose même pas, puisque les atomes libérés — ceux de l'âme comme ceux du corps — se disperseront et entreront dans d'autres compositions. Si rien ne se crée, rien ne se perd non plus, mais il serait vain de rechercher la persistance d'un *moi*. Tout n'est que hasard.

Le but d'Épicure (341-270) n'est pas de faire de la métaphysique, mais de la morale. Partisan convaincu de la théorie matérialiste de Démocrite, il ne voit qu'une seule issue possible pour les êtres humains : vivre heureux le plus longtemps possible. C'est le fameux *carpe diem* exprimé par le poète latin Horace. Il faut en effet *cueillir le jour* tel qu'il est sans s'encombrer l'esprit d'illusions diverses, profiter intensément, mais intelligemment, de la vie telle qu'elle se présente. Malheureusement, pour Épicure, deux causes concourent à troubler sans cesse la tranquillité de l'âme. D'abord, les humains s'imaginent que les dieux, qu'ils soient bons ou méchants, sont toujours en train de les épier et qu'ils interviennent constamment. Ils croient à des puissances surnaturelles partout présentes, même si on ne les voit pas, et ils vivent dans la terreur de déplaire à ces puissances et d'en subir des avanies de toutes sortes. D'autre part, au lieu de considérer la Mort comme une délivrance, les humains en ont peur parce qu'on leur raconte des histoires fantastiques sur ce qui se passe *après :* les séjours infernaux et tout ce qui s'y passe. Il faut donc, selon Épicure, apporter la preuve que les dieux n'existent pas et que la mort est la fin de tout. Dans cette disposition d'esprit, chacun pourra vivre heureux.

Le malheur, c'est que les partisans de Démocrite et d'Épicure n'ont jamais pu prouver que les dieux n'existaient pas et que la mort était la fin absolue de tout. Et si la Grèce a produit une pensée matérialiste très bien incarnée dans les visions pessimistes de l'Autre Monde, elle a aussi produit un autre courant philosophique, celui qui passe par Pythagore et Platon. Mais avant d'être formulé en termes intellectuels, ce courant s'est également manifesté dans les mythes, à travers d'autres légendes dont l'ambiguïté fondamentale permet de déboucher sur une tout autre vision du monde et surtout de l'Autre Monde.

3. L'ombre d'Eurydice

La légende d'Orphée est la plus universellement connue de toute la tradition grecque, mais il est à peu près certain qu'elle n'est pas d'origine grecque. Le fait qu'Orphée soit dit « le chantre de Thrace » et que la localisation de ses aventures se soit opérée autour de la chaîne montagneuse du Rhodope tendrait à prouver qu'il s'agit d'une histoire venue du Nord, probablement des pays qui ont été marqués par les Scythes, sur les rives de la Mer Noire. Cette légende a cependant été admirablement intégrée dans l'ensemble culturel hellénique et elle a provoqué d'innombrables versions, avec parfois des détails divergents, mais gardant toujours le même schéma originel.

L'histoire est simple : le jeune Orphée, poète et musicien renommé, est amoureux de la belle Eurydice, et comme celle-ci répond à son amour, le mariage a lieu à grand renfort de festins, de chants et de danses. Mais,

« tandis que la nouvelle épouse court dans les prairies avec les Naïades, ses compagnes, elle meurt, blessée au talon par la morsure d'un serpent » (Ovide, *Métamorphoses,* X, 1). Une fois de plus, dans un récit mythologique, l'intervention du serpent est décisive. Mais, ici, c'est la nature venimeuse du serpent qui est mise en évidence et non pas sa fonction symbolique, encore qu'on pourrait comprendre qu'il est le maître de la vie et de la mort. On imagine le chagrin d'Orphée. Pendant des semaines et des mois, il fait retentir la terre de ses chants plaintifs. Mais, jugeant que le destin a été trop cruel envers lui, il se décide à tenter l'impossible : il ira jusqu'aux Enfers réclamer qu'on lui rende Eurydice. Pour cela, Orphée se fie à son art de *charmer,* c'est-à-dire, au sens fort du terme, d'utiliser l'incantation magique inhérente à tout chant, à tout poème.

Orphée s'enfonce donc dans les profondeurs de la terre « jusqu'aux rives du Styx par la porte du Ténare ». Il fléchit l'attitude du nocher Charon par ses chants et pénètre dans le domaine interdit aux vivants. « Il arrive, à travers les ombres légères qui ont reçu les honneurs du tombeau, devant Perséphone et le roi du ténébreux empire. » C'est le moment crucial de cette expédition hors du commun : il doit plaider sa cause devant ceux qui ont tous les pouvoirs sur les ombres : « Divinités du monde souterrain où descendent tous les mortels, si vous me permettez de dire la vérité sans recourir aux artifices du discours, je ne suis venu ici ni pour visiter le sombre Tartare, ni pour enchaîner le monstre né du sang de Méduse, Cerbère, dont les trois têtes sont hérissées de serpents. Je suis venu chercher mon épouse... Je vous conjure donc, par ces lieux pleins d'effroi, par cet immense Chaos, par le silence de ce vaste empire, rendez-moi Eurydice et renouez la trame d'une vie qui fut trop tôt coupée. Le genre humain vous est soumis. Après un court délai, tôt ou tard nous accourons vers la même demeure. Nous y tendons tous : c'est notre dernier asile. Quelle que soit l'étendue des contrées de la terre, toutes sont de votre domaine. Eurydice aussi, lorsqu'elle aura fourni sa carrière mortelle, tombera sous vos lois. C'est un simple délai que je vous demande. Si les Destins me refusent cette faveur, je suis résolu à ne point lui survivre. Vous aurez deux victimes » (*Métamorphoses,* X, 1).

L'audace d'Orphée éclate dans ces paroles. Il se permet en effet de mettre en doute la Loi universelle, l'équilibre du monde : Eurydice a été arrachée à la vie beaucoup trop tôt. *Quelqu'un s'est trompé.* A la réflexion, il s'agit bel et bien d'un blasphème, et Orphée n'a pas plus de droit que quiconque à réclamer un délai. Après tout, c'est la réaction normale et habituelle des humains qui, en danger de mort, demandent encore un délai : pas encore, je n'ai pas fini ce que je devais faire, on verra plus tard. De nombreux contes populaires sont bâtis sur ce thème.

Un récit limousin, recueilli dans la région de Rochechouart (Haute-Vienne), apparaît typique de ce genre de conte. Il s'agit d'un homme autrefois riche qui, ne possédant plus rien, accueille pourtant le mieux possible deux voyageurs égarés qui sont le Bon Dieu et saint Pierre. Pour le récompenser, ceux-ci lui accordent les trois souhaits qu'il demande : « Un oranger ainsi fait que ceux qui monteraient dedans ne pourraient en descendre qu'à sa volonté, un jeu de cartes tel, qu'il gagnerait chaque fois qu'il jouerait, un fauteuil fait de telle sorte que ceux qui s'y assiéraient ne s'en pourraient lever que quand il voudrait. » Bien entendu, lorsque la Mort vient le trouver, il l'envoie cueillir des oranges sur l'arbre, et la Mort ne peut plus redescendre. L'homme ne la délivre que lorsqu'elle lui a accordé quatre-vingts ans de délai. Mais au bout de ce temps, il la fait asseoir dans son fauteuil. La mort est obligée de lui concéder cinquante ans. La troisième fois, l'homme, se sentant désormais assez vieux, accepte de se laisser emporter. Mais, étant donné qu'il a autrefois, grâce à son jeu de cartes, gagné des âmes au diable, celui-ci ne veut pas le faire entrer en Enfer, et l'homme se retrouve au Paradis. Et dans un autre conte recueilli dans le Morvan, à Murlin (Nièvre), l'homme qui doit mourir réussit à enfermer la Mort dans une bouteille qu'il va ensuite cacher dans un buisson. « Cependant, à l'endroit où il avait caché la bouteille, il y avait un jeune plant de chêne. Le chêne se mit à grandir au fil des ans. Il devint un bel arbre et se mit à produire des glands en abondance. Et, un jour, un troupeau de cochons fut amené là pour la glandée. Une truie qui fouillait dans les touffes cassa, sans le faire exprès, la bouteille où était enfermée la Mort [1]. » Il est inutile de préciser que la Mort se précipite chez l'homme qui lui a joué ce mauvais tour et qu'elle l'emporte « sans autre formalité ». Telle est la Loi du monde, et rien ne peut l'abolir, quel que soit le temps mis pour qu'elle soit accomplie.

Orphée sait très bien que cette Loi est inexorable et ne prétend pas lui échapper. Il remet seulement en cause une certaine idée de la *justice* des dieux, et par là même il pose le problème de la destinée humaine : pourquoi certains êtres vivent-ils longtemps, pourquoi certains autres meurent-ils très tôt ? Si chacun des êtres humains est destiné à accomplir quelque chose sur cette terre, ne faut-il pas lui laisser le temps de l'accomplissement, de l'épanouissement ? Cela fait penser à ce curieux épisode du *Zadig* de Voltaire où l'ermite (en réalité, l'ange Jesrad) qui accompagne le héros dans son voyage, tue sans vergogne le neveu d'une femme qui les avait hébergés, s'attirant ainsi de violents reproches de la part de Zadig. Et l'ermite de se justifier ainsi : « Les hommes jugent de tout sans rien connaître... Apprenez que ce jeune homme dont la Providence a tordu le cou aurait assassiné sa tante dans un an et vous dans deux. » Bien entendu, Zadig fait une objection, disant qu'il aurait mieux valu rendre ce jeune homme vertueux plutôt que de l'assassiner froidement sans lui laisser aucune chance de salut. La réponse de l'ange-ermite est sans appel : « S'il avait été vertueux et s'il eût vécu, son destin était d'être assassiné lui-même avec la femme qu'il devait épouser, et le fils qui en devait naître. » Puis vient la conclusion logique : « Tout ce que tu vois sur le petit atome où tu es né devait être dans sa place et dans son temps fixe, selon les ordres immuables de celui qui embrasse tout. »

Donc Orphée, en réclamant Eurydice, ignore délibérément qu'existe un « ordre des choses et des êtres ». Mais sa naïveté lui sert : « Tandis qu'il unit ainsi sa lyre aux accents de sa voix, les pâles ombres versent des larmes.

1. J. Markale, *Contes de la Mort,* Paris, éd. Bartillat, 1986, pp. 314-317 et 288.

Tantale cesse de poursuivre l'onde fugitive, la roue d'Ixion demeure immobile, les vautours ne déchirent plus les entrailles de Prométhée... et Sisyphe s'assied sur son rocher. » Derrière la métaphore poétique et mythologique, on s'aperçoit qu'Orphée a réussi quelque chose d'incroyable : suspendre le temps éternel. Rien ne fonctionne plus dans le monde infernal, et comme ce qui est en bas est comme ce qui est en haut, rien ne doit plus aller *là-haut.* Donc l'équilibre du monde est rompu, parce que le « chantre de Thrace » a lancé l'imprécation suprême contre les dieux : Si vous ne me rendez pas Eurydice, je meurs moi-même alors que mon heure n'est pas arrivée. Et comme *tout est écrit dans le grand livre des destinées,* c'est vous qui assumerez la responsabilité de ce manquement à la Loi. Autrement dit, si je meurs, ce sera votre faute, à vous, les dieux...

C'est à une redoutable opération magique que se livre ici Orphée, autrement audacieuse que la simple nécromancie pratiquée par Ulysse dans *l'Odyssée.* Il s'agit en effet d'un rite par lequel il oblige la divinité à répondre, pour ne pas dire à *obéir.* Le tout est d'enfermer cette divinité dans un faisceau de contradictions ou d'interdits impossibles à contourner. Il en existe un exemple, non pas dans la Bible hébraïque officielle, mais dans la tradition rabbinique à propos de Lilith, la « première femme », qui, après avoir quitté Adam pour des raisons de prédominance, se voit contrainte par des Anges envoyés par Iaveh de réintégrer en quelque sorte le domicile conjugal sous peine d'être anéantie. Or, d'après cette tradition, Lilith connaissait *le nom ineffable, c'est-à-dire imprononçable, de Iaveh,* son nom *secret.* La connaissance de ce nom lui donnait pouvoir sur Iaveh. Elle refuse d'obéir et Iaveh se contente de la rejeter dans le désert où elle deviendra un fantôme nocturne tourmentant les hommes égarés, un « succube » acharné à faire perdre aux hommes leur précieuse semence, chose effroyable dans l'optique hébraïque. On peut donc, dans certains cas, se dresser contre la divinité et exiger d'elle certaines dérogations à la Loi.

Il semble que ce soit un rituel indo-européen très ancien. On le retrouve à l'époque chrétienne en Irlande, d'après la légende de saint Patrick. Celui-ci avait demandé à Dieu de lui accorder, une fois de plus, une faveur destinée non à lui-même mais à sa communauté. Or un ange vient dire à Patrick que Dieu refuse, car Patrick exagère en demandant sans cesse quelque chose. Il lui a jusqu'à présent trop donné ; cela suffit amplement. Alors Patrick se met en colère — c'est sa vie légendaire qui le raconte — et dit à l'Ange ces paroles pour le moins blasphématoires : « Puisque c'est comme cela, je jure de ne prendre ni nourriture, ni boisson, jusqu'à ce que Dieu ne m'exauce. Et si je meurs, c'est Dieu qui en sera responsable. » C'est ce qu'on appelle le « jeûne contre Dieu », qui semble avoir été fréquemment en usage dans les chrétientés celtiques d'Irlande. En fait, il s'agit d'une coutume juridique de l'Irlande païenne dont il existe des équivalents en Inde : un homme qui se sent lésé par un autre membre de son groupe, quelle que soit sa position sociale, peut aller jeûner devant la maison du présumé coupable tant que celui-ci n'aura pas reconnu ses torts et procédé au dédommagement ; mais si le jeûneur meurt, le présumé coupable est honni par le groupe et subit une exclusion définitive, c'est-à-dire une mort sociale. C'est le principe même de la grève de la faim.

Ovide n'a certainement pas compris toute la portée *magique* de l'intervention d'Orphée auprès de Pluton et de Perséphone, car il insiste sur les larmes que les chants du barde font couler. Néanmoins le résultat escompté par Orphée est atteint : « Perséphone et le dieu du sombre royaume ne peuvent résister à ses prières. Ils appellent Eurydice. Elle était parmi les ombres récemment descendues chez Pluton. Elle s'avance d'un pas ralenti par sa blessure. Le chantre de Thrace la recouvre, à condition qu'il ne se retournera pas pour la regarder jusqu'à ce qu'il ait franchi la vallée de l'Averne [1]. Sinon, la faveur sera

1. L'Averne est un lac de Campanie, non loin de Naples, d'où s'échappent des émanations sulfureuses. C'était sur les bords de ce lac qu'était établie la célèbre Sibylle de Cumes. Le lac Averne passait, dans l'Antiquité, pour être l'entrée des Enfers, comme l'est le Yeun Ellez (Réservoir Saint-Michel) dans les Monts d'Arrée en Bretagne, suivant la tradition populaire, ou encore le Lough Derg (Donegal) en Irlande.

révoquée. » Voici que commence le voyage du retour, ce voyage que nul mortel ne peut accomplir. « Ils gravissent, à travers le plus profond silence, un sentier montant, escarpé, obscur et couvert de brouillards épais. Déjà ils touchaient presque aux bords supérieurs, lorsque Orphée, craignant qu'Eurydice ne lui échappe, et impatient de la voir, jette sur elle un regard d'amour. Elle disparaît au même instant. Il lui tend les bras, il veut se jeter dans les siens et l'embrasser. Malheureux Orphée ! Il ne saisit qu'un vain fantôme » (*Métamorphoses*, X, 1).

Cette histoire a donné lieu à de multiples interprétations, toutes aussi valables les unes que les autres, car telle est la force du mythe qu'il peut enfermer en lui-même des résonances différentes selon les niveaux de conscience. Mais, sur le plan mythologique, deux commentaires non contradictoires semblent s'imposer. Eurydice est en effet dans le domaine des morts, mais en tant que morte elle-même, c'est-à-dire qu'elle n'est qu'une ombre parmi les autres. Lorsque Pluton et Perséphone lui permettent de revenir dans le monde des vivants, ils lui accordent un sursis : donc Eurydice doit réintégrer son enveloppe charnelle avant d'être vue à nouveau par Orphée. C'est le sens qu'on peut attribuer à l'interdit : ne te retourne pas avant que vous soyez arrivés, avant que l'âme, ou plutôt l'*ombre* de la jeune fille, n'ait accompli sa fusion avec le corps qu'elle a laissé inanimé. Mais, par impatience, Orphée se retourne : alors, comme il n'est plus tout à fait dans le royaume des morts, il n'est pas en mesure de reconnaître Eurydice. Ce qu'il voit, c'est une ombre qui n'a pas encore réintégré son aspect physique. Car, dans l'Autre Monde, les êtres sont *invisibles* pour l'œil des vivants, à moins qu'ils ne se rendent visibles dans certaines circonstances. Mais Eurydice n'a pas à se rendre visible, puisqu'elle doit tout simplement réintégrer son corps. Orphée n'a pas compris cette réalité de l'Autre Monde, et c'est lui qui, ne reconnaissant pas Eurydice, l'abandonne en fait dans le royaume souterrain d'où elle était à peine sortie. L'échec est total, parce qu'Orphée *ne savait pas.* Tel est le danger de toute initiation hâtive ou incomplète : Orphée a eu beau pénétrer dans les Enfers, il n'en connaît pas les secrets, et il ne pouvait que suivre aveuglément l'interdiction de se retourner qui lui a été faite de façon péremptoire comme condition absolue de la résurrection d'Eurydice. Or, par ignorance, mais aussi par impatience, il a perdu l'avantage qu'il avait retiré de son voyage dans l'Autre Monde.

Mais cela n'est valable que dans le cas d'une *résurrection* pour Eurydice. A ce moment-là, on pourrait affirmer qu'Orphée a accompli un voyage de type chamanique. Comme le chaman dans son étrange extase, il est allé dans le pays des morts pour récupérer l'âme d'Eurydice et la ramener avec lui. Hélas, son imprudence, ou plutôt son initiation incomplète, l'a fait échouer au dernier moment. Cet aspect chamanique d'Orphée a souvent été mis en évidence : il est aussi celui qui dompte les animaux sauvages en les charmant par des chants. Mais face à ce que d'authentiques chamans accomplissent — et que Jésus accomplit en ressuscitant Lazare —, le chantre de Thrace, demeuré à un stade inférieur de conscience et non préparé à cette mission exceptionnelle, ne pouvait certainement pas aller au-delà de certaines limites. Le chaman traditionnel n'est jamais un solitaire : il agit toujours sous la surveillance d'un autre chaman qui le guide dans les périls de l'Autre Monde et l'empêche d'être assailli par les forces obscures qui peuvent s'emparer de son esprit.

L'interprétation peut cependant être différente s'il ne s'agit plus d'une *résurrection* mais d'une *re-naissance*. Le problème se pose d'ailleurs à propos de Jésus, le matin du troisième jour, lorsqu'il apparaît à Marie-Madeleine : celle-ci *ne le reconnaît pas* et le prend pour le jardinier : et c'est lorsque Jésus la nomme, par le son de sa voix, qu'elle prononce son admirable « rabouni » ! On en déduira qu'Orphée, en se retournant, était dans l'impossibilité de reconnaître Eurydice dans la forme féminine qu'il apercevait, car Eurydice avait revêtu un nouvel aspect, un *corps glorieux,* qui n'était pas forcément identique à son corps primitif, celui d'avant l'épreuve de la mort. Jésus ne dit-il pas à Marie-Madeleine ces paroles énigmatiques : « Ne me touche pas ! Je ne suis pas encore monté chez mon père ! » Cela peut signifier que sa « métamorphose » n'est pas encore complète. En est-il de même pour Eurydice ? La question se pose sans pouvoir être résolue ; mais elle éclaire d'un jour nouveau le détail de l'évanescence d'Eurydice. On doit cependant reconnaître que la tentative d'Orphée, quelle qu'en soit l'origine culturelle exacte, se démarque considérablement des récits archaïques habituels de la mythologie grecque.

C'est d'ailleurs vers le pays des Scythes, en pleine Asie centrale, qu'il serait bon d'aller chercher des concordances. On sait que les Scythes et les Sarmates, ces anciennes peuplades indo-européennes des plaines russes, qui ont eu d'innombrables contacts avec les Grecs, les Germains et les Celtes, influençant ceux-ci dans leur art figuratif [1], ont laissé des descendants : ce sont les Ossètes du Caucase, qui descendent directement des fameux Alains des invasions dites barbares. Et ces Ossètes, mal intégrés dans un milieu à dominante slave, ont gardé une langue que les spécialistes reconnaissent comme étant une évolution de l'ancien scythique. Et non seulement les Ossètes ont réussi à garder la langue de leurs ancêtres, mais ils ont conservé en plus leur tradition millénaire : « Le contenu culturel, un contenu qui nous reporte aux derniers états de la civilisation scythique, a été préservé en même temps que son contenant linguistique, et cela jusqu'à notre temps. Et surtout, un trésor de récits épiques subsiste, plein d'archaïsmes, autour de héros dont l'originalité, malgré la pénétration de thèmes folkloriques plus ou moins universels, reste puissante et fraîche [2]. » Et ce qui est également très remarquable, c'est la nature originelle commune de ces héros ossètes et des héros de l'époque irlandaise, à l'autre extrémité du monde indo-européen.

L'un des cycles de cette tradition ossète concerne le peuple mythique des Nartes, dont l'un des personnages principaux est un certain Soslan (ou parfois Sozryko). Soslan, qui est un héros solaire, a une naissance merveilleuse et il est élevé par Satana, la déesse-mère magicienne des Nartes. Ses « enfances » sont parsemées d'exploits. En son âge adulte, il devient le plus valeureux des Nartes et

---

1. C'est visible pour le célèbre Chaudron de Gundestrup, saisissant résumé imagé de la mythologie celtique.

2. Georges Dumézil, *Romans de Scythie et d'alentour*, Paris, Payot, 1978, p. 9.

possède un cheval aussi remarquable que lui-même. Ses liaisons avec des femmes sont innombrables, mais il a eu une épouse légitime, Beduha, qu'il a beaucoup aimée, mais qui est morte. Il doit se remarier avec la Fille du Soleil, mais pour obtenir celle-ci, il lui faut se procurer des objets merveilleux dont l'un se trouve dans le pays des morts. C'est pourquoi Soslan, après avoir écouté les conseils de Satana, prend la direction de l'Autre Monde.

Le portier refuse de le laisser passer : « Quand tu seras mort, la porte s'ouvrira d'elle-même, mais les vivants n'entrent pas ici. » Cela ne trouble guère le héros. « Soslan enfonça la porte et pénétra dans le Pays des Morts. A peine passé la porte, que voit-il ? Une foule d'hommes, l'arme tendue, s'élance vers lui, proférant des menaces... Mais ils ont beau se jeter vers lui : ils ne peuvent le frapper, leurs mains ne peuvent l'atteindre [1]. » Les défunts appartiennent à une autre dimension que l'humain Soslan. En fait, ceux qui menacent le héros ne sont que des *ombres,* des fantômes inconsistants. Mais non pas parce qu'ils sont évanescents, comme dans la tradition grecque, mais parce qu'ils sont régis selon d'autres critères que les vivants, qu'ils se trouvent dans une autre dimension. Soslan n'est pas saisissable par les ombres et poursuit donc son chemin dans d'étranges contrées où il va d'étonnement en étonnement tant ce qu'il voit est incompréhensible : des hommes pendus, des hommes dans un lac au milieu des grenouilles et des serpents, des jeunes filles qui dansent et qui se rassasient de la seule vue des aliments exposés devant elles [2], des vieillards gelés qu'on rase en leur écorchant le visage, un château d'argent avec des hôtes assis sur des fauteuils d'or, un bœuf qui dévore la barbe d'un vieillard, une femme qui reprise avec une aiguille la fente d'une montagne, et bien d'autres merveilles que ne renierait pas un poète surréaliste. « Il poursuit sa route et

1. Georges Dumézil, *le Livre des Héros,* Paris, Gallimard-Unesco, 1989, p. 119.

2. Cela rappelle singulièrement le Festin du Graal, où tous les convives trouvent devant eux les mets et les breuvages qu'ils souhaitent dès qu'ils ont émis leurs désirs, sans qu'on puisse voir les mains qui les servent.

soudain voit les ancêtres des Nartes. Ils sont assis devant des tables couvertes de toutes sortes de mets et de boissons. Mais sur les bords des tables, se trouvent un cadavre de chat et un cadavre de chien. Les vieillards nartes regardent les tables sans y toucher... Il arrive enfin à l'endroit où est sa femme Beduha, mais horrible merveille, il n'y a là que le tronc de Beduha, sans sa tête [1]... »

Les Enfers, chez les Scythes, ne semblent pas aussi lugubres et aussi sombres que chez les Grecs, même si tout paraît aberrant et plus ou moins à l'envers. Soslan demande d'ailleurs à sa femme des explications sur ce qu'il a vu et Beduha les lui fournit de bonne grâce, mettant en évidence que les actes des morts sont le résultat des actes qu'ils ont commis quand ils étaient vivants : les uns sont donc châtiés, les autres récompensés. Il fait remarquer que l'idée de récompense et de châtiment fait ici son apparition alors qu'elle était à peu près absente, ou tout au moins secondaire, dans la mythologie grecque. De plus, ce voyage de Soslan dans l'Autre Monde trouve son équivalent dans de nombreux contes populaires, en particulier en Bretagne, où le héros est généralement le frère d'une femme qui a épousé un mort ou même le Soleil. Allant à la recherche de sa sœur, il est témoin d'étranges spectacles, et parvenu chez son beau-frère, c'est celui-ci, ou la femme parfois, qui lui fournit les explications demandées. Mais, là aussi, la récompense et le châtiment sont la conséquence des actes accomplis sur terre. La morale s'intègre au récit mythologique, faisant apparaître une profonde mutation des conceptions sur l'Autre Monde, celui-ci n'étant plus considéré comme une zone indéterminée où s'épuisent les derniers reflets de la vie, mais comme un séjour éternel où chacun reçoit selon ses mérites ou ses défaillances. La plupart des religions dites « de salut » ont bâti leurs croyances, leurs dogmes et leur morale sur la base de ces récits d'une mythologie en pleine évolution.

Cependant, après avoir compris le sens des étranges spectacles dont il a été témoin, Soslan ne peut se retenir

1. *Le Livre des Héros*, pp. 123-124.

de demander à Beduha pourquoi, lorsqu'il est arrivé auprès d'elle, elle n'avait pas de tête. La réponse de Beduha est à la fois révélatrice et fort émouvante : « Est-il possible que tu ne comprennes pas cela ? Ma tête est toujours près de toi. D'ici, je ne cesse de t'aider. Quand tu as voulu venir en ces lieux, c'est grâce à moi que tu as trouvé les chemins libres, car nul vivant ne peut pénétrer dans le monde des morts. Pendant tes expéditions lointaines, quand un nuage noir passe au-dessus de toi, c'est moi qui viens te protéger de l'ardeur épuisante du soleil. Pendant les batailles, quand une pluie torrentielle tombe sur tes ennemis, c'est encore moi qui viens donner la victoire à ton armée [1]. »

L'incontestable beauté de ce texte ne doit pas faire oublier sa signification. Dans cette tradition venue des steppes, la mort n'est pas une fin, loin de là, puisque vivants et défunts peuvent communiquer, de façon subtile peut-être, d'une manière irrationnelle, mais dans une relation d'ordre spirituel où l'affectivité joue un rôle prépondérant. Il en ressort que les morts peuvent aider les vivants, ce qui est très nettement exprimé dans de nombreux contes populaires d'Europe occidentale. Nous sommes ici dans une conception toute nouvelle qui débouchera bientôt sur la prise de conscience de ce que les Chrétiens appellent une « union de prières », ou encore « Communion des Saints ». Le Temps et l'Espace n'existent plus, à condition toutefois de fracasser littéralement les portes qui séparent les deux mondes, c'est-à-dire, symboliquement, éliminer les barrières du rationnel.

On pourrait commenter bien davantage le détail de la tête de Beduha, toujours présente, de façon invisible, dans ce monde-ci, à côté de son ancien mari. Dans la seconde branche du *Mabinogi* gallois, le héros Brân le Béni, après une expédition désastreuse en Irlande, est blessé à mort. Il ordonne à ses compagnons de lui couper la tête et de l'emporter avec eux, puis de la garder pour qu'elle puisse les protéger, non seulement de leurs ennemis, mais également des atteintes du temps et de la souffrance. Et il ne

1. *Le Livre des Héros,* pp. 130-131.

faudrait pas oublier ces innombrables anecdotes des textes irlandais où il est question de têtes coupées qui sont conservées précieusement, détails corroborés par les historiens latins et grecs comme Tite-Live et Diodore de Sicile, ainsi que par l'archéologie, notamment dans le Midi de la France où les Celto-Ligures ont laissé d'intéressants vestiges de têtes en pierre sculptées, d'une grande valeur artistique, témoignages concrets d'antiques rituels concernant la survie de l'âme. Et dans la version galloise de *Perceval,* le Graal n'est pas une coupe, mais une tête coupée portée sur un plateau. La tête de Beduha n'est-elle pas un « Graal » protecteur de Soslan ?

De plus, Beduha apparaît ici comme une divinité protectrice, une de ces déesses-mères dont la mission est de toujours redonner vie au fils qu'elles ont porté dans leurs flancs ou qu'elles ont aimé d'amour. Soslan est descendu aux Enfers en suivant les conseils de Satana, sa mère nourricière, et il a été guidé dans l'Autre Monde par sa défunte épouse qui se comporte comme une véritable mère. On pense au poème de François Villon où celui-ci appelle la Vierge Marie « impératrice des Infernaux Paluds », marquant bien par là le rôle protecteur de la mère de Jésus lors du *passage* de l'âme dans l'au-delà. Quel que soit le nom de cette entité spirituelle, divine ou non, elle est présente partout, dans toutes les traditions, et elle joue un rôle identique : elle protège et guide ses enfants comme la mère de famille dirige et surveille les premiers pas de son jeune enfant.

Précisément, Beduha, sachant ce que vient chercher Soslan dans les Enfers, c'est-à-dire « les feuilles de l'arbre Asla », peut-être l'équivalent de la Fleur d'Immortalité de Gilgamesh, les obtient elle-même de Barastyr, « chef des morts » et les remet au héros. La mission que s'était assignée celui-ci est accomplie. Mais il faut maintenant qu'il quitte l'Autre Monde et réintègre la surface de la terre. Or ce n'est pas si facile : « C'est grâce à ta force que tu es entré dans le monde des morts, car Dieu [1] ne permet pas

1. Dans la tradition ossète, le Christianisme fait bon ménage avec le paganisme antique. Il s'agit ici du Dieu des Chrétiens, considéré comme le maître suprême des divinités mythologiques. On voit même apparaître dans certains textes des saints chrétiens comme saint Georges, d'ailleurs fort suspect.

qu'un vivant y pénètre. Il ne permet pas davantage qu'on en sorte pour regagner le monde d'en haut : une fois que tu es dedans, tu ne peux pas revenir sur tes pas. Cependant, rien qu'en fermant les yeux, je ferai que les sabots de ton cheval se retournent. Alors, va-t'en. Les morts te poursuivront, voulant sortir avec toi. Mais, quand ils regarderont les empreintes de ton cheval, ils verront qu'elles sont tournées vers l'intérieur, et ils s'en retourneront chacun à sa place. Tu es un homme d'aventure, Soslan, un homme présomptueux, et tu ne saurais vivre une vie tranquille. Jamais tu ne m'as écoutée, mais cette fois, je te donne un grave avertissement : quand tu partiras d'ici, quelque trésor que tu rencontres, passe ton chemin sans même le regarder [1]. »

L'avertissement donné par Beduha à Soslan est le strict équivalent de l'interdiction faite à Orphée de se retourner sur Eurydice avant d'avoir atteint les frontières du monde infernal. Car on ne sort pas impunément de l'Autre Monde. Si Soslan jetait ses regards sur un trésor, s'il avait le désir de s'en emparer, cela suffirait à le retenir éternellement dans les Enfers, ou bien il perdrait les précieuses feuilles qu'il est venu chercher. Mais Soslan ne commet pas l'étourderie de Gilgamesh ou la faute d'Orphée, du moins *deux fois*. Car la troisième fois, il succombe à la tentation, il ramasse un vieux bonnet. Malgré les précautions prises par Beduha pour lui faire remonter le temps (les sabots du cheval tournés à l'envers), Soslan va-t-il échouer définitivement ? Pas tout à fait, car le bonnet n'était qu'une petite chose. Mais cette chose a son importance, car, le bonnet passé à sa ceinture, Soslan fait dire à son cheval de quelle façon il peut mourir. Le cheval lui répond : « La mort ne me viendra que par mes sabots. » Quant à Soslan, il révèle à son cheval que lui-même possède un corps d'acier invulnérable, « excepté mes genoux qui sont de chair ». Or le bonnet qu'il a ramassé n'était autre qu'une métamorphose de son ennemi Syrdon le rusé. Et celui-ci connaît maintenant le secret. Ainsi Soslan, comme Achille, comme Siegfried, pourra être tué par ruse lorsque viendra le temps.

1. *Le Livre des Héros,* p. 131.

Bien entendu, Syrdon agira. Il enverra contre le héros une sorte de machine pensante, la mystérieuse *roue de Balsaeg,* une roue coupante qui surgit du ciel et qui tranche le genou de Soslan. Alors les Nartes enterrent Soslan, mais vivant. Il rejoint le royaume des Morts, mais jouit d'un statut privilégié, car, chaque printemps, il peut revenir à la surface de la terre, et chaque fois que les Nartes sont en danger, il sort de son tombeau pour les aider [1]. C'est un *mort-vivant.* On pense à la tête d'Orphée, massacré et démembré par les Bacchantes, cette tête qui flottait sur les eaux et qui continuait à emplir le monde de ses chants tristes et plaintifs, associant la nature entière à son chagrin.

Il y a des équivalences entre Soslan et Orphée. Si Orphée descend aux Enfers pour ramener son épouse, Soslan y va pour ramener le moyen d'obtenir une nouvelle épouse, avec le concours de son épouse défunte. Orphée échoue dans sa tentative. Soslan n'y réussit qu'à moitié, car il paie sa victoire de sa vie. Mais peut-on dire que

1. Une autre version de la légende raconte qu'une fois enterré vivant dans son tombeau, Soslan « demanda à Dieu et obtint le droit de sortir de son tertre chaque fois que les Nartes donneraient l'alarme. Quand l'alerte était donnée, il bondissait hors de sa tombe et ainsi, même du monde des morts, aidait les Nartes » (G. Dumézil, *Romans de Scythie et d'alentour,* p. 106). Mais, un jour, le porcher des Nartes donne l'alarme par simple curiosité, parce qu'il n'a jamais vu Soslan. « Cet abus déplut à Soslan. Il pria Dieu de lui ôter le pouvoir de sortir du monde des morts. » Il faut noter que dans le pays des Ossètes, près de la localité de Nari, entre deux rivières, se trouve un monument de pierre qui ressemble fort à un dolmen. « Dans ce bâtiment, sur une dalle de schiste, on voit le squelette bien conservé d'un homme de taille gigantesque, que la tradition appelle *squelette de Soslan...* Près de la tombe, en juin, les Digoriens viennent égorger des béliers et prier Soslan pour qu'il leur donne du beau temps » (G. Dumézil, p. 105). Ce soi-disant Tombeau de Soslan rappelle les tertres mégalithiques d'Irlande et évoque bien entendu les gens du *sidh* qui peuvent parfois sortir du monde invisible et se mêler aux humains, soit pour leur nuire, soit pour les aider. Il y a d'étonnants rapprochements à faire entre les Ossètes et les Gaëls d'Irlande, au point de vue des traditions, bien sûr. L'histoire de la roue de Soslan se retrouve, sous une forme voisine, dans l'histoire du héros irlandais Cûchulainn, avec lequel d'ailleurs Soslan, comme un autre personnage de l'épopée narte, Batraz, a beaucoup de points communs.

Soslan soit réellement mort ? Des légendes comme celles d'Orphée et de Soslan rompent totalement avec les anciennes mythologies du désespoir. Les habitants de l'Autre Monde ne sont plus des « êtres de pur néant », comme il est dit dans *l'Odyssée.* Ce sont toujours des ombres, mais ces ombres revêtent parfois des formes qui les rattachent à la nature humaine et qui prolongent indéfiniment leur vie terrestre dans un au-delà prometteur.

4. L'ombre d'Anchise

Les légendes mythologiques de la Grèce ancienne, lorsqu'elles furent intégrées dans le contexte culturel des Latins, ont pris une dimension toute nouvelle, et ont d'ailleurs contribué à fausser complètement la tradition romaine proprement dite. La volonté des Romains d'assimiler les mythes grecs et de les reconnaître à travers les mythes indigènes, la tendance bien connue des Romains à rendre historique à tout prix ce qui est originellement mythique, l'esprit logique et juridique qui les caractérise, les apports successifs, dans le monde romain, des traditions les plus diverses héritées des peuples conquis, tout cela a conduit à l'élaboration d'un autre système mythologique. En fait, cette élaboration est due essentiellement aux lettrés qui, reprenant des traditions considérées comme populaires, et comme telles paraissant souvent incohérentes, ont voulu les ordonner et les rendre conformes à l'idéal romain. C'est dans cet esprit que Virgile, dans son *Énéide,* tout en flagornant la famille de César et d'Auguste, la fameuse *Gens Julia* qui prétendait descendre des Troyens et de Vénus, a réhabilité, en quelque sorte, la vision que les Méditerranéens, à son époque, pouvaient avoir de l'Autre Monde. Certes, *l'Énéide* était et restera une épopée savante, une description brillante et intellectuelle, sans lien véritable avec une tradition populaire vécue quotidiennement et exprimée naïvement ; mais c'est une œuvre qui a le mérite de présenter avec clarté les conceptions métaphysiques les plus en vogue au début de l'ère chrétienne dans les milieux cultivés du paganisme.

Virgile s'inspire évidemment d'Homère. Les aventures de son héros, le Troyen Énée, fils d'Anchise *et de Vénus,* sont souvent des prétextes à rappeler les grandes heures de la guerre de Troie et les exploits des héros les plus fameux de la tradition grecque. *L'Iliade* est souvent mise à contribution. Mais, dans le sixième livre de *l'Énéide,* c'est essentiellement l'épisode de la *Nékyia* de *l'Odyssée* qui lui sert de modèle. Car, comme Ulysse, Énée va vouloir pénétrer dans le monde infernal, non pas par curiosité ou préoccupations métaphysiques, mais simplement pour connaître son avenir auprès de son père Anchise, comme Ulysse l'avait fait auprès de Tirésias. Pour ce faire, Énée va d'abord trouver la Sibylle de Cumes, cette célèbre prophétesse qui se tient à proximité du lac Averne, en Campanie, lac sulfureux qui passait pour l'entrée principale des Enfers. Il demande à la Sibylle de lui ouvrir le chemin qui mène vers les Ombres. La Sibylle y consent, mais elle l'envoie d'abord cueillir le « rameau d'or » qui doit être offert à la divine Proserpine (Perséphone). Muni de son rameau d'or, Énée retourne donc chez la Sibylle, et l'étrange voyage commence dans l'ouverture du souterrain d'où émanent des vapeurs proprement méphitiques.

« Ils marchaient seuls dans l'obscurité de la nuit, à travers des régions sombres et vides de l'empire de Pluton. » Dès qu'Énée et la Sibylle sont entrés dans les profondeurs, le paysage bascule et des formes terrifiantes viennent à eux, auxquelles Virgile donne des noms allégoriques, les « pâles Maladies », les « Chagrins et les Tristesses », la « hideuse Indigence », et bien d'autres. Puis ce sont les monstres, tels les Centaures, la « Chimère armée de flammes », la terrible Hydre de Lerne et tout l'attirail infernal hérité des Grecs de la période hellénistique. « A cette vue, Énée tout ému saisit son épée, en présente la pointe à tout ce qui s'offre devant lui ; et si sa compagne, plus instruite, ne l'avertissait que *ce sont des ombres vaines et de simples apparences* qui voltigent autour de lui, il fondrait sur elles en furie et frapperait l'air de son épée. »

Ce passage est intéressant, car l'idée qui y domine est, comme dans la tradition grecque archaïque, celle de l'inconsistance des Ombres qui semblent s'élancer sur le voyageur de l'Autre Monde. On croirait lire certaines des descriptions du *Bardo-Thödol* tibétain, ce recueil de prières et de conseils pour franchir impunément les étranges paysages de l'après-vie : « Ils viendront vers toi, semblant se concerter pour savoir lequel te saisira. Des apparitions illusoires d'êtres poursuivis par diverses terribles bêtes de proie se lèveront. La neige, la pluie, la nuit, les rafales de vent, les hallucinations d'êtres poursuivis par des foules viendront aussi. Des sons, comme des montagnes s'écroulant, comme la mer démontée, comme le ronflement de l'incendie, comme les cyclones, jailliront. Quand ces sons viendront, étant terrifié par eux, on fuira devant eux en tous sens, sans prendre garde où l'on va. Mais le chemin sera barré par trois horribles précipices, blanc, noir et rouge. Ils seront effrayants et profonds et l'on se sentira près d'y tomber. O fils noble, ce ne sont pas de vrais précipices, ce sont la colère, la convoitise et la stupidité [1]. » Car, dans la pensée tibétaine, les monstres et les violences du monde infernal ne sont que des illusions karmiques, des réminiscences visualisées des actes que l'on a accomplis au cours de sa, ou de ses vies antérieures, ou bien encore des sentiments que l'on a éprouvés au long de ces existences terrestres. Autrement dit, ce sont de simples projections de la pensée : les monstres terrifiants ne sont que l'expression de sa propre peur et les tourments infernaux, l'auto-punition d'un coupable. Il est remarquable de constater que Virgile, ici, parle un langage fort voisin de celui des Bouddhistes tibétains, alors qu'il ne connaissait probablement rien de cette lointaine tradition orientale.

Mais il ne s'agit que de concordances : *l'Énéide* demeure étroitement liée au contexte gréco-latin, et l'on y rencontre les personnages bien connus de la mythologie la plus classique. « Là commence le chemin qui conduit à l'Achéron, gouffre vaste et bourbeux, rapide torrent qui vient décharger avec violence tout son limon dans le Cocyte. Sur ces eaux veille sans cesse le redoutable Charon, nocher des Enfers. Son air hideux inspire la terreur ; une barbe blanche et négligée tombe sur sa poitrine ; la flamme

1. *Bardo-Thödol,* Paris, Maisonneuve, 1933, pp. 139-140.

sort de ses yeux ; un sale vêtement est attaché par un nœud sur ses épaules. » Alors Énée voit une foule d'ombres se précipiter vers la barque de Charon. « Mais le sombre nocher reçoit dans sa barque, tantôt les uns, tantôt les autres, et repousse tout le reste bien loin du rivage. » L'explication donnée par la Sibylle à Énée est bien connue : « Cette foule que tu vois, ce sont les malheureux, les indigents restés sans sépulture. Ce nocher, c'est Charon : il fait voguer sur ces flots ceux dont les cendres reposent dans le tombeau, car il ne lui est pas permis de les passer sur ce fleuve redoutable tant que leurs corps ne sont pas auparavant rendus à la terre. Sans ce dernier honneur, toujours errantes, elles voltigent cent ans autour de ces rives. »

Ainsi est mise une fois de plus en évidence la nécessité absolue de donner aux morts une sépulture décente. Cette nécessité apparaît dans toutes les civilisations et elle marque la solidarité entre les deux mondes. On comprend aussi l'importance qu'avait l'inhumation en terre chrétienne, c'est-à-dire dans la partie bénie du cimetière paroissial lorsque la paroisse signifiait vraiment la communauté spirituelle d'un groupe social déterminé et uni par des valeurs partagées. Dans toute l'Europe chrétienne, nombreux sont les contes populaires qui soulèvent ce problème de la tombe nécessaire pour que l'âme du défunt puisse trouver le repos dans l'au-delà. Car les morts privés de sépulture sont condamnés à errer pendant l'éternité, ou pendant un certain temps, dans un univers inconsistant, ou à revenir sur terre hanter leurs lieux habituels. Les spectres, les fantômes, les apparitions nocturnes diverses, voilà les formes que revêtent les pauvres morts dont aucun être vivant n'a voulu s'occuper. Cette croyance semble universelle.

Cependant, Charon se refuse à laisser monter Énée sur sa barque. La Sibylle lui montre alors le Rameau d'or. « Toute la colère du nocher tombe à cet aspect. Frappé de vénération à la vue de la branche fatale, de cette auguste offrande qu'il n'avait pas vue depuis si longtemps, il tourne sa barque, et, l'approchant du rivage, il en chasse les Ombres qui s'étaient assises le long des bancs. » Énée et la Sibylle passent donc le fleuve et abordent « sur un terrain fangeux rempli de roseaux. C'est là que, couché dans un antre qui domine le Styx, l'énorme Cerbère fait retentir l'empire des morts de ses triples aboiements. La Sibylle, voyant déjà les serpents se dresser sur sa tête, jette un gâteau soporifique composé de miel et de pavot. Le monstre affamé ouvre ses trois gueules et le saisit. A l'instant, il tombe appesanti par le sommeil et remplit de son vaste corps toute l'étendue de son antre. Énée, voyant le gardien des Enfers endormi, s'avance et franchit promptement la rive de ce fleuve qu'on ne repasse jamais ». Ici encore, on sent le besoin des Latins de rendre logiques les choses qui ne le sont pas. Au lieu d'user de sortilèges, la Sibylle utilise la bonne vieille méthode des cambrioleurs qui annihilent ainsi les chiens de garde.

Voici donc Énée dans le domaine proprement dit des morts. Il s'aperçoit que ces morts sont placés suivant des catégories, qu'ils sont triés par Minos, selon les actes qu'ils ont accomplis et les circonstances de leur mort. C'est ainsi que les suicidés sont à part : « Un odieux marais les retient sur ces tristes bords ; le Styx, neuf fois replié sur lui-même, les enferme à jamais dans le sombre séjour. » Bien entendu, c'est là qu'Énée aperçoit l'ombre évanescente de Didon, qui s'est tuée par amour pour lui et qui ne lui parle même pas. Continuant leur chemin à travers une immense plaine, ils rencontrent les guerriers les plus fameux qui ne semblent guère jouir d'une situation enviée. Puis ils parviennent à l'endroit où le chemin se partage, vers l'Élysée et vers le Tartare, c'est-à-dire, pour utiliser une terminologie chrétienne, vers le Paradis et vers l'Enfer, car il existe nettement cette dichotomie dans la vision de l'Autre Monde par Virgile, ce qui suppose une influence des doctrines orientales héritées du mazdéisme persan et des religions dites « à mystères », de type élusinien ou orphique, qui proposaient le jugement des âmes, leur salut ou leur condamnation.

« Énée se retourne alors et voit à gauche, au pied d'un rocher, une vaste forteresse environnée d'une triple muraille, autour de laquelle le rapide Péryphlégeton roule avec fracas des torrents de flammes à travers les débris qu'il entraîne. En face, se présente la porte de cet horrible lieu, large et soutenue de colonnes de diamant, que ni le fer, ni les efforts humains, ni la puissance même des dieux ne sauraient renverser. Une tour de fer s'élève dans les airs, et Tisiphone [1], vêtue d'une robe ensanglantée, veille jour et nuit, assise à l'entrée de ce séjour. De là se font entendre les gémissements, confondus avec le bruit des coups de fouet, et des chaînes de fer que traînent les malheureux... Au-dedans est une hydre encore plus terrible, armée de cinquante gueules affreuses et toujours ouvertes. Le Tartare lui-même est un gouffre immense dont la profondeur au-dessous des Enfers égale deux fois la hauteur des cieux. » C'est là que sont enfermés tous les révoltés, à commencer par les Titans, et des héros comme Prométhée, Ixion, Tantale, tous les traîtres, tous les criminels. « Un rocher, suspendu sur leur tête, semble toujours prêt à tomber et à les écraser dans sa chute. Couchés sur des lits superbes et voluptueux, ils ont devant les yeux des tables servies avec magnificence ; mais la reine des Furies est assise à leurs côtés, et dès qu'ils osent porter la main sur ces mets délicieux, armée de son flambeau menaçant, elle les arrête et les épouvante de sa voix terrible... Tous, enfermés dans ces lieux, ils attendent leur supplice... Les uns roulent une pierre énorme ; les autres sont liés et suspendus aux rayons d'une roue en mouvement. » Il n'y manque que les marmites pour bouillir les damnés comme on en voit sur certaines fresques du XVe siècle, notamment à Kernascléden (Morbihan) ou sur les fameux *taolennou,* ces tableaux imagés du père jésuite Maunoir, au temps de la Contre-Réforme, pour convertir les gens en les terrifiant par l'évocation d'un Enfer où règne Satan au milieu d'une cohorte de diables cornus et hideux qui n'ont de cesse de tourmenter sadiquement les réprouvés. Il est vrai que les humains ont pratiqué ce genre de supplices, comme le pal, la croix, ou la roue. Et quant au supplice de la tentation éternelle, il donnerait raison à ces sages orientaux, relayés d'ailleurs par Épicure et Schopenhauer, qui ont prétendu que pour trouver le bonheur, il fallait abolir le désir, et en premier lieu le

1. C'est l'une des trois Furies, filles de Pluton et de Perséphone, les geôlières du Tartare, chargées de persécuter les criminels qui y sont enfermés.

« vouloir vivre ». Certes, il n'y a pas de diables dans les Enfers de Virgile, mais c'est tout comme... Et Dante s'en souviendra lorsqu'il écrira *la Divine Comédie,* quand il se fera conduire, parmi les séjours infernaux, par le poète Virgile, considéré pendant tout le Moyen Age comme un *initié.*

Mais la dichotomie existe maintenant dans l'Autre Monde. La Sibylle guide Énée vers des lieux plus agréables. « Ils gagnent bientôt le palais de Pluton. Énée entre sous les portiques sacrés, répand sur lui-même une eau pure et fraîche, et attache à la porte le rameau mystérieux. Ce devoir étant accompli, la Déesse étant satisfaite, ils arrivent dans des vergers délicieux, dans des bosquets fortunés, séjours de la joie et du bonheur. » Là, il n'y a pas d'archanges, d'anges ou de chœurs des Vierges chantant les louanges du Seigneur, mais des héros purs et sans tache, des « ombres qui prennent leur repas sur le gazon en chantant des hymnes joyeux en l'honneur d'Apollon, des prêtres, des poètes. Ce qui surprend un peu, c'est qu'il ne paraît pas y avoir beaucoup de femmes dans ces Champs Élysées, et c'est ce qui les distingue de façon incontestable des « paradis » celtiques tant de fois décrits dans les épopées irlandaises, lesquels sont inconcevables sans de nombreuses et belles présences féminines. Mais peut-être les peuples méditerranéens conservent-ils dans leur vision de l'au-delà les mêmes méfiances envers les femmes qu'ils le manifestent dans les structures nettement androcratiques de leurs sociétés...

C'est néanmoins dans ce séjour béni des dieux qu'Énée va retrouver son père Anchise. On imagine la joie du père et du fils. Anchise a l'air de se trouver fort bien dans cette ambiance, et il ne se plaint pas. Mais ne nous y trompons pas : « Trois fois il voulut serrer son père dans ses bras ; trois fois l'ombre échappe de ses mains et trompe sa tendresse, telle que les vents légers ou que le songe qui s'envole. » Voilà qui est dit : les morts des Champs Élysées n'ont pas plus de consistance que ceux du Tartare ou ceux des séjours intermédiaires. *Ce ne sont que des ombres, de pâles reflets d'une réalité perdue.* Par là, Virgile rejoint tous ses prédécesseurs et tous les conteurs d'histoires mythologiques de la Grèce. C'est en tout cas l'affirmation que les défunts font partie d'un Autre Monde, qu'ils sont dans une *autre dimension,* qu'ils obéissent à des lois différentes de celles du monde des vivants. Dans certaines conditions, il est possible de les voir et de leur parler, mais on ne peut pas les toucher, car ils ne sont pas de même nature. Claude Bernard ne disait-il pas qu'il n'avait jamais rencontré d'âme sous son scalpel ?

Pourtant, ces ombres existent, Virgile n'en doute pas un seul instant, comme n'en doutaient pas les intellectuels latins de son époque, pas forcément les prêtres qui, eux, se contentaient d'administrer la religion officielle, d'occuper des fonctions au sein de la société. Ces ombres ô combien évanescentes sont pourtant des réalités, et si nous ne les voyons pas, cela ne signifie pas qu'elles n'aient pas une existence sur d'autres plans de conscience et de sensibilité. Tel semble être le message de Virgile, et ce message est loin d'être aussi désespéré que celui des anciens Grecs.

Virgile introduit en effet des notions qui semblent absolument étrangères à l'esprit des Grecs et des Latins de l'époque archaïque. Quand Énée retrouve son père, Anchise est alors occupé à contempler, « avec un vif intérêt, des ombres enfermées au fond d'un vallon fleuri : *c'étaient des âmes destinées à retourner au séjour des vivants* ». Voici qui est net : des âmes, autrement dit ces « ombres » évanescentes, peuvent dans certaines conditions *se réincarner,* ou si l'on préfère, *re-naître* dans un nouveau corps, dans ce monde-ci. Et Anchise d'insister sur ces ombres : « Ces âmes doivent animer bientôt de nouveaux corps ; et déjà elles se rendent sur les bords du Léthé [1] pour y boire, avec l'eau de ce fleuve tranquille, l'oubli de tout le passé. » Cette remarque d'Anchise surprend évidemment Énée qui comprend mal de quoi il s'agit : « Est-il croyable que des âmes retournent d'ici sur la terre et s'enferment une seconde fois dans des corps matériels ? Qui peut inspirer à ces malheureux cet excès d'amour pour la vie ? » Ici, Énée ne fait qu'exprimer l'opinion courante des Grecs et des Romains. Certains

1. Il s'agit d'un fleuve. Le mot grec *lêthê,* qui veut proprement dire « oubli », provient d'une racine indo-européenne *lath* qui a donné le latin *latere,* « être caché » (français « latent »).

auteurs s'en sont bien sûr étonnés au même titre que le héros troyen. Quand il parle des druides gaulois, le chroniqueur et moraliste Valère Maxime déclare tout crûment qu'il considérerait la croyance druidique, à savoir que les âmes, après la mort, passent dans un autre corps, comme une stupidité si elle n'avait pas été partagée et répandue par un philosophe aussi illustre que Pythagore. L'éventualité d'une persistance de l'âme humaine et de sa possible réintégration dans un corps matériel paraissait aberrante pour un Grec et un Romain, même à l'époque de César et d'Auguste. Mais il est probable que Virgile, comme Cicéron d'ailleurs, qui bien souvent se fait l'écho de ces doctrines de l'immortalité de l'âme, connaissait fort bien Pythagore, avait lu attentivement Platon et avait peut-être fréquenté des druides gaulois [1]. Quoi qu'il en soit, après cette interrogation d'Énée, qui est une révolte du bon sens latin, Virgile donne la parole à Anchise pour qu'il puisse longuement s'expliquer sur ce sujet.

« Apprends que le ciel, la terre, la mer, le globe brillant de la lune et l'astre de Titan [2], ont une âme commune qui, répandue dans tous les membres de ce grand corps, donne la vie et le mouvement à l'univers ; de là les différentes espèces d'animaux, les hommes, les quadrupèdes, les oiseaux et tous les monstres divers que la mer nourrit dans son sein. Tous ont en eux une semence de ce feu divin, de cette nature sublime dont la source est dans le ciel, mais autant qu'elle n'est point étouffée par le mélange nuisible d'un corps grossier et de membres terrestres soumis à la mort. De là les craintes, les désirs, la douleur et la joie qui les occupent tour à tour. Enfermée comme une obscure prison, l'âme ne porte plus ses regards vers son origine céleste. Lors même que dans le dernier instant elle abandonne une vie périssable, elle ne peut se dégager entièrement des vices et des souillures épaisses qu'elle a nécessai-

1. Virgile était originaire de Gaule cisalpine, c'est-à-dire de la plaine du Pô. Il n'est pas interdit de penser qu'il a pu connaître, comme Tite-Live, lui aussi originaire de ces régions, des traditions gauloises transmises oralement depuis des générations et encore vivantes à son époque.

2. Hélios, le Soleil, était dit fils du Titan Hypérion.

rement contractés par son union malheureuse avec le corps. De là les peines et les supplices divers que subissent ici les âmes et dans lesquels elles expient les fautes passées. Les unes, suspendues en l'air, demeurent exposées aux vents ; d'autres sont plongées au fond d'un vaste étang où se lavent leurs forfaits ; d'autres sont purifiées par le feu. Nous passons tous par quelque épreuve. Après quoi nous sommes admis dans les vastes plaines de l'Élysée et nous restons, mais en petit nombre, dans cet heureux séjour. »

Il est évident que tout le début de cette explication d'Anchise sort en droite ligne du *Phédon* de Platon. Tout y est : l'âme universelle, le monde des idées pures, la chute des âmes dans des corps. C'est aussi le système de Pythagore, celui que Cicéron a lui-même commenté dans certains de ses traités. Mais, de plus, l'idée de purification fait son chemin, et il n'y a pas loin entre ce que décrit Virgile et la notion chrétienne de Purgatoire, telle qu'elle s'est manifestée dans le Christianisme, au XIIe siècle, sur l'influence de l'Église celtique d'Irlande. On peut donc constater que l'Autre Monde, vu par Virgile et les intellectuels latins spiritualistes, tenait compte de la responsabilité humaine : récompense et châtiment sont les conséquences des actes de la vie. Mais, distinction subtile entre ce qui sera plus tard péché mortel et péché véniel dans le dogme chrétien, il y a possibilité de rachat dans cet Autre Monde, et tout n'est pas forcément définitif. Cette notion est d'ailleurs essentielle : car au lieu d'être un *état permament* où plus rien ne se passe, au lieu d'être un *nirvâna* où tout désir est aboli (et par conséquent toute souffrance, mais aussi toute action), l'Autre Monde de Virgile (correspondant quand même à une certaine conception romaine partagée par d'autres penseurs) se présente comme un univers de métamorphose. Rien n'y est statique, rien n'y est désespérément figé, tout peut arriver.

De plus, Virgile en vient, toujours, par la bouche d'Anchise, à développer des vues sur la *re-naissance.* « Lorsqu'enfin le temps a parfaitement effacé nos souillures, et que nos âmes, dégagées de tout mélange, ont recouvré la pureté de leur céleste origine et la simplicité de leur essence, toutes celles que tu vois, après mille ans d'épreuves, sont conduites par un dieu sur le bord du Léthé, afin que buvant l'oubli à longs traits, elles désirent rentrer dans des corps et retourner sur la terre sans aucun souvenir du passé. » On ne peut pas mieux exprimer la théorie de la réincarnation. Et après avoir entretenu son fils de sa postérité, l'ombre d'Anchise (car il est encore une ombre parmi les autres) conduit Énée et la Sibylle vers la sortie du monde infernal. « Il y a deux portes du Sommeil, l'une de corne, par où sortent les ombres réelles ; l'autre en ivoire blanc et poli, artistement travaillé, par où les dieux des Enfers envoient sur terre les apparitions trompeuses. » Virgile se garde bien de nous parler de ces *apparitions trompeuses,* mais en tout cas, c'est par la Porte d'Ivoire que le héros troyen et la prophétesse du lac Averne franchissent les frontières de l'Autre Monde pour retrouver la chaleur du soleil des vivants.

Il y a toujours une terrible ambiguïté chez les Latins : ils ne pensent pas mythiquement, ils pensent *historiquement,* mais ils assimilent, parfois sans les comprendre, les mythes des autres. Ainsi Tite-Live a-t-il construit son récit des guerres gauloises sur des traditions mythologiques celtiques qui lui étaient parvenues par voie orale et qu'il intègre parfaitement dans un ensemble historique cohérent et logique. Mais on se doute qu'il ne faut rien prendre à la lettre. De plus, les Latins, s'ils sont des logiciens et des moralistes, ne sont aucunement des métaphysiciens. Bien souvent, dans leurs traités philosophiques, ils se bornent à signaler les théories des Grecs, quitte à les vider parfois de leur substance, mais le plus souvent en les résumant avec assez de bonheur pour qu'on puisse en tenir compte. Ici, en l'occurrence, Virgile, qui, en tant que poète, avait quelque prétention à la philosophie, ne fait que placer dans la bouche d'Anchise ce qu'il a lu dans *la République* de Platon.

Dans ce dialogue, en effet, il est question d'un Arménien du nom de Er, qui avait été blessé dans une bataille et laissé pour mort. On avait même placé son corps sur le bûcher, et c'est alors qu'il s'était réveillé, au dernier moment, de son « coma profond ». Et, tout comme n'importe quel « miraculé » de la réanimation dans les hôpitaux de notre XXe siècle, il raconta son voyage dans l'au-delà avec des précisions troublantes, mais dans le cadre culturel qui était le sien. Après avoir mentionné le jugement des âmes et le choix que font celles-ci de leur vie future, il signale leur passage devant la Nécessité, c'est-à-dire devant cette divinité inconnue et innommable à laquelle obéissent les dieux aussi bien que les hommes. « Aussitôt que toutes les âmes eurent passé, elles se rendirent dans la plaine du Léthé où elles essuyèrent une chaleur insupportable, parce qu'il n'y avait dans cette plaine ni arbre, ni plante. Le soir étant venu, elles passèrent la nuit auprès du fleuve Amélès (= sans souci) dont l'eau ne peut être contenue dans aucun vase. Il faut que chaque âme boive de cette eau en certaine quantité. Celles qui ne sont pas retenues par la prudence en boivent bien au-delà de la mesure prescrite et perdent absolument tout souvenir. On s'endormit après, mais vers le milieu de la nuit, le tonnerre éclata, accompagné d'un tremblement de terre. Aussitôt, les âmes, s'étant réveillées en sursaut, furent dispersées çà et là, comme des étoiles filantes, vers les différents lieux où elles devaient renaître. Quant à lui, disait Er, on l'avait empêché de boire l'eau du fleuve. Cependant, il ne savait ni où ni comment son âme avait rejoint son corps, mais ayant tout à coup ouvert les yeux, le matin, il s'était aperçu qu'il était étendu sur un bûcher. » Cette histoire n'était pas faite pour déplaire à Platon, lui qui disait dans le *Phédon :* « Les âmes, en quittant ce monde, vont dans les enfers, et, de là, elles reviennent dans ce monde et retournent à la vie. » D'ailleurs, dans *Phèdre,* Platon signale le cycle des mille ans en précisant que « si les âmes ont trois fois mené la même vie, elles recouvrent leurs ailes et retournent vers les dieux ».

Évidemment, deux siècles avant Platon, il y a Pythagore. Il semble que Pythagore ait été plus un mythe qu'un personnage historique, mais l'essentiel, c'est que le pythagorisme a existé et qu'il a eu une postérité qui n'est pas encore éteinte. D'ailleurs, si Pythagore n'était qu'un héros mythique comme Gilgamesh, Ulysse, Orphée, Énée et bien d'autres, cela ne changerait rien au problème. Au contraire, il démontrerait, ne fût-ce que par l'absurde, que la réalité essentielle du monde réside dans les mythes. Platon l'avait fort bien compris, qui en usa délibérément en faisant dire à Socrate ce que celui-ci n'a jamais dit — ou n'a jamais osé dire. Et Platon ne serait rien sans Pythagore, assurément. Et Pythagore ne serait rien sans le mythe qu'il a intégré en lui-même, ou dans lequel on l'a intégré. Le quinzième et dernier livre des *Métamorphoses* d'Ovide est consacré, dans sa plus grande partie, à une vibrante glorification de Pythagore sans qui les choses ne seraient pas ce qu'elles sont. Ovide en profite pour rappeler le fond de la pensée pythagoricienne : « Mortels que glace l'effroi de la mort, pourquoi craindre le Styx et le sombre royaume, fables inventées par les poètes, et ces supplices d'un monde imaginaire ? Nos corps, soit que la flamme du bûcher les dévore, soit que le temps les consume, ne peuvent souffrir aucun mal. Les âmes sont hors des atteintes de la mort. Au sortir de leur première demeure, reçues dans un nouveau séjour, elles s'y fixent pour y jouir d'une éternelle vie... Tout change, rien ne périt. L'âme erre d'un corps dans un autre, quel qu'il soit ; elle passe de la bête dans l'homme, de l'homme dans la bête, et ne meurt jamais. » C'est un poète qui parle, et qui vient de décrire les métamorphoses les plus délirantes des hommes et des dieux. Mais peut-être ces métamorphoses sont-elles simplement l'image des aspects divers que prend cette mystérieuse énergie qui réside au fond de nous ?

Nous sommes au premier siècle de notre ère. Ovide et Virgile viennent de rendre compte d'une tradition qui remonte à la nuit des temps. Après eux, il y aura Plutarque, Apulée, l'énigmatique Lucien de Samosate, Plotin et les néo-platoniciens. Et, bien entendu, il y aura le Christianisme. Mais surtout, il y aura encore une floraison de mythes transmis de bouche à oreille et qui, un jour, seront pieusement recueillis par quelque *scripteur* étonné de constater que la flamme vive qui constitue la mémoire de l'humanité n'a jamais pu s'éteindre malgré les tempêtes que l'esprit fait parfois souffler sur les mondes.

II

LES CHEMINS DE L'AUTRE MONDE

On meurt toujours seul, c'est une évidence. Et cette expérience de la mort est unique, singulière, spécifique. De même qu'un individu ne peut en aucun cas être identique à un autre individu, la mort de cet individu ne sera jamais la mort d'un autre. C'est pourquoi il peut paraître vain d'énoncer des lois concernant la mort, des phénomènes strictement individuels n'étant point réductibles à une globalité autrement que dans un cadre encyclopédique. Cependant, on doit reconnaître des constantes dans tous les cas individuels observés ; et ce sont ces constantes qu'il convient d'examiner avant d'essayer de juger un phénomène inéluctable qui, par la zone d'ombre qui l'entoure, suscite les réactions les plus diverses et les plus contradictoires.

Depuis quelques décennies, on prend très au sérieux les témoignages de personnes qui, tombées dans un coma profond, et ayant même été considérées comme mortes, ont ensuite raconté les impressions qu'elles avaient subies et les images qui s'étaient imposées à elles. En partant de ces témoignages spontanés du contenu d'expériences qui n'avaient pas été délibérément provoquées, on a même voulu aller plus loin : par l'hypnose, par l'emploi de substances chimiques appropriées, par intervention d'opérateurs doués de sensibilité paranormale, tels les médiums, on s'est efforcé de plonger certains sujets dans des états voisins de la mort afin de recueillir le plus d'informations possible sur ce qui se passe *au voisinage immédiat de l'état de mort.* C'est ce que l'on nomme, en jargon scientifique, les N.D.E., autrement dit *Near-Death Experiences* (expériences près de la mort). Étudiées très sérieusement en laboratoire, par des médecins et des psychologues, ces N.D.E. révèlent effectivement des constantes, même si les expériences sont individuelles et si le contexte culturel dans lequel vit l'individu (ou l'opérateur quand il s'agit d'un médium ou d'un hypnotiseur) joue un rôle non négligeable. Ainsi, il est établi que certaines personnes, dans un état de coma profond, *ont vu* le Christ quand elles étaient chrétiennes, un être de lumière anonyme quand elles étaient athées, Vishnou ou Siva quand elles étaient hindouistes, le prophète Mohamed quand elles étaient musulmanes. Il n'y a rien là qui puisse étonner, chacun mettant ses propres projections concrètes sur une réalité abstraite qu'on sent présente sans pouvoir l'appréhender totalement. Tous ces témoignages, quel que soit leur degré de fiabilité, sont néanmoins très précieux, car ils amènent tous à conclure que la conscience ne semble pas s'éteindre au moment de la mort physique.

Toutes ces recherches ont conduit à établir des statistiques. Elles ne peuvent avoir que la valeur qu'on leur accorde, mais il faut reconnaître qu'elles sont fort intéressantes. Ainsi, après l'étude d'une centaine de cas de N.D.E. chez les patients dits « terminaux », le docteur Raymond Moody, médecin américain, a pu donner la description d'un cas idéal qu'on peut résumer en une quinzaine d'éléments. Quelle que soit la raison de la « crise », tout commence par une audition de bruits, bourdonnement ou sonnerie, et par la sensation de se trouver dans un tunnel ou un souterrain obscur. C'est ensuite l'impression d'être hors de son corps, de voir la scène de loin, de s'élever au-dessus du sol en une sorte de lévitation. Alors vient la conscience d'avoir un autre corps et d'errer dans un univers inconnu où l'on peut rencontrer d'autres individus et même leur parler. Là se place la scène qui marque le plus les individus qui ont subi cette épreuve : la rencontre avec un être lumineux qui les contraint à se livrer à un examen de leur vie. Cette scène, que la tradition chrétienne dit être celle du Jugement, est commune aux athées et aux croyants de n'importe quelle confession. Cette rencontre provoque donc une mémorisation d'événements vécus par l'individu. Mais une sorte de barrière semble se dresser devant l'individu, comme pour l'inviter à retourner sur terre. L'individu résiste à cette idée, car il se sent libéré, heureux et en paix (quelques-uns, par contre, ont des visions de terreur qui les attirent). Et comme ces individus reviennent effectivement, et reprennent conscience dans leur corps, il y a finalement un sentiment étrange de chute, cette « redescente » étant particulièrement pénible et provoquant souvent des regrets de ne pas être resté « là-bas ».

Voici d'ailleurs, dans son intégralité, un de ces cas de N.D.E. transcrit par Raymond Moody d'après le récit d'une de ses patientes : « A la suite d'une crise cardiaque, je suis tombée dans un grand trou noir. J'avais abandonné mon corps physique et, certaine que j'allais mourir, j'ai pensé : Mon Dieu, j'ai toujours agi du mieux que j'ai pu, je T'en prie, aide-moi. Tout de suite, l'obscurité s'est dissipée, remplacée par une lueur gris pâle, et j'ai continué à avancer en me laissant glisser rapidement. Devant moi, au loin, il y avait un brouillard grisâtre vers lequel je me hâtais, mais il me semblait que je n'y arriverais jamais assez vite à mon gré ; parvenue tout près, j'ai commencé à entrevoir qu'au-delà du brouillard, il y avait des gens ; leur apparence était exactement comme sur terre et je discernais aussi quelque chose qui ressemblait à des immeubles. Le tout était imprégné d'une lumière splendide, d'une luminosité d'un jaune d'or très vif, mais plus claire, pas comme la couleur crue de l'or que nous connaissons ici-bas. A mesure que j'approchais encore davantage, j'eus la certitude que j'allais traverser le brouillard. C'était une sensation de joie formidable ; je ne peux pas trouver de mot pour l'exprimer [1]... »

---

1. Raymond Moody, *la Vie après la vie,* éd. française, Paris, R. Laffont, 1978, pp. 94-95.

Si l'on comprend bien, il s'agit d'un *voyage.* C'est ce que tous les commentateurs, depuis la plus haute Antiquité, avaient toujours mis en évidence, aussi bien dans les textes sacrés que dans les enseignements philosophiques. Des expressions comme « le dernier voyage », « le Voyage sans retour » ou « le Voyage de l'âme » indiquent assez bien cette certitude que la mort, loin d'être une fin inexorable, constitue le point de départ pour un voyage dans une autre dimension de l'espace ou de la conscience. Mais c'est un voyage sans retour. La remarque que font généralement ceux qui ont subi une N.D.E., à savoir qu'ils se trouvent soudain devant une barrière infranchissable, est significative : eux, ils ne sont pas allés plus loin, ils sont revenus, donc ils n'ont pas franchi le *point de non-retour,* puisqu'ils n'étaient pas morts définitivement. La question se pose donc avec encore plus d'acuité : qu'y a-t-il au-delà de la barrière ? Certes, les humoristes ne se font pas faute de répéter : « On ne sait pas où l'on va, mais on y va », mais cela ne calme pas les angoisses du genre humain confronté à un mystère qu'il n'a pas la possibilité de dissiper.

Reste le voyage. Ce voyage a effectivement emmené certains individus dans les zones frontières de cet Autre Monde si énigmatique. Et si l'on en croit les témoignages de ceux qui ont vécu des N.D.E., ce voyage, tout au moins dans ses commencements, se caractérise par trois éléments importants : le son, l'obscurité et le brouillard. Il y a là matière à réflexion.

1. Le chant des Sirènes

L'expérience poétique, parfaitement inconsciente, inspirée seulement par ce qui surgit de l'ombre, ce que l'on dit parfois être la « Muse », en dit souvent beaucoup plus que l'expérience de laboratoire, supervisée et contrôlée par des gens dont la mission est de ne jamais croire sans preuve matérielle dûment constatée et officialisée comme peut l'être une loi. La tête d'Orphée, la bouche ouverte pour chanter encore et toujours son amour pour Eurydice, au gré des tourbillons d'un fleuve insensible, est une image forte, une image qui parle à l'inconscient humain et lui fait révéler ce qu'il n'ose pas dire. Et lorsqu'Arthur Rimbaud se met à délirer, dans *le Bateau ivre*, il ne fait que transcrire sur un mode poétique, et en utilisant tous les clichés culturels que sa jeunesse a pu accumuler dans les livres, ce voyage dans l'au-delà, *quand les amarres sont rompues* et que l'être se sent emporté dans le mystérieux fleuve qui mène *ailleurs* :

« *Comme je descendais des Fleuves impassibles,*
Je ne me sentis plus guidé par les haleurs :
Des Peaux-Rouges criards les avaient pris pour cibles,
Les ayant cloués nus aux poteaux de couleurs.

J'étais insoucieux de tous les équipages,
Porteur de blés flamands ou de cotons anglais.
Quand avec mes haleurs ont fini ces tapages,
Les Fleuves m'ont laissé descendre où je voulais.

Dans les clapotements furieux des marées,
Moi, l'autre hiver, plus sourd *que les cerveaux d'enfants,*
Je courus ! Et les Péninsules démarrées [1]
N'ont pas subi tohu-bohu [2] *plus triomphants...* »

Le Bateau ivre est une géniale transposition, sur le mode poétique, d'une N.D.E. surgie spontanément d'un inconscient naïf. Le thème du bateau, brusquement lâché par ses haleurs, c'est le choc physiologique qui amène l'état de mort. A partir de là, la conscience, libérée des entraves que constituait le corps, se met à voguer sur les *Fleuves impassibles.* On remarquera que Rimbaud prend soin de mettre une majuscule au « F » de Fleuves, ce qui l'apparente aux fleuves des Enfers. Et le tout dans un contexte nettement sonore que viennent

1. C'est-à-dire « ayant largué leurs amarres ». On ne peut que songer au mythe des îles flottantes, notamment à propos du récit de la *Navigation de saint Brandan,* ce texte latin du XIIe siècle qui reprend une vieille tradition celtique païenne.

2. Dans la *Genèse* hébraïque, il s'agit du Chaos primitif. Mais le mot a évolué dans le sens de « bruit inorganisé et chaotique ».

renforcer les mots *criards, tapages, clapotements, sourd* et *tohu-bohu.* Mais Rimbaud ne fait ici que redonner vie à un mythe archaïque que de nombreuses légendes ont perpétué dans la mémoire collective de l'humanité, à savoir l'importance du *son,* organisé ou non, dans le « décrochage » de l'être humain vers des domaines supra-sensibles, chose qui n'étonnera personne si l'on fait référence aux rituels de toutes les religions, celles-ci faisant toujours appel aux éléments sonores pour plonger les fidèles dans un recueillement propice à l'élévation de l'âme, pour ne pas dire à sa sublimation. C'est alors qu'il faudrait parler de « musique des anges », voire de « musique satanique », et surtout du fameux « chant des sirènes », compte tenu d'ailleurs de l'ambiguïté du mot « sirène » aux oreilles de ceux qui ont vécu des guerres et des catastrophes ponctuées par cet engin qui remplace le glas sonné autrefois dans les paroisses en cas de danger.

Dans les témoignages de N.D.E., il est toujours question de « sonnerie » ou de « bourdonnement [1] ». Sait-on qu'un proverbe breton affirme que tout marin qui va périr en mer « entend la cloche de sa paroisse » ? Ce thème apparaît dans de nombreux chants populaires, et il n'est pas gratuit. La sonnerie des cloches, dans l'ancienne civilisation rurale de l'Europe occidentale, signifiait beaucoup de choses, et traduisait les grands moments de la vie individuelle et communautaire, baptêmes, mariages, deuils, événements tragiques divers, tout en rythmant imperturbablement la succession des heures, des jours et des nuits et précisant les moments consacrés à la divinité. Et c'est même devenu une plaisanterie, d'un goût douteux, il est vrai, de dire à propos de quelqu'un qui est assommé parce qu'il a reçu un coup sur la tête, qu'il entend des cloches. Mais il ne faudrait pas mépriser ces expressions populaires, voire vulgaires, de réalités quotidiennes qui témoignent d'une

1. Il m'est arrivé de perdre connaissance, non pas sous le coup d'un choc, mais par suite de malaise, et cela plusieurs fois. Or cette chute dans l'inconscience a toujours commencé par un bruissement intolérable qui allait en s'accentuant.

vie intérieure beaucoup plus profonde, encore que bien mystérieuse et de toute façon surprenante.

Ulysse, le rusé Ulysse, avait sans doute raison de se faire attacher au mât de son bateau et d'obliger ses matelots à se boucher les oreilles. Les sirènes, par leurs chants mélodieux, les auraient tous attirés sur les récifs, vers les sombres pays de la mort. Les récits ne manquent pas, dans le monde entier, sur des marins disparus après avoir écouté le chant ensorceleur des sirènes, cachées sur des rochers ou même dans les vagues. Le chant des sirènes est annonciateur du passage dans l'au-delà ; et de nombreux chants populaires bien connus, comme le *Roi des Aulnes* (en réalité, le « Roi des Elfes ») ou le *Pont du Nord*, témoignent de cette hantise qu'ont les humains d'être envoûtés par des êtres de l'Autre Monde et entraînés malgré eux dans les étranges royaumes sous-marins ou souterrains dont les splendeurs supposées attirent et repoussent à la fois. Au fond, ce n'est que la transcription poétique d'un fait physiologique, l'audition d'un bruit ou d'un bruissement dont on ne connaît pas l'origine, mais qui résulte d'un déséquilibre physique pouvant conduire l'organisme à la mort. Et, bien sûr, à cette transposition d'une réalité matérielle viennent se greffer des éléments psychologiques (peur, vertige) et culturels (visions de personnages féeriques). D'ailleurs, dans tous les récits de ce genre, les aventures d'un héros qui tentera une expédition dans l'Autre Monde, commencent immanquablement par l'audition d'un chant ou d'une musique extraordinaire dont il ne parvient pas tout de suite à saisir la signification.

Ainsi en est-il de Bran, fils de Fébal, dans un célèbre texte irlandais : « Cinquante quatrains chanta la femme des pays inconnus, au milieu de la maison, à Bran, fils de Fébal, quand le palais était plein de rois qui ne savaient d'où était venue la femme, puisque l'enceinte était fermée. Voici le commencement de l'histoire. Un jour, dans le voisinage de la forteresse, Bran se promenait seul, quand il entendit de la musique derrière lui. Quand il regardait derrière lui, c'était derrière lui encore qu'était la musique. Il tomba endormi tant la musique était douce [1]. » Bien sûr, cette mystérieuse musique est celle jouée par la Reine de l'île des Fées qui, cherchant à attirer Bran dans son domaine sous prétexte qu'elle est amoureuse de lui, s'arrangera pour le faire embarquer sur son navire. Mais là, il ne s'agit pas d'une véritable mort : c'est plutôt une sorte d'*assomption,* le héros et ses compagnons conservant leurs corps mortels dans un univers où le temps n'a plus de prise sur eux. C'est également au moyen d'un chant, qui est une authentique incantation, que le dieu Mider essaie d'entraîner la belle Étaine : « O belle femme, viendras-tu avec moi — au pays merveilleux où il y a de la musique ? » Et il en profite même pour préciser que ce pays merveilleux est invisible aux yeux des humains : « Nous voyons chacun et partout, — et personne ne nous voit. » C'est donc par la musique et le chant qu'on aborde ces rivages de l'Autre Monde : « Un vieil arbre est là avec les fleurs, sur lequel les oiseaux appellent aux heures ; en harmonie ils ont l'habitude d'appeler ensemble à chaque heure... Il n'y a rien de grossier ni de rude, — mais une douce musique qui frappe l'oreille [2]. » On peut penser à ce personnage de la « déesse aux oiseaux » qui figure dans le Chaudron de Gundestrup, et qu'on reconnaît dans la tradition galloise sous l'aspect de Rhiannon, « dont les oiseaux réveillent les morts et endorment les vivants ».

Mais il arrive que la « disparition » du héros attiré par le chant féerique soit l'équivalent d'une véritable mort. Un autre récit irlandais relate que le jeune Condlé, fils du roi Conn aux Cent Batailles, entend et finit par voir une merveilleuse femme qui vient lui vanter les mérites du *sidh.* Bien sûr, le roi Conn et les guerriers qui l'accompagnent ne voient ni n'entendent la femme. Le roi, comprenant que son fils est aux prises avec un être invisible et vraisemblablement maléfique, fait venir ses druides pour qu'ils chantent des incantations et fassent fuir la femme. Ils y réussissent, mais, avant de disparaître, la femme jette une pomme à Condlé. « Et pendant un mois, Condlé resta sans boire ni manger ; il dédaignait toute nourriture autre

1. G. Dottin, *l'Épopée irlandaise,* pp. 36-37.
2. G. Dottin, *l'Épopée irlandaise,* p. 39.

que la pomme ; il avait beau en manger, elle ne diminuait pas, mais restait entière. Et Condlé fut pris du regret de la femme qu'il avait vue. » Cette langueur de Condlé, expliquée symboliquement par l'attirance amoureuse qu'il a pour la femme, est évidemment l'indice de la maladie qui, tôt ou tard, va l'emporter. Le dernier jour du mois, la femme apparaît une seconde fois à Condlé et lui chante les merveilles de son domaine enchanté. Les druides ont beau lancer leurs incantations (pour essayer de le guérir), Condlé se précipite dans une barque de verre qui vient d'apparaître : « On les vit s'éloigner. A peine pouvait-on les suivre des yeux, comme ils étaient portés sur la mer. Depuis, on ne les a pas vus et on ne sait pas où ils sont allés [1]. »

Cette curieuse histoire a été récupérée, à des fins très édifiantes, par l'hagiographie latine de Bretagne armoricaine. Le fils du roi devient un des élèves de l'école de Tréguier, un certain Gwengwalc'h. Un jour que lui et ses camarades se promènent sur le rivage de l'estuaire tout en bavardant joyeusement, « Gwengwalc'h cessa de parler. Ses camarades voulurent l'interroger mais n'en tirèrent pas un mot. Ils se retournèrent, mais ne virent personne. Effrayés de ce prodige, ils fouillèrent des yeux la vallée et le rivage en l'appelant avec des cris plaintifs. Alors, avec de grandes lamentations, ils eurent recours à saint Tugdual ». Le saint fondateur de Tréguier se manifeste aussitôt : « Le jeune homme sortit de dessous l'eau. Son pied droit était encore entouré d'une ceinture de soie. » Pressé de questions Gwengwalc'h, dont le nom signifie d'ailleurs « blanc faucon », raconte ce qui lui est arrivé : « Les *dames de la mer* m'ont enlevé et entraîné au loin sous les rochers de l'océan. J'entendais cependant vos voix qui m'appelaient, et vos prières désolées. Alors apparut un vieillard très vénérable, revêtu des ornements pontificaux. Sa main puissante me saisit, et à travers les vagues, elle me ramena au rivage. A la vue du prélat, les filles de la mer avaient fui, mais l'une d'elles oublia de dénouer la ceinture que voici :

---

1. G. Dottin, *les Littératures celtiques,* Paris, Payot, 1924, pp. 101-102.

c'est la preuve que j'ai bien été enlevé [1]. » Et c'est assurément la preuve que le jeune homme a subi les premières atteintes de la mort et qu'il en reste marqué. On croirait absolument lire le récit d'une N.D.E.

La suite de l'histoire ne laisse d'ailleurs aucun doute sur ce point. Après quelques pieuses réflexions sur l'action bénéfique de saint Tugdual, dont il s'agit ici d'exalter les vertus, le texte se termine d'une manière très logique : « Gwengwalc'h se confessa, lavant ainsi sa conscience, il communia, et, un an jour pour jour après que le démon l'eut trompé, il quitta le monde des hommes [2]. » Assurément, le moine rédacteur de ce texte ne s'est point trompé sur le sens exact du mythe qu'il transcrivait, et même s'il a tendance à voir le diable partout où il y a des choses *paranormales*, il a parfaitement intégré ce mythe dans une formulation chrétienne : c'est muni des « sacrements de l'Église » que le jeune Gwengwalc'h meurt au terme « d'une longue maladie », comme on dit aujourd'hui, maladie qui avait commencé à faire sentir ses effets lors de la scène au bord de l'estuaire. Cet exemple suffit d'ailleurs à démontrer la facilité avec laquelle les clercs chrétiens du Moyen Age savaient récupérer les traditions païennes en conservant précieusement l'esprit de celles-ci tout en adaptant le cadre du récit aux nouvelles normes en vigueur.

D'autres histoires font intervenir le *bruit* comme annonciateur du passage dans l'au-delà. Le légendaire breton reste particulièrement riche en « avertissements sonores », du genre de celui de la charrette de l'Ankou, ce personnage fantastique qui n'est pas, comme on le croit trop souvent, la Mort personnifiée, mais le dernier défunt de l'année écoulée qui, pendant l'année suivante, parcourra les chemins pour ramasser sur sa charrette les âmes de ceux qui doivent mourir. « On entend sa charrette qui fait *guruic, guruic, guruic.* Quand on

---

1. J. Markale, *la Tradition celtique en Bretagne armoricaine,* Paris, Payot, 1975, p. 31, la traduction du texte latin étant d'Arthur de la Borderie.

2. *Ibid.,* pp. 31-32.

entend ce bruit, c'est que quelqu'un est en train de mourir quelque part, non loin de là. Mais les personnes moins crédules se demandent si ce bruit d'essieux non graissés que l'on croit entendre n'est pas plutôt le bruit que font les oiseaux de mer en passant [1]. » Peu importe d'ailleurs : le bruit est là, il est toujours interprété comme un signe précurseur d'un trépas qui concerne un voisin, un membre de sa famille ou soi-même. Dans de nombreux cantons de Bretagne, on répète qu'il n'est jamais très bon d'entendre le grincement du char de l'Ankou. Mais si on a le malheur de rencontrer l'Ankou sur sa charrette, c'est qu'on mourra soi-même dans peu de temps.

Le bruit du char de l'Ankou fait partie de ce qu'on appelle les « intersignes » en Bretagne, c'est-à-dire des présages funestes. Un autre de ces intersignes est le bruit que fait le battoir des lavandières, pas celles qu'on voit papoter le jour dans les lavoirs situés non loin d'une chapelle, mais les *lavandières de nuit,* ces femmes étranges qui passent leurs nuits à battre du linge, particulièrement des draps. Le battement qu'elles produisent en frappant l'étoffe se répercute dans la nuit, devient si obsédant que peu de promeneurs nocturnes, généralement des ivrognes ou des vauriens, peuvent résister au désir d'aller vers les endroits d'où parvient le bruit. Et alors, malheur à eux s'ils ne réussissent pas l'épreuve que les lavandières leur imposent ! Les versions de ce genre d'histoire sont extrêmement nombreuses, non seulement en Bretagne, mais dans toute l'Europe occidentale. L'une d'elles, recueillie en forêt de Brocéliande, dans le Morbihan *gallo,* présente un mauvais garçon du nom de Guillo, qui s'en revient de nuit, fortement « fatigué », comme on dit là-bas, c'est-à-dire « ivre ». Il chante à tue-tête et, voulant prendre des chemins de traverse, il s'égare du côté du Val-sans-Retour, d'où surgit

1. J. Markale, *Contes de la Mort,* pp. 52-53. Il s'agit d'une tradition recueillie à Ploemeur, non loin de Lorient (Morbihan), entre les deux guerres.

le ruisseau du Rauco. Il entend alors des battements, cesse de chanter et se dirige vers l'endroit d'où provient le bruit : « Il aperçut deux femmes à genoux sur le bord du ruisseau près d'une grosse dalle de schiste. Elles étaient vêtues de blanc et elles étaient occupées à laver un grand drap. » Il se dispose à repartir lorsqu'il heurte une pierre. Les lavandières se retournent : « Ah ! quels visages ! La lumière de la lune, en les frappant durement, souligna leurs traits livides et leurs yeux creux. » Guillo, effrayé, veut s'enfuir, mais les lavandières l'obligent à les aider à tordre le drap qu'elles lavent. Il ne peut qu'obéir et tord le linge. Alors l'une des lavandières s'écrie : « Malheur ! il a tordu le drap dans le mauvais sens ! » Effectivement, dans sa précipitation, Guillo a accompli son geste de droite à gauche, dans le sens *sinistre.* « Un oiseau de nuit frôla la tête de Guillo, et l'air déplacé par le battement des ailes sembla déchaîner un vent de tempête qui parcourut les cimes de la forêt toute proche. Quand Guillo se fut un peu remis de sa frayeur, il ne vit plus les deux lavandières : elles avaient disparu. Guillo se dit qu'il avait rêvé, mais il sentit un froid humide lui pénétrer le corps. Alors, il s'aperçut qu'il portait dans ses bras un grand drap mouillé [1]. » Bien sûr, quoi qu'il fasse pour échapper à son destin, Guillo mourra cette nuit-là. Est-ce parce qu'il a entendu les coups de battoir des lavandières ? Est-ce parce qu'il a tordu le drap dans le sens maléfique ? En fait, son heure était venue ; mais, une fois de plus, dans une légende populaire, on retrouve les grandes lignes de ce voyage vers l'Autre Monde commun aux traditions anciennes et aux expériences actuelles de laboratoire.

Dans ces conditions, pourquoi s'étonner des croyances universellement répandues à propos du cri des oiseaux de nuit ? Les chiens hurlent à la mort, répète-t-on dans les campagnes, surtout les nuits de pleine lune, celles qui rendent fous les névropathes. Il doit subsister là un vague souvenir de Cerbère, le fabuleux chien des Enfers, dont les trois têtes surmontées de serpents font retentir

1. J. Markale, *Contes de la Mort,* pp. 58-59.

de leurs aboiements les profondes cavernes de l'Autre Monde : et tout le monde n'a pas, comme la Sibylle, un gâteau de miel et de pavot pour le faire taire. Quant aux chouettes, aux hulottes et aux hiboux, leurs cris plaintifs, c'est bien connu, sont annonciateurs de mort. Mais sait-on que ce sont des animaux merveilleux *et qui peuvent voir dans la nuit* ce que les pauvres mortels sont incapables de discerner ?

2. Nuit et brouillard

On ignore presque complètement, en Occident, l'extraordinaire fonds culturel des peuples de l'Asie centrale, sans doute parce qu'on ne veut pas se souvenir que tous les peuples de langue indo-européenne proviennent de ce fantastique creuset de civilisation. On a vu que les Ossètes du Causase ont conservé la mémoire des Sarmates et des Scythes. Mais il existe aussi d'autres peuples qui, tout en étant d'origine asiate, se sont faits les mainteneurs d'antiques traditions. C'est le cas des Kirghizes, peuple nomade apparenté aux Tatars et aux Mongols, qui vivent entre l'Oural et l'Irtych, affluent de l'Ob, dans les steppes de la Sibérie occidentale, à la croisée de trois courants, le russe orthodoxe, le musulman du Sud et le chamanique du Nord et de l'Est. Or les épopées des Kirghizes nous révèlent bien des surprises, surtout à propos de l'exploration des domaines de l'Autre Monde et de ses abords immédiats.

Le héros central de ces épopées est Er-Töshtük, un personnage exceptionnel qui accomplit ses exploits sur un cheval ailé, Tchal-Kouyrouk. Comme son père, vaincu par un être infernal, la Vieille aux sept têtes, avait dû remettre à celle-ci un objet métallique, en l'occurrence une lime, qui représente l'âme vitale du héros [1], Er-Töshtük reprend la lime, mais il est pour-

1. Dans l'Occident chrétien, c'est l'histoire des parents pauvres qui doivent donner, en échange d'une aide matérielle, l'âme de leur fils à naître au diable. Quand l'enfant atteint l'âge requis, le diable vient réclamer son dû ; mais l'enfant, par son courage et son intelligence, parvient à récupérer son âme. Il existe de multiples versions de ce conte.

suivi par la fureur de la Vieille [1]. « La Vieille d'Airain à sept têtes, c'est une sorcière, une magicienne. Elle a tous les moyens de guetter, de scruter, et le dessus, et le dessous de la terre. La terrible Vieille a impitoyablement poursuivi Töshtük, fils d'Éleman. Quand il arrive près du trou qui est la Faille de la terre..., alors la Vieille met en œuvre toute sa sorcellerie : elle recourt à la magie tellurique... Un bref instant suffit pour que Töshtük dégringole dans le sein de la terre : il roule dans le précipice, avec le bruit de la bourrasque qui gronde, en tournoyant comme le vent [2]. » Et le récit se déroule comme un témoignage de N.D.E.

Er-Töshtük est en effet aux prises avec la mort. Conservant lui-même son aspect de réalité, il a d'étranges visions : « Il entrait dans la terre. Il pénétrait dans un monde aux dimensions illimitées. Il entrait dans une fosse où nul rayon de soleil ne parvenait, dans une buée où régnait un vacarme qui cassait les oreilles, dans le Tozok, le grand Enfer, au monstrueux tumulte, dont on ne peut se libérer, dans un précipice d'où nul être humain ne pouvait ressortir... Il galopait maintenant sur le chemin d'où l'on ne revient jamais. Er-Töshtük, fils d'Éleman, voyait maintenant des lieux étranges [3]... » Mais comme il n'est pas vraiment mort, il reviendra pourtant, après une série d'aventures fantastiques qui sont autant d'épreuves initiatiques, au bout de sept années, nombre symbolique et révélateur du caractère « sacré » de cette maturation dans le sein de la terre.

---

1. Cela rappelle étrangement la légende galloise du barde Taliesin, dans son premier état, celui de Gwyon Bach qui, devenu par hasard possesseur de secrets et de pouvoirs qui ne lui étaient pas destinés, est poursuivi par la déesse Keridwen, laquelle est présentée comme une sorcière. Voir J. Markale, *l'Épopée celtique en Bretagne,* Paris, Payot, 3e, éd. 1984, pp. 94-97. De nombreux contes populaires présentent également la poursuite d'un héros de ce genre par le diable ou par un sorcier. Voir « les Treize Grains de blé noir », dans J. Markale, *Contes populaires de toutes les Bretagne,* Rennes, Ouest-France, 1977, pp. 23-36.

2. *Aventures merveilleuses sous terre et ailleurs de Er-Töshtük, le géant des steppes,* trad. par Pertev Boratav, Paris, Gallimard-Unesco, 1989, pp. 113-114.

3. *Er-Töshtük,* p. 115.

Bruit et ténèbres. Ce sont les deux éléments qui priment dans toute descente vers l'*ailleurs.* Ce qui s'explique parfaitement par la perte du sens de la vue, tout au moins de la vue d'une réalité terrestre, sorte de rupture avec le monde des formes. L'ouïe demeure cependant comme le lien ténu qui rattache encore l'être vivant à son environnement mais qui prépare son entrée dans un autre univers. On sait très bien que le son est plus subtil que l'image et que la musique, par exemple, est l'art le plus élevé dans la hiérarchie parce que pure vibration. Le bruit dans l'obscurité, c'est le passage obligé d'un monde dans l'autre. Les récits légendaires ne font que traduire de façon poétique cette réalité de la conscience. C'est ce que révèle en tout cas une œuvre, incontestablement reconnue comme un des chefs-d'œuvre de l'humanité, et qui est *la Flûte enchantée* de Mozart. On a assez répété qu'il s'agissait d'un opéra initiatique, d'un opéra maçonnique. C'est sûrement vrai. Mais l'invitation maçonnique n'est-elle pas, comme son nom l'indique et comme son rituel l'exige, un *apprentissage,* une familiarisation des chemins qui mènent vers un Autre Monde, au même titre que le *Bardo-Thödol* tibétain ou les grands moments de la liturgie chrétienne de la Semaine sainte, comme l'Office des Ténèbres ?

Le premier tableau de *la Flûte enchantée* est une illustration parfaite de cette descente. Le paysage est décrit comme étant désolé et chaotique, propice à une « traversée du désert ». Tout y est possible. C'est d'ailleurs dans ce désert que s'égare le prince Tamino. Il est aux prises avec un serpent, une sorte de dragon monstrueux. Mais il n'a pas d'armes, et il doit subir les assauts du monstre sans pouvoir réagir autrement que par l'évanouissement. L'obscurité s'empare de lui. Mais il continue à percevoir le son, en l'occurrence la musique, celle des trois femmes voilées qui sont les messagères de la Reine de la Nuit. Elles tuent le dragon et contemplent la beauté du prince évanoui. Mais si les messagères représentent une nouvelle réalité, les anciennes réalités se manifestent par l'arrivée de Papageno, lequel ranime Tamino et lui fait croire que c'est lui qui l'a sauvé. Il faudra donc l'intervention des messagères pour amener vraiment le prince à sa nouvelle réalité, celle-ci étant manifestée par le portrait de Pamina, la fille de la Reine de la Nuit, enlevée par le méchant génie Sarastro, et dont Tamino va devenir amoureux. Ici se place la véritable entrée de Tamino dans l'Autre Monde, et donc dans la phase active de son initiation.

Mais cette phase nouvelle n'est jamais très nette. C'est ce qui explique le brouillard, d'abord très épais, très sombre et parfois nauséabond, que doit traverser l'être après son bref séjour dans l'obscurité la plus totale, dans ce *tunnel* profond et inquiétant que signalent les patients ayant subi une N.D.E. et que les grandes épopées décrivent comme des cavernes où le soleil ne pénètre jamais. D'un point de vue purement psychologique, c'est la traduction de l'angoisse qui saisit l'être lors de sa rupture avec le monde auquel il était habitué. Mais cette angoisse se dissipe peu à peu et la nuit devient brouillard. On ne distingue pas encore les formes, mais on les devine. C'est une prise de conscience d'un autre état où les choses ne sont pas encore en place, autrement dit ne sont pas encore perceptibles à une sensibilité qui doit s'éveiller à d'autres normes, à d'autres critères, à d'autres dimensions. Le brouillard, avec son potentiel d'incertitude et de fantasmagorie, est tout indiqué pour servir de support à cette notion.

Les brumes ne manquent pas dans les descriptions grecques et latines du monde souterrain. Ce sont d'ailleurs des brumes malsaines qui semblent s'échapper des profondes cavités qui s'ouvrent sous les pas des ombres errantes. Les nuages méphitiques qui émanent du lac Averne, en Campanie, sont des vapeurs sulfureuses. Et l'on sait que le soufre est lié à l'Enfer et aux personnages sataniques. Tout cela n'est guère engageant, mais témoigne de la terreur qu'inspirait le *passage*, c'est-à-dire le *trépas,* dans un monde antique qui avait peine à croire à une dimension différente de l'existence. On retrouve bien évidemment cette terreur dans les mythologies nordiques, surtout dans celle des Germano-Scandinaves.

A vrai dire, les descriptions de l'Autre Monde sont plutôt confuses dans la tradition des peuples du Nord, mais les approches de cet Autre Monde ont été vues par les Norvégiens, les Danois et les Islandais comme les terres glaciales qu'ils avaient coutume de fréquenter dès qu'ils quittaient leurs fjords abrités des vents et des tempêtes. Dans les *Eddas* islandaises et dans la plupart des textes dits norois, il est question d'un mystérieux royaume de Niflheim, dont le nom, « habitation des nuages », est significatif. C'est essentiellement le monde du brouillard et du froid, et il est situé au nord, là où brille étrangement cette étoile polaire qui a tant fait rêver les navigateurs. Et à Niflheim s'oppose le monde du Sud, celui qu'on appelle Muspelheim : là règne la lumière, mais non une lumière douce et bénéfique, la flamme dans toute sa puissance, aussi bien destructrice que génératrice. Et entre ces deux mondes, aux origines, il y a Ginungagap, l'abîme primordial béant dont les parois invisibles n'ont ni forme ni couleur, le vide éternel, en quelque sorte, et qui n'est pas sans rappeler la notion exprimée par Démocrite et Lucrèce de ce *néant* dans lequel tombent, de toute éternité, des atomes sans rapport les uns avec les autres. Mais *quelque chose s'est passé,* qui se manifeste par la dichotomie entre le chaud et le froid, donc entre deux énergies opposées, ce qui a provoqué l'existence de l'univers que nous connaissons. Alors « apparaissent les deux pôles de l'univers : un rouge brasier en fusion bouillonnante et une mer figée, plus dure qu'un caillou et plus froide qu'un serpent. Aujourd'hui, sur l'île sacrée d'Islande, l'*ultima Thulé* des Anciens, Ginungagap se trouve aboli. Les éléments primordiaux s'affrontent dans une lutte cosmique : l'eau brûlante des geysers jaillit vers le ciel, tandis que se dresse à perte de vue la banquise glacée [1] ». Le monde vivant résulte donc d'une lutte perpétuelle entre le Feu et la Glace. Tel est le fondement absolu de la pensée germano-scandinave en matière de métaphysique, de cosmogonie et finalement de psychologie, ce qui pourrait également expliquer certaines attitudes du national-socialisme fortement ancré, qu'on le veuille ou non, dans les mythes nordiques. C'est une sorte de manichéisme qui n'est certainement pas sans liens avec les spéculations iraniennes, celles des Mazdéens notamment, et avec la conception

1. Jean Mabire, *les Dieux maudits,* Paris, Copernic, 1978, p. 36.

nettement dualiste de Zarathoustra. On a trop insisté sur l'existence d'une mentalité *aryenne* en en déviant la portée vers des antagonismes raciaux : il serait peut-être plus sage de reconnaître l'existence de cette mentalité *indo-européenne* sur un plan beaucoup plus vaste, celui de l'équilibre constant mais fragile de deux énergies aux polarités opposées, merveilleusement symbolisé par le combat de saint Michel et du Dragon.

C'est dire que le monde de la glace est celui de la fixité, de la non-existence, de la mort. C'est le monde gardé et régi par la déesse Hel, qu'on dit fille de Loki, le dieu germano-scandinave de la négation, véritable *diable* qui se jette en travers de toute action constructive et qui est responsable du Ragnarök, le « Crépuscule des Dieux ». Le monde de Hel est un univers terrible, d'où il est difficile, pour ne pas dire impossible, de s'échapper. La langue anglaise a emprunté le nom de cette déesse pour en faire le mot *hell,* « enfer ». Et n'oublions pas que dans la tradition populaire bretonne armoricaine, l'idée prévaut que l'Enfer n'est pas un lieu de flammes, comme on le représente souvent dans l'imagerie médiévale chrétienne, mais au contraire un *ifern yên,* un « enfer froid ». La mythologie nordique a incontestablement déteint sur la mythologie celtique (l'inverse s'est également produit) ; mais cela met en relief cette importance du monde de Niflheim, car à la rencontre des deux mondes, c'est-à-dire des deux énergies, il y a Ginungagap, mot que l'on traduit généralement par « Vide-Béant ». Or, « il s'agit certainement d'un vide, si j'ose dire artificiel, obtenu par *sjonhverfing* (illusion de la vue), par fascination magique... Plutôt que Vide-Béant, ce serait donc cet "espace où s'exercent les forces magiques", champ clos de tout pouvoir créateur occulte [1] ». Voilà qui définit admirablement bien *l'espace qui sépare le monde des morts de celui des vivants,* ce « désert » que toute âme doit traverser et qui, à la rencontre du froid et du chaud, *se manifeste par le brouillard.*

---

1. Régis Boyer, *la Religion des anciens Scandinaves,* Paris, Payot, 1981, p. 188.

Ce brouillard par lequel on pénètre, selon la pensée germano-scandinave, dans le monde de Hel, apparaît comme un élément symbolique de toute première importance. Car le brouillard est une *situation intermédiaire :* ce n'est ni de l'eau, ni de l'air, ni du solide, ni du gazeux. Et c'est un état instable par excellence, le résultat aussi bien d'une dissolution que d'une sublimation. Comment s'étonner de voir apparaître le brouillard à la frontière des deux mondes, celui des vivants et celui des morts ? Régis Boyer, dans son étude sur la religion germano-scandinave, insiste sur l'importance des épreuves initiatiques dont les descriptions abondent dans les *sagas* noroises, épreuves qui sont toujours des « calques » d'une mort réelle, accompagnée d'une métamorphose psychique. Ces épreuves ont en effet un but : « Libérer du corps l'âme qui prend alors vêture nouvelle, adopte une forme (*hamr*) donnée, l'âme étant en quelque sorte la forme interne qui hante le corps et se trouve libérée de la sorte. A vrai dire, le vieux norois ne connaît pas de mot pour notre « âme », *sal* étant un emprunt récent à l'allemand. Le concept se dit *hugr,* qui correspondrait plutôt, selon ses connotations dynamiques, au latin *spiritus...* C'est le *hugr* qui est susceptible de s'évader du corps, de prendre figure nouvelle, humaine ou plus généralement animale pour agir à distance, spirituellement et même corporellement [1]. » Il s'agit d'épreuves initiatiques, dans lesquelles le sujet essaie en fait de se dédoubler, de sortir son âme de son corps. Mais dans les cas de mort, et précisément dans les cas de N.D.E., on peut supposer qu'il en est de même, et que le *hugr* norois, s'étant échappé du corps, se trouve dans ces zones intermédiaires où il doit peu à peu découvrir le chemin qui le mènera vers une nouvelle incarnation, dans ce monde-ci ou dans un autre. Le brouillard est donc une étape décisive.

Car quelle que soit la définition attribuée à l'âme (esprit, souffle, corps éthérique, corps astral, moi, moi profond, etc.), celle-ci est amenée tôt ou tard à se retrouver au milieu de ce brouillard qui, dissolution ou sublimation,

1. R. Boyer, *la Religion des anciens Scandinaves,* p. 150.

est toujours un point de rencontre. C'est là que les chemins sont nombreux, y compris les chemins de retour pour certains êtres qui n'iront pas jusqu'à la barrière infranchissable que certains patients ayant subi une N.D.E. semblent avoir décelée à la sortie du brouillard. Les récits mythologiques ont beaucoup insisté sur cette phase de rencontre. Ainsi, dans un texte irlandais conservé dans un manuscrit du XIIe siècle, *l'Extase prophétique du Fantôme,* nous présente-t-on le roi Conn aux Cent Batailles aux prises avec les prémonitions de l'au-delà. Un jour qu'il se promène devant la forteresse royale de Tara, en compagnie de ses trois druides, il monte sur une pierre, et cette pierre crie. Il s'agit évidemment de cette « Pierre de Fâl » qui criait chaque fois qu'un roi ou un futur roi se plaçait dessus. Conn demande à ses druides de lui expliquer ce qui se passe ; mais ceux-ci lui répondent qu'ils ne pourront le dire que plus tard. « C'est alors qu'ils virent un grand brouillard tout autour d'eux, de telle sorte qu'ils ne surent pas où ils allaient, et qu'ils ne purent se rendre compte de l'épaisseur exacte des ténèbres. Et ils entendirent le bruit d'un cavalier. » Cette impression de dépaysement leur procure donc une certaine angoisse. D'ailleurs, Conn s'écrie : « Ce serait un grand malheur pour nous si nous étions transportés en un pays inconnu. » Effectivement, le cavalier va les emmener vers un pays inconnu, mais qui est loin d'être sinistre : « Ils avancèrent jusqu'à ce qu'ils entrassent dans une plaine magnifique. Ils virent une forteresse royale et un arbre d'or devant la porte. » On remarquera que dans la plupart des cas de N.D.E., lorsque le brouillard devient plus lumineux et finit par se dissiper, on se trouve en présence d'une lumière étonnante, cet « Être de Lumière » qui est probablement l'Être dans son état absolu. L'image de la forteresse avec l'arbre d'or constitue une simple visualisation de cet état.

Mais cet état incertain est dangereux : on peut s'égarer et se trouver dans un « pays inconnu », comme dit le roi Conn, ou bien l'on peut s'égarer à jamais sans jamais découvrir de chemin qui mène quelque part. C'est également l'état le plus propice pour les apparitions fantastiques de toutes sortes. Les enseignements du *Bardo-*

Thödol sont justement destinés à mettre en garde l'âme qui accomplit son voyage contre les personnages qui pourraient se présenter et qui ne sont que des projections de ses propres fantasmes : « Les phénomènes apparents que tu verras seront des radiations et des déités. Les cieux te paraîtront d'un bleu foncé... Une terne lueur gris fumée venue de l'Enfer paraîtra à côté de la Sagesse semblable au Miroir et viendra aussi te frapper. Alors, par la force de la colère, tu seras surpris et effrayé par la blanche lumière et tu voudras fuir ; tu te sentiras attiré par la terne lueur gris fumée de l'enfer... C'est le mauvais *karma* accumulé de la colère violente qui a ouvert ce chemin. Si tu suis cette attraction, tu tomberas dans les mondes-enfers où tu devras endurer une grande misère sans qu'un temps certain te soit fixé pour en sortir [1]. » La *praxis* tibétaine est tout entière consacrée à la « libération » du cycle infernal des vies successives ; mais elle révèle bien le désarroi qui peut empêcher quiconque de poursuivre le voyage.

Dans un récit irlandais assez nostalgique du cycle ossianique, le vieux roi des *Fiana,* Finn, raconte comment il a obtenu une corne magique dans des circonstances qui évoquent le passage dans l'Autre Monde : « Un jour que nous étions à chasser... nous écoutions le bruit des guerriers, le tumulte de la multitude, les clameurs des serviteurs, les voix des chiens, les sifflements des chasseurs, les excitations des héros à leurs grands chiens, les cris des jeunes gens, le vacarme de la chasse de chaque côté de nous, et il n'y avait pas longtemps que nous étions là quand il se leva un brouillard magique devant nous, en sorte qu'aucun de nous trois (Finn et ses deux fils Cailté et Oisin) ne pouvait voir son voisin. Nous quittâmes le tertre et gagnâmes le bois le plus voisin de nous et l'explorâmes jusqu'à ce que nous eussions trouvé une cascade, un estuaire et une rivière. » La désorientation des trois personnages est évidente ; et pourtant, ils étaient vraiment au centre de la chasse : ils ont brutalement *décroché* du monde des vivants et se retrouvent maintenant dans cette zone intermédiaire marquée par le brouillard, essayant de

1. *Bardo-Thödol,* pp. 89-93.

découvrir des points de repère qui leur permettraient de ne pas s'égarer. Car le danger rôde, ils le savent. Et, ne pouvant sortir du brouillard magique, ils s'organisent : « Nous prîmes dans la rivière un saumon aux nageoires tachetées pour chaque homme et chaque chien. Nous fîmes une hutte et une tente et nous allumâmes un grand feu et mangeâmes notre content de poisson. Là-dessus, nous entendîmes une musique sans pareille, mélodieuse, féerique, que l'on chantait près de nous. » Mais il faut se méfier. Cailté dit à Oisin : « Lève-toi et faisons attention que la musique des fées ne nous séduise pas. » Il n'empêche que les trois hommes se « laissent avoir » et pénètrent dans un étrange Autre Monde où il leur arrive des aventures stupéfiantes. Ils sont notamment témoins de la métamorphose d'un géant laid et horrible : « A la lumière du jour, le géant devint bien fait, de belle forme, rayonnant, de manière qu'il fut d'une grande beauté, et que, du levant au coucher du soleil, il n'y avait personne qui l'emportât sur lui en bonne mine, apparence, taille, proportion, gaieté, sagesse, éloquence ; il avait l'attitude d'un grand roi et le charme d'un jeune guerrier [1]. » Il s'agit, bien entendu, de l'Être de Lumière des récits de N.D.E.

La tradition hébraïque est porteuse du même message à propos de la nuit et du brouillard. L'apocryphe et curieux *Livre d'Énoch* fait parler ainsi le patriarche durant son ascension mystique : « Je me voyais environné de nuages et de brouillards épais ; je contemplais avec inquiétude le mouvement des astres et celui des éclairs, tandis que des vents favorables soulevaient mes ailes et accéléraient ma course. Je fus enlevé ainsi jusqu'au ciel et j'arrivai bientôt à un mur bâti avec des pierres de cristal. Des flammes mobiles en enveloppaient les contours. Je commençai à être saisi d'effroi. Cependant, je m'enfonçai au milieu de ces flammes. Et je pénétrai dans une vaste habitation dont le pavé était en pierres de cristal. Les murs comme le pavé étaient également en cristal, aussi bien que les fondements... Quand je fus entré dans cette habitation, elle était à la fois brûlante comme le feu, froide comme la glace ; et

1. G. Dottin, *l'Épopée irlandaise*, pp. 184-185.

il n'y avait là trace ni de bonheur, ni de vie ; je tressaillis d'effroi. Tout tremblant, je tombai la face contre terre, et j'eus une vision. Voici : il y avait une autre habitation plus spacieuse que la première, dont toutes les portes étaient ouvertes devant moi, au milieu d'une flamme vibrante. Telle était sa gloire, sa magnificence, sa grandeur, qu'il m'est impossible de vous dépeindre, ni la splendeur qui l'environne, ni sa vaste étendue [1]. »

Ce monde intermédiaire instable est le carrefour des illusions. Puisque rien n'y est vraiment net et que l'être qui accomplit le voyage se sent dépaysé, il ne peut que remplir le vide de sa conscience d'images dont la réalité ne peut être assurée. D'où proviennent ces images ? De la vie passée assurément, un peu comme dans le rêve où se produisent de curieuses synthèses entre des énergies invisibles et les souvenirs des actes et des spectacles antérieurs. Ce thème a largement été développé dans les écrits des grands mystiques chrétiens, qui ne se sont pas fait faute d'y voir le symbole des difficultés de l'âme humaine, imparfaite et victime de sa sensibilité, dans sa grande envolée vers la lumière divine. L'expérience intérieure de saint Jean de la Croix demeure certainement l'une des plus remarquables à cet égard :

« Par une nuit profonde,
Étant pleine d'angoisse et enflammée d'amour,
Oh ! l'heureux sort !
Tandis que ma demeure était déjà en paix.

J'étais dans les ténèbres et en sûreté
Quand je sortis déguisée par l'escalier secret,
Oh ! l'heureux sort !
J'étais dans les ténèbres et en cachette,
Tandis que ma demeure était déjà en paix.

Dans cette heureuse nuit,
Je me tenais dans le secret, personne ne me voyait,
Et je n'apercevais rien
Pour me guider que la lumière
Qui brûlait dans mon cœur. »

1. *Livre d'Énoch,* XIV, 9-15, trad. Laurence, Paris, R. Laffont, 1975, pp. 30-31.

Certes, saint Jean de la Croix n'en reste pas à l'évocation d'une vision. Il tente de l'expliquer, et il le fait en philosophe et en théologien : « Cette nuit obscure est une influence de Dieu dans l'âme qui la purifie de ses ignorances et de ses imperfection habituelles, aussi bien naturelles que spirituelles. Les contemplatifs l'appellent *contemplation infuse* ou théologie mystique. » Ailleurs, il dit que cette obscurité et cette brume qui saisissent l'âme en quête de Dieu sont *la nuit des sens*, une période d'obscurité que Dieu envoie à l'âme pour qu'elle oublie la sensualité dont elle a fait usage, sensualité qui n'était pas un mal en soi, mais un moyen de connaissance qu'il faut maintenant dépasser. « Voilà pourquoi saint Denis et d'autres théologiens mystiques appellent cette contemplation infuse un *rayon de ténèbres.* Cela s'entend pour l'âme qui n'est pas encore éclairée et purifiée, car la grande lumière surnaturelle de cette contemplation paralyse les forces privées et naturelles de l'entendement. Aussi David dit-il à son tour : *La nuée et l'obscurité environnent Dieu* [1]. » On sait en effet qu'il n'est pas possible à un être imparfait de supporter la vision de l'Être parfait : pour y parvenir, il faut accomplir une ascèse, qu'elle soit purification ou initiation. Avant que cette ascèse soit terminée, l'Être de Lumière dont parlent tous les témoins d'une N.D.E. et les auteurs de récits mythologiques, aussi bien que les grands mystiques, est toujours dérobé à la vue par la nuit ou le brouillard. Et saint Jean de la Croix d'insister sur le caractère pénible de cet état : « Comme, en effet, cette contemplation divine infuse renferme une foule de biens d'une excellence extrême et que l'âme qui les reçoit, n'étant pas encore purifiée, est remplie d'une foule de misères très grandes, il s'ensuit que ces deux contraires ne peuvent pas subsister dans le même sujet qui est l'âme et nécessairement, l'âme doit peiner et souffrir, car elle est le champ de combat où ces deux contraires vont lutter l'un contre l'autre [2]. » On ne peut qu'admirer ici la perspicacité du regard scientifique que jette saint Jean de la Croix sur sa propre vision.

1. *Psaumes*, XCVI, 2.
2. Saint Jean de la Croix, *Œuvres spirituelles*, Paris, Le Seuil, 1947, pp. 558-560.

Mysticisme et mythologie ne sont que deux aspects d'une même réalité de conscience. Et les mythes font partie intégrante de toute œuvre romanesque, surtout si cette œuvre s'oriente vers l'*étrange*. Bram Stoker, l'auteur du célèbre *Dracula*, termine ainsi son roman intitulé *le Joyau des sept Étoiles* : « Je vis quelque chose de blanc s'élever hors du sarcophage ouvert. Quelque chose qui apparaissait à mes yeux torturés comme un brouillard blanc, léger et transparent. Au cœur de ce brouillard, plus épais et opaque comme une opale, se trouvait quelque chose qui ressemblait à une main tenant une pierre précieuse étincelante lançant toutes sortes de feux. Lorsque la lueur aveugle du coffre rencontra cette nouvelle lumière vivante, la vapeur verte qui flottait entre elles deux prit l'aspect d'une cascade de points brillants... Une fumée noire commença à se dégager. Elle s'épaissit de plus en plus avec une terrifiante rapidité, son volume et sa densité ne cessaient de s'accroître. Jusqu'au moment où toute la caverne commença à s'obscurcir, où l'on cessa de voir ses limites. » Il peut paraître choquant de comparer Bram Stoker à saint Jean de la Croix, mais le fait est là : devant cette lumière surnaturelle qui émane de la brume, une nuée obscure s'interpose, parce qu'il y a lutte entre les deux principes dont le saint mystique analyse les composantes. Les régions frontières de l'Autre Monde sont un « champ de bataille ». D'où les turbulences qu'on y observe, et que l'on y subit avec d'autant plus d'angoisse que l'on est soi-même responsable de leur déchaînement.

Le brouillard, c'est l'inconnu, et cet inconnu fait nécessairement peur. « Le brouillard n'est pas seulement un symbole de l'indéterminé, il représente aussi le chaos, le tohu-bohu des origines... L'Homme est sorti des nuées pour s'incarner et a perdu le Paradis en se dépouillant de sa nébulosité ; il ne pourra retrouver cet aspect de lui-même qu'à travers son corps astral, au-delà de la mort [1]. » C'est pourquoi ceux qui s'aventurent dans ces régions de ténèbres et de brumes, alors qu'ils ne sont pas totalement

1. Michel Lamy, *Jules Verne, initié et initiateur*, Paris, Payot, 1984, p. 220.

morts, ne peuvent dépasser certaines limites. Ils ne comprennent pas ce que cache le brouillard. Ils doivent revenir en arrière, et seuls quelques rares privilégiés, ceux qu'on appelle des *héros*, réussissent à franchir les seuils. C'est, au sens étymologique le plus pur, de la *sublimation*.

Mais la sublimation n'a rien de maléfique, bien au contraire. Même si le brouillard constitue un moment d'angoisse, il finit par se dissiper. Lorsque le héros irlandais Maelduin, ainsi que les compagnons qu'il a emmenés avec lui, accomplissent leur étrange navigation à travers des îles qui sont autant de points de repères sur la route de l'Autre Monde, « ils pénètrent bientôt en une mer semblable à un nuage et il leur sembla qu'elle ne supporterait pas leur bateau. Alors, ils regardèrent sous la mer. Il y avait des toits de forteresse et un beau pays ». Et un dicton breton bien connu affirme : « Avant d'arriver au ciel, il faut franchir trois rangs de nuages : le premier rang est noir, le second rang est gris, le troisième est blanc comme neige [1]. » Il faut d'ailleurs se souvenir que le Mont Olympe, séjour des grands dieux célestes du panthéon grec, est toujours enveloppé de nuages et de brumes. Mais par-delà, il y a le séjour lumineux où les dieux boivent l'ambroisie, cette liqueur d'immortalité jalousement réservée à leur usage exclusif.

3. *Les infernaux paluds*

Mais les approches de l'Autre Monde peuvent être beaucoup plus terrifiantes et même malsaines. On dira que, de toute façon, comme il s'agit des projections de la pensée, les images qui apparaissent au moment de « passer de l'autre côté » sont la conséquence des actions du passé. Ce qui semblerait donner raison à la théorie du *karma*, d'origine indienne, selon laquelle l'âme du défunt, prisonnière non seulement de la vie qu'elle vient d'abandonner, mais également de toutes les vies qui ont précédé

1. Anatole Le Braz, *la Légende de la Mort*, Marseille, J. Laffitte, 1982, p. 464.

celle-ci, a toutes les peines du monde à abandonner ses « illusions », ses turbulences, voire ses turpitudes ou ses crimes, pour découvrir l'authentique illumination qui la conduira dans le royaume de la lumière et de la paix. Le *karma* permet de justifier beaucoup de choses, surtout l'injustice et l'inégalité, la pauvreté, la misère, la maladie, les aberrations de l'esprit. Mais on se garde bien de nous dire à partir de quand ce *karma* fonctionne comme une machine qu'on ne peut arrêter une fois mise en marche. Cependant, quelle qu'en soit la nature exacte, la notion de *karma* peut facilement être transposée dans la tradition occidentale avec un thème traditionnel, celui du *marécage* qui est infernal dans la mesure où il ne peut conduire qu'à l'enlisement dans les ténèbres et la souffrance.

Les Grecs et les Romains ont longuement décrit ces paysages fantastiques que l'on rencontre lorsqu'on s'enfonce dans les entrailles de la terre, vers les fleuves infernaux. A vrai dire, ce sont ces fleuves qui, en s'étalant complaisamment, forment les marécages qui entourent le domaine de Pluton et de Perséphone. Les marais sont toujours difficiles à franchir, et ils sont dangereux parce qu'on peut toujours y disparaître sans espoir de retour, s'enliser dans ce qui n'est pas tout à fait de la terre et pas tout à fait de l'eau. Là aussi, c'est un monde intermédiaire, inquiétant parce qu'on n'y connaît aucune stabilité, aucune consistance véritable, répugnant à cause des émanations gazeuses qui s'y produisent et qui sont la conséquence d'un pourrissement, d'une putréfaction. Le marécage est réellement l'endroit idéal du *passage,* d'une métamorphose : le solide y devient liquide, le liquide y devient vaporeux, et l'on ignore ce qui se cache exactement dans les vastes fondrières où s'engloutissent aussi bien les êtres animés que les troncs d'arbres.

L'une des traditions les plus anciennes de la Bretagne armoricaine concerne le marécage qu'on appelle maintenant le « Réservoir Saint-Michel » et dont le nom breton demeure Yeun Elez. Il se trouve dans une cuvette des Monts d'Arrée, et c'est de là que sort le courant qui deviendra le fleuve côtier l'Aulne. Le paysage est étrange, dénudé, voire parfaitement sinistre, avec une zone de montagnes sans arbres, battues par les vents, en dehors de tout, à l'écart des voies de communication, bref, paysage qui à lui seul constitue un monde à part, sous un ciel généralement bas et gris, ce qui ne fait que renforcer le sentiment de mélancolie qui assaille tout visiteur. Et de plus, depuis une trentaine d'années, sur les bords du Yeun, se dressent les masses de béton d'une centrale nucléaire expérimentale — actuellement hors service mais indestructible et immuablement condamnée —, ce qui n'est certes pas sans évoquer l'enfer des temps modernes, l'apocalypse nucléaire que prophétisent les Cassandre du monde entier. Endroit maudit, le Yeun Elez l'est depuis longtemps, s'il faut en croire les nombreuses légendes qui courent à son propos.

Un des contes bretons armoricains les plus saisissants recueillis par Anatole Le Braz à la fin du XIXe siècle en donne la dimension exacte. Ce conte appartient à une série qui concerne les « fantômes », ou plus exactement les *anaon,* ces âmes qui rôdent sans cesse sur la surface de la terre parce que les vivants n'ont pas accompli les rituels funéraires nécessaires à leur passage *total* dans l'Autre Monde, ces êtres qu'on appelle les « voués » ou les « conjurés », qui ne sont pas forcément damnés, mais contraints d'errer ainsi tant qu'un humain vivant ne les fera pas pénétrer en Enfer ou au Purgatoire, plus rarement au Paradis. Et c'était le rôle de certains prêtres *conjureurs* de s'occuper de leur *passage* définitif dans l'Autre Monde. Il est évident que ces prêtres sont avant tout des exorcistes. Mais s'il y a officiellement un prêtre exorciste par diocèse, dûment nommé par son évêque pour ses qualités et son endurance, en Bretagne armoricaine, où le Christianisme, le paganisme et les survivances ancestrales font toujours bon ménage, il y avait — et il y a toujours — des prêtres, ou même de simples particuliers, capables de se livrer à des pratiques de « désenvoûtement » et de « conjuration ». Le personnage du célèbre Tadik Kozh (« vieux petit père ») est absolument exemplaire.

Tadik Kozh s'appelait, paraît-il, de son vrai nom monsieur Guillermin. Il était recteur de Bégard, en Trégor, dans le département des Côtes-d'Armor. « C'était un curé à la mode d'autrefois, un brave vieux bonhomme qu'on rencontrait le plus souvent par les chemins et dans les champs qu'au presbytère. Des Monts d'Arrée à la "Mer Grande", il était connu d'un chacun... J'ai entendu raconter qu'il était plus vieux que la terre, qu'il était mort dix fois et que dix fois il était ressuscité... Il avait le dos voûté, les cheveux longs et blancs. On n'aurait pu dire si sa figure était celle d'un vieillard ou bien d'un enfant. Il riait toujours et goguenardait volontiers... On l'aimait et on le vénérait. On le craignait aussi. Car ce n'était pas seulement un bon prêtre, c'était encore un prêtre savant à qui Dieu, disait-on, avait donné autant de pouvoir qu'au pape. Les gens qui connaissent quelque peu les choses de ce monde se croient de grands magiciens. Tadik Kozh, lui, connaissait à la fois tous les secrets de la vie et tous les secrets de la mort. On prétend que, de temps en temps, il passait la tête dans un soupirail de l'enfer, demeurait penché sur l'abîme et conversait avec les diables. Toujours est-il que, pour célébrer l'*ofern drantel*, il n'avait pas son pareil. On le venait consulter de tout le pays breton et même du pays gallo. Quand il ne pouvait sauver une âme, au moins l'obligeait-il à se tenir en repos. Jamais il n'y eut de prêtre sachant *conjurer*, comme Tadik Kozh. »

Le personnage ainsi présenté est plutôt haut en couleur. Il s'agit en fait d'un véritable Charon : il est incontestablement un « nocher », un « passeur », doué de pouvoirs exceptionnels. Et il en faut, car la pratique de l'*ofern drantel* est loin d'être de tout repos. L'usage, en Bretagne comme en de nombreux pays catholiques, est qu'on fasse dire trente messes pour le repos de l'âme d'un défunt. Mais si, ailleurs, on se contente de donner de l'argent à l'Église pour faire célébrer ces messes, il en va tout autrement dans la péninsule armoricaine. Ce sont les recteurs de la paroisse qui disent les vingt-neuf premières messes, mais la trentième, l'*ofern drantel*, a une importance toute particulière et n'importe quel prêtre ne peut pas la dire. « Elle se célébrait à minuit. On la disait à rebours, en commençant par la fin. Sur l'autel, on n'allumait qu'un des cierges. Tous les défunts de l'année se rendaient à cette messe ; tous les diables aussi y comparaissaient. Le prêtre qui l'allait dire devait être à la fois très savant et très hardi. Dès le bas de la montagne (il s'agit du Menez Bré, près de Bégard), il se déchaussait et gravissait la pente, pieds nus, car il fallait qu'il fût prêtre jusqu'à la terre. Il montait, tenant d'une main un bénitier d'argent, brandissant de l'autre un goupillon et faisant de tous côtés de continuelles aspersions. Souvent, il avait peine à avancer, tant se pressaient autour de lui les âmes défuntes, avides de recevoir quelques gouttes d'eau bénite et de se procurer de la sorte un soulagement momentané. La veille, il avait fait transporter dans la chapelle un fort sac de graines de lin. La messe dite, il commençait l'appel des diables, dans le porche. Ils accouraient en poussant des hurlements sauvages. C'était le moment terrible. Malheur à l'officiant s'il perdait la tête ! Il imposait silence aux démons, les faisait défiler devant lui un à un, les obligeait à montrer leurs griffes pour voir si l'âme du défunt, à l'intention de qui il avait célébré l'*ofern drantel,* n'était tombée en leur possession, puis les renvoyait à mesure, en distribuant à chacun une graine de lin, car les diables ne consentent jamais à s'en aller les mains vides. S'il commettait une seule omission, il était contraint, en échange, de livrer sa propre personne. Il encourait donc sa damnation éternelle [1]. »

On croirait lire les passages les plus importants du *Bardo-Thödol* tibétain, lorsqu'il s'agit de mettre en garde l'âme du mort contre tous les fantasmes qui se visualisent devant elle pour l'empêcher d'atteindre la lumière divine. L'*ofern drantel* est la forme occidentale de ce rituel funéraire oriental destiné à guider le mort dans l'Autre Monde, un peu à la manière dont opèrent les chamans d'Asie centrale. Mais si le contexte est catholique, il faut bien avouer que tout cela « sent le fagot », surtout le fait de dire la messe à rebours, pratique qui relève davantage de la « messe noire ». Il est vrai qu'il s'agit en fait d'évoquer les diables, les énergies maléfiques qui pourraient empêcher l'âme du défunt d'obtenir l'illumination. On ne peut lutter efficacement contre les êtres démoniaques qu'en utilisant les procédés qui leur sont familiers. C'est

1. A. Le Braz, *la Légende de la Mort,* p. 221.

ce qui justifie les éléments de magie noire incorporés dans un rituel essentiellement catholique. Dans toutes les campagnes bretonnes, le prêtre catholique passe pour « faire des tours de physique », c'est-à-dire qu'on l'accuse de pratiquer la sorcellerie. Quoi de plus normal ? Si l'on a les pouvoirs d'opérer en magie blanche (la messe habituelle), on a également les pouvoirs de faire le contraire, comme en témoigne assurément la pratique de l'exorcisme.

Bref, Tadik Kozh était un *conjureur,* et un spécialiste de l'*ofern drantel.* Un jour qu'un soldat permissionnaire passait près du Menez Bré, il rencontra Tadik Kozh, et celui-ci lui demanda de bien vouloir conduire un chien qu'il tenait en laisse au recteur de Louargat. Le soldat s'en va donc au presbytère de Louargat. Mais le recteur de Louargat, au lieu d'accepter l'animal, demande au soldat d'aller le conduire chez le recteur de Belle-Isle-en-Terre. Le soldat commence à poser des questions, et l'autre lui répond : « Des barbets comme celui-ci, quand on en a pris la charge, on ne les plante pas ainsi au premier tournant de route. Si par malheur tu lâchais ce chien, c'en serait fait de toi. Ton âme serait condamnée à prendre la place de l'âme mauvaise qui est en lui... C'est quelque revenant malfaisant que Tadik Kozh aura conjuré. » Et le soldat d'accomplir sa mission, allant de paroisse en paroisse. Chaque fois, le recteur du lieu l'envoie chez un autre. Il finit par arriver au presbytère de Commana, sur les Monts d'Arrée. Là, après avoir attendu la tombée de la nuit, le recteur emmène le soldat, qui tient toujours le chien en laisse, vers le Yeun Elez. Et il avertit son compagnon de prendre garde que l'animal ne lui échappe : « Nous serions perdus l'un et l'autre. » Il ajoute d'ailleurs : « Quoi que tu entendes, ne détourne pas la tête. Il y va de ta vie en ce monde et de ton salut dans l'autre. »

« Ils allaient à une grande montagne sombre, bien plus haute et plus sauvage que le Ménez Bré. Tout à l'entour, la terre était noire. Il n'y avait là ni herbe, ni lande, ni bruyère. Le lieu où ils cheminaient maintenant était triste, triste ! C'était la désolation de la désolation. Une bouillie de terre noire détrempée dans de l'eau noire. On ne fut pas plus tôt dans ces fondrières que le chien se mit à hurler lamentablement et à se débattre avec frénésie. » Alors, à un moment donné, le recteur de Commana met son étole autour du cou de l'animal. La bête pousse « un cri de douleur atroce, épouvantable ». Le recteur et le soldat se jettent par terre, la tête contre le sol. Le soldat entend « le bruit d'un corps qui tombe à l'eau. Et aussitôt, ce furent des sifflements, des détonations, tout un vacarme enfin ! On eût juré que le marais était en feu. Cela dura une demi-heure. Puis tout rentra dans le calme [1]... ».

Grâce aux conjurations de Tadik Kozh et à l'aide précieuse du jeune soldat et de tous les recteurs de paroisses, l'âme réprouvée enfermée dans le corps du chien noir est passée de l'autre côté, et bien entendu dans le mauvais côté, puisqu'il s'agit d'un être maudit. Car le Yeun Elez est la porte de l'Enfer, et non celle du Paradis, ni même celle du Purgatoire. Ce n'est certainement pas un hasard si, dominant les solitudes marécageuses du Yeun Elez, se dresse une chapelle dédiée à saint Michel sur l'une des plus fortes hauteurs des Monts d'Arrée. Ce n'est pas non plus un hasard si, dans l'église paroissiale de Brennilis, un village qui domine le Yeun, on peut voir une statue de Notre-Dame de Bréac'h Ilis, c'est-à-dire en fait une « Notre-Dame des Marais ». On sait que saint Michel combat le dragon des profondeurs, le Léviathan, celui qui surgit des eaux marécageuses qui stagnent au bas du monde, et que la Vierge Marie, toujours associée à saint Michel, est celle que l'on implore pour *bien passer de l'autre côté.* La prière de l'*Ave Maria* est très claire sur ce point : « Priez pour nous, pauvres pécheurs, maintenant et à l'heure de notre mort. » Et, comme le dit François Villon dans sa célèbre *Ballade pour saluer Notre Dame,* la mère du Christ est « impérière (impératrice) des infernaux paluds ». Elle y règne non pour enfouir les gens dans les sombres fondrières, mais pour éviter à ceux qui s'aventurent dans ces domaines instables de s'enliser ou de disparaître dans des profondeurs inconnues. Elle vient au secours de ceux qui s'adressent à elle lorsqu'ils ont un

1. A. Le Braz, *la Légende de la Mort,* pp. 423-431.

passage difficile à franchir. Les récits du Moyen Age abondent sur ce thème.

Au reste, comme la brume, le marais est une image particulièrement adéquate pour signifier le caractère instable de ce passage de l'âme vers l'Autre Monde. C'est en effet un lieu d'échanges : entre la terre et l'eau d'abord, puis entre la vie et la mort d'un point de vue strictement biologique. C'est là que se décompose la matière végétale, mais de ce pourrissement naît une nouvelle vie, une nouvelle forme d'existence. On sait que les marécages sont des lieux écologiques par excellence, absolument nécessaires pour l'équilibre naturel d'un pays, à la fois réserve d'humidité et creuset où s'opèrent des alchimies complexes, sans parler de l'importance économique qu'ils représentent, ne serait-ce que grâce à la pêche, à l'extraction de la tourbe, et en tant que réserve pour la faune, en particulier pour les oiseaux migrateurs. On en est venu à penser que l'assèchement des marais, opéré sur une grande échelle depuis un siècle en Europe, a eu des conséquences fâcheuses sur les régions d'alentour, modifiant sensiblement la flore et la faune, perturbant le régime des pluies et les conditions climatiques générales. Et, sans tomber dans une vague nostalgie du temps passé, on peut dire que la disparition des marais a toujours contribué à modifier l'âme d'un pays.

Car il y a des aspects psychologiques incontestables. L'influence des marais sur l'imaginaire collectif revêt une grande importance. Les phénomènes naturels qui s'y produisent, comme les clapotis de l'eau, le cri des bêtes, les vapeurs qui s'élèvent le matin ou le soir, les odeurs si particulières de l'eau stagnante, odeurs parfois franchement délétères, l'espace clos et limité, ont contribué à créer une psychologie spécifique dont les manifestations, repérables chez les habitants du voisinage immédiat, sont à la fois naturelles et surnaturelles. Les marais sont les lieux privilégiés des apparitions, des fantômes, des feux follets et autres projections de l'esprit sur une nature mystérieuse et presque évanescente. Comment ne pas voir dans ces brusques jaillissements de brouillards des cohortes de personnages venus de l'Autre Monde ? Comment ne pas voir dans les feux follets des âmes en peine, poursuivies par les flammes de l'Enfer ? Comment ne pas être impressionné par ces fondrières où l'on peut s'enliser sans espoir de retour vers la lumière ?

Nombreuses sont les histoires colportées, un peu partout, sur les aventures survenues à des gens qui s'attardent, la nuit, au voisinage d'un marécage, là « où l'on voit des *choses de nuit* » et « d'où l'on entend sortir des *bruits d'épouvante* ». La Grande Brière, en Loire-Atlantique, est très riche en traditions de ce genre. A la Chapelle-des-Marais, là où les marais sont les plus profonds et les plus secrets, lorsque certaines personnes s'en reviennent, le soir, par les chemins écartés, « ils entendent souvent une voix triste qui sort de la brume, comme si c'était un homme qui se noie, et qui crie à l'aide. Alors, ils courent aussitôt du côté d'où vient la voix, mais quand ils arrivent à cet endroit, ils n'entendent plus rien et ne voient personne. Et à ce moment, de l'autre côté des marais, tout à l'autre bout, une voix recommence à crier à l'aide. Et toujours comme cela jusqu'à ce que les hommes soient fatigués de courir d'un côté à l'autre et finissent par s'en aller chez eux, voyant bien que ce sont des revenants, ou le lutin qui hante le marais pour les égarer ou leur faire peur [1] ». Car les êtres surnaturels qui sont « aux portes de l'enfer » sont des esprits maléfiques ou simplement malicieux : ils sont là pour mettre à l'épreuve les humains, sans doute pour leur prouver qu'il existe une autre vie, quelque part, derrière la brume, sur cette terre qui n'est pas de la terre, dans cette eau qui n'est pas de l'eau.

Il est facile de trouver des explications rationnelles à ces « manifestations », et l'on ne s'est pas privé d'en donner d'excellentes : l'étrangeté du paysage suscite la peur, et conduit à des hallucinations, qui ne sont que des projections du psychisme sur l'environnement. Il en est de même pour le jeune enfant qui, seul dans sa chambre, et dans le noir, va peupler cette obscurité d'apparitions diverses. Mais il faudrait peut-être tenir compte d'un fait important : si l'environnement joue un rôle non négligeable,

1. J. Markale, *Contes populaires de toutes les Bretagne*, pp. 82-83.

il n'est que le *support* d'une visualisation, celle-ci provenant d'une rencontre entre des formes vagues et *quelque chose* qui surgit de la conscience. Le tout est de savoir la nature exacte de ce *quelque chose.* L'angoisse n'explique pas tout, et le rêve, quel qu'il soit, est le résultat d'une synthèse entre des éléments divers dont l'origine reste souvent floue. Il y a nécessairement dans ces « hallucinations » une part d'inconnu, et qui pourrait être, après tout, la présence de forces invisibles, d'une énergie que le témoin capte, souvent à son insu, et qui se manifeste par des images concrètes. L'ivrogne, en pleine crise d'éthylisme avancé, ne voit-il pas et ne sent-il pas réellement des bêtes immondes l'entourer et le frôler ? Ce n'est certes pas lui qui se poserait des questions sur la réalité de ce que les autres appellent hallucinations. Cette réflexion peut être étendue à toutes les apparitions d'ordre mystique. On peut ironiser sur la « belle Dame Blanche » vue par Bernadette Soubirous dans la grotte de Lourdes ; mais, l'ensemble de la région pyrénéenne est coutumière de ces croyances en « dames blanches » que l'on aperçoit parfois près des torrents ou dans des grottes, dames blanches parfaitement laïques dans la plupart des cas et assimilées à des fées. D'ailleurs, elles n'apparaissent pas n'importe où, mais toujours dans des endroits précis, au bord de l'eau, ce qui n'est pas sans intérêt. Et au lieu d'ironiser sur Lourdes, on ferait mieux de se poser la question fondamentale : qu'est-ce que Bernadette Soubirous, en dehors de toute interprétation ultérieure, nécessairement culturelle, *a réellement vu* dans la grotte ? Car il y avait nécessairement *quelque chose.* Le drame de l'expérience individuelle, c'est justement d'être individuelle, spécifique, et non transmissible à d'autres consciences, ce qui fausse toute tentative d'explication scientifique.

Mais comme les « apparitions » ne se produisent pas n'importe où, on doit constater qu'il existe des lieux privilégiés pour ce genre de phénomène. Assurément, le marécage en est un. Il est un peu comme un creuset dans lequel convergent de mystérieuses énergies pour y être transformées et manifestées. Et ce n'est pas un endroit « neutre ». Si le marécage a pris une telle place dans l'imaginaire collectif, c'est qu'il y a une raison. Les multiples traditions à ce sujet, qui vont du Styx à la « Mare au Diable » si bien sentie et représentée par George Sand, en toute connaissance de cause, semble-t-il, permettent de formuler une certitude : le marécage est une des zones frontières de l'Autre Monde, un point de rencontre entre le visible et l'invisible, en un lieu où tous les échanges sont possibles. C'est aussi l'affirmation solennelle qu'il existe un Autre Monde et que l'on peut, dans certaines conditions, entrer en contact avec les êtres qui le peuplent.

4. *Le gouffre et le puits*

Dans les traditions les plus anciennes, tout au moins celles qui sont conservées dans des écrits, on note une différence essentielle entre le monde d'en bas et le monde d'en haut. La Bible hébraïque et les textes assyro-babyloniens sont formels sur ce point : l'univers divin est en haut, dans le ciel, à la fois le ciel visible, plein de lumières solaires ou stellaires ; et le monde des morts est en bas, dans l'obscurité, au fond de la terre. Cette dichotomie rejoint toutes les cosmogonies, et toutes les théogonies. Pour les Grecs, le monde est né de la conjonction, pour ne pas dire le *coït,* d'Ouranos, le ciel, et de Gaia, la terre. Pour la Genèse, « au début, les *Élohim* flottaient sur les eaux ». Il n'est pas question d'expliquer ce qu'étaient les Élohim, ce mystérieux pluriel qui agace tant les théologiens chrétiens et leur fait commettre les pires spéculations d'une pensée soi-disant rationaliste ; mais les Élohim sont du domaine céleste, et les eaux appartiennent au domaine terrestre, bas, *inferus,* si l'on s'en tient au sens étymologique. La lutte d'Apollon, dieu céleste, contre Pythôn, déesse tellurique, terre personnifiée et divinisée, est révélatrice de cette dichotomie, même si elle a été récupérée par le Christianisme sous la forme de saint Michel (ou saint Georges), l'Archange de Lumière, donc être céleste, luttant contre le Dragon, être tellurique, obscur, surgi des profondeurs. On parvient ensuite au stade suivant : le séjour du dieu ou des dieux est *là-haut* dans le Ciel, et le séjour des malheureux mortels (des maudits, du moins à l'origine) est *en bas,* dans les *Enfers,* là où il fait sombre, là où « le soleil des vivants n'éclaire plus les morts ».

Étrange dichotomie... Toutes les formes de dualisme philosophique, ou plutôt métaphysique, s'y trouvent réunies : mazdéisme, manichéisme, gnosticisme, catharisme et, bien qu'ils ne veuillent en aucun cas l'admettre, le Judaïsme, l'Islam et le Christianisme officiel (catholique romain, orthodoxe et protestant), ensembles religieux fondamentalement bâtis sur l'opposition irréductible entre le Ciel et l'Enfer, sur la lutte éternelle entre Dieu et Satan, entre les forces de Lumière et les forces des Ténèbres, avec en corollaire l'existence supposée d'un Paradis de bonheur et d'un Enfer de souffrances.

Tout se réfère à une problématique du Haut et du Bas, le Haut étant censé représenter l'aboutissement, le Bas le début. Mais cela repose avant tout sur une redoutable ambiguïté : en latin, le mot *altus* signifie aussi bien *haut* que *bas,* selon la tradition ésotérique, formulée dans la fameuse *Table d'Émeraude,* attribuée au mythique Hermès Trismégiste (Hermès trois fois très grand, c'est-à-dire le nombre « neuf », chiffre du mystère et de l'Autre Monde), qui affirme que « ce qui est en haut est comme ce qui est en bas ». Alors, en réalité, où se trouve le début, où se trouve l'aboutissement ? On sait que les représentations du zodiaque anthropomorphique placent les Poissons aux pieds de l'homme et le Bélier à la tête. Or l'ordre habituel du Zodiaque part du Bélier et se termine par les Poissons, ce qui ne semble guère conforme à la Tradition ésotérique. C'est des pieds, donc des Poissons, que tout le mouvement ascendant doit partir, pour aboutir à la tête, c'est-à-dire au Bélier qui représente, en définitive, le Christ vainqueur de la Mort, sortant victorieux de son tombeau [1]. En termes d'hermétisme, l'être

1. C'est ce qu'avait compris l'abbé Henri Gillard (1901-1979), recteur de la paroisse de Tréhorenteuc, en forêt de Brocéliande, lorsque, bâtissant sa lecture des symboles artistiques et religieux sur le Zodiaque, il faisait partir celui-ci des Poissons (« le Créateur ») pour aboutir au Bélier (« le Sacrifice »). Les vues de l'abbé Gillard, tant critiquées par ses supérieurs hiérarchiques que par les scientifiques « bon teint »,

humain surgit de la Terre et se hausse jusqu'au Ciel ; c'est d'ailleurs l'avantage essentiel qu'il a sur les animaux, ceux-ci en restant à la position horizontale où la question du Haut et du Bas ne se pose même pas, ce qui ne veut pas dire que les animaux soient les inférieurs de l'être humain : ils sont dans *une autre dimension* de l'espace habituel. On ferait bien d'y réfléchir, surtout dans des sphères où l'on prétend que l'Homme est le roi de la Création et que les animaux sont ses esclaves [1].

Il y a des habitudes acquises. La vision primaire du *haut,* qui est bon, et celle du *bas,* qui est mauvais, sont parmi les clichés les plus éculés que l'humanité transporte depuis des millénaires dans sa mémoire ancestrale. Claude Gaignebet a écrit là-dessus des pages incontournables [2], qui remettent en cause tout un processus de (fausse) hiérarchie des valeurs. Et c'est une fois de plus aux romanciers dits « populaires » qu'il faut demander un peu de bon sens. « Je me dis qu'au fond il est stupide de se réunir, de se faire beau, de se peindre, de se teindre, de se harnacher, de se décorer, de se laver les pieds et le reste, de s'amidonner, de se smokinger pour manger. Quoi de plus abominable que tous ces estomacs groupés en rond, en ovale ou en rectangle afin d'absorber la même nourriture ? Quoi de plus laid que ces bouches qui s'ouvrent sur de la boustifaille, que ces dents vraies ou fausses qui la broient, que ces gosiers qui l'avalent, que ces entrailles qui la digèrent ? Alors que la fonction organique inverse est considérée comme honteuse. En vertu

---

sont cependant dans la lignée des grands mystiques du temps passé, et en conformité avec les notions les plus élémentaires de la symbolique. Ces spéculations de l'abbé Gillard sont exposées dans plusieurs brochures, dont *le Symbolisme en Brocéliande* et *le Zodiaque,* constamment rééditées depuis par les soins de l'abbé Rouxel (église de Tréhorenteuc, Morbihan).

1. Comme en témoignent les élevages dits « hors-sol » ou « en batterie », véritables monstruosités aussi bien sur le plan de la qualité de la viande qui en résulte que sur le plan de la simple humanité, cette mise en condition de l'animal étant peu compatible avec le respect que tout être humain doit à ses frères inférieurs.

2. Notamment dans son ouvrage intitulé *le Folklore obscène des Enfants,* Paris, Maisonneuve et Larose, 1980.

de quoi la besogne du soutier serait-elle plus noble que celle du ramoneur, hein, je vous cause ? [1] »

Le vrai problème se trouve posé : en haut, c'est bien, c'est de bon ton, c'est admis ; en bas, c'est sale, c'est choquant, ce n'est pas de bon ton, ce n'est pas admis. Il y a le Paradis en haut et l'Enfer en bas. Alors, comment se fait-il que certaines femmes musulmanes se cachent désespérément le visage devant des étrangers, même si c'est au prix de livrer à la vue le bas de leur corps qu'aucune femme chrétienne ne livrerait aux yeux des autres ? Étrange... « Et pourquoi, au lieu d'organiser toujours des bouftances-parties, n'organiserait-on pas des gogues-surprises ? ... Vous imaginez le spectacle ? Le tout-Paname déculotté ? Au lieu de salles à bouffer, des ouatères grands comme la Galerie des Glaces. Et ces maîtres d'hôtel qui iraient de l'un à l'autre, proposant des poires à lavement aux récalcitrants au lieu des apéritifs traditionnels. Tous ces larbins promenant du faf à train sur des plateaux d'argent, je les vois : gants blancs, comme les Saint-Cyriens. Y aurait des grooms pour actionner les chasses d'eau [2]... » L'humour, même teinté de mauvais goût, peut être corrosif ; mais il rend compte de la situation. Le haut est honorable, le bas est déshonorant. Il est de bon ton de lever la tête pour gober les nuages à défaut du Paradis, mais en tout cas, en bas, il y a l'Enfer avec toutes ses turpitudes, toutes ses obscurités, toutes ses odeurs malsaines. Et pourtant, ce qui se passe en bas n'est que le résultat de ce qui se passe en haut, comme dirait n'importe quel maniaque de l'ésotérisme.

Il ne semble d'ailleurs pas que cette distinction d'ordre moral soit très ancienne. Certes, le ciel a toujours été considéré comme le domaine des dieux, comme le suscitaient le soleil, la lune et les étoiles, ces luminaires étranges qu'on voyait apparaître et disparaître au gré des jours et des nuits. Mais les divinités que l'on supposait résider dans le ciel étaient toujours des dieux mâles, ce

1. San-Antonio (Frédéric Dard), *San-Antonio chez les Mac*, Paris, Fleuve Noir, 1969, pp. 19-20.
2. *San-Antonio chez les Mac*, p. 20.

qui implique l'idée que la Terre est le domaine des divinités féminines, avant tout de la Déesse-Mère, qui ne pouvait être que la Déesse-Terre. Les grands cairns mégalithiques apportent la preuve de cette croyance, enracinée dans les consciences depuis la nuit des temps. Et la fable mythologique d'Apollon vainqueur du serpent Pythôn à Delphes est révélatrice d'un état antérieur où le culte était tout entier consacré à une divinité féminine tellurique avant d'être remplacé par un culte de divinités célestes solaires de type apollinien. Et la tradition gréco-latine ne se fait point faute d'affirmer que sous terre, les Enfers (au pluriel, ce qui n'implique aucune distinction entre Paradis et Enfer au sens chrétien) contiennent à la fois un lieu de bonheur — très relatif, d'ailleurs — et un lieu de souffrances. Le domaine des morts est *en bas.*

Est-ce à dire que la première justification de ce choix est à rechercher dans le désir de se débarrasser des morts comme on se débarrasse des ordures, en les enfouissant ? Si l'on suppose que l'Homme primitif n'était qu'une grosse brute épaisse, on peut certainement partager cette opinion : dans ce cas, la localisation du royaume des morts sous terre serait la conséquence, non pas d'un rituel, mais d'un geste de simple hygiène, préserver les vivants de la contamination des morts. De là, bien évidemment, toutes les superstitions y afférant. Mais il semble qu'on ait sous-estimé l'Homme primitif, du moins en ce qui concerne son esprit. Il apparaît de plus en plus clairement que l'Homme primitif, s'il ne disposait pas de moyens appropriés, on dirait aujourd'hui de « technologie », n'en était pas moins conscient des problèmes de la vie et de la mort ; et il est plus raisonnable de supposer que cette localisation du royaume des morts sous la terre est un immense espoir : confier les morts à la Terre-Mère, c'est leur permettre une nouvelle naissance, même si, dans un temps indéterminé, les âmes de ces morts sont condamnées à errer en tant que formes évanescentes dans les sombres cavernes qu'on imagine.

De toute façon, cette localisation ne s'est pas faite au hasard. Cela touche des lieux qu'on dit privilégiés, mais qui sont marqués par une particularité témoignant d'une activité souterraine : des failles de l'écorce terrestre, des gouffres d'où émanent des vapeurs, des volcans, des ravins profonds où règne l'obscurité, des grottes naturelles avec de multiples galeries où il est impossible ou dangereux de s'aventurer. Les bords du lac Averne, où l'activité volcanique se manifeste par des émanations sulfureuses, ont été l'un de ces lieux, sans doute le plus célèbre de toute l'Antiquité. Mais Delphes, avant de devenir le royaume exclusif d'Apollon, dieu céleste, a été celui de la Déesse-Terre, et l'on sait que la Pythie vaticinait dans une grotte où parvenaient des émanations surgies d'anfractuosités, donc du monde souterrain. En somme, la Pythie recevait des messages de l'Autre Monde, celui qui se cachait en dessous ; et elle transmettait ces messages à l'état brut, sous forme de délires verbaux que traduisaient ensuite des prêtres spécialisés dans l'art du décryptage (ou de l'escroquerie, diront les sceptiques !). Et dans le monde entier, il ne manque pas d'endroits de ce genre, auxquels s'attachent de tenaces légendes toujours liées avec le royaume des morts. Parfois, d'ailleurs, quand il n'y a pas de failles ou de grottes naturelles, on en crée d'artificielles, comme les fameux hypogées de la vallée du Petit-Morin, creusés dans la craie et ornés de l'image de la Déesse, ou encore ces tertres mégalithiques qui restituent en réduction symbolique, à la surface de la terre et souvent même sur des sommets, les conditions d'*en bas.* Les cryptes des anciennes églises chrétiennes du Moyen Age sont de même nature.

Il est fréquent de trouver dans les témoignages de N.D.E. ces descentes aux enfers, le sentiment de tomber vers le bas, d'être aspiré par un vide, comme en une chute vertigineuse à travers des tunnels obscurs vers des lieux plus clairs où se dressent des paysages fantastiques. « J'eus la sensation de me déplacer le long d'une profonde et obscure vallée. L'obscurité était si totale et impénétrable que je ne voyais absolument rien [1]. » Ou encore cet étrange récit : « L'infirmière m'administra une piqûre pour m'aider à mourir sans trop de souffrance. Les objets qui m'entouraient dans l'hôpital commencèrent à s'éloigner de plus

1. R. Moody, *la Vie après la vie,* p. 51.

en plus ; tandis qu'ils paraissaient reculer, je basculai la tête la première dans une sorte de conduit étroit et très, très sombre ; je passais tout juste au travers. Et je glissais, glissais de plus en plus bas. » Et enfin cette certitude : « Brusquement, je me vis dans une vallée très profonde et très sombre. Il y avait comme un chemin, disons une route, qui longeait cette vallée ; et moi, je parcourais ce chemin... Beaucoup plus tard, après ma guérison, il m'est venu cette pensée : maintenant, je sais ce que la Bible entend par *la vallée de l'ombre de la mort ;* j'y suis allé [1]. » Comment ne pas comparer ces témoignages avec cette chute du Kirghiz Er-Töshtük qui « dégringole dans le sein de la terre : il roule dans le précipice, avec le bruit de la bourrasque qui gronde, en tournoyant comme le vent [2] ».

Il existe, dans la tradition populaire de Bretagne armoricaine, des fragments d'une vaste épopée centrée autour d'un héros du nom de Koadalan (= Bois Alain) et qui tourne autour du thème des visites que peut faire un humain dans ces sombres ravins qui conduisent à l'Autre Monde. A la suite de certaines circonstances, le héros devient « domestique du Diable », et grâce à la complicité d'une jument qui est en réalité une fée ou une déesse [3], il parvient à s'emparer des secrets du Diable sous la forme de trois livres rouges. Ayant contribué à la métamorphose de la jument, Théréza, il se lance dans d'innombrables aventures qui l'amènent à épouser la fille du roi d'Espagne. C'est au retour d'Espagne qu'il s'arrête chez le magicien Foulkes qui, pendant son sommeil, s'empare de ses livres rouges. « C'en est fini de Koadalan. Foulkes le précipita dans *un puits très profond* (il avait plus d'une lieue de profondeur), et il tomba au milieu d'un grand bois. » Koadalan erre alors dans un univers en tout point comparable à celui des vivants. « Il se mit à parcourir le

1. *Ibid.*, p. 52.
2. *Er-Töshtük*, p. 114.
3. Il s'agit d'une des représentations de la Grande Reine, parfois sous forme de jument (Épona, Rhiannon Macha chez les Celtes), celle qui est si souvent présente dans les gravures mégalithiques en tant que protectrice — et mère universelle — des défunts, présidant à la re-naissance de ceux-ci.

bois, mais il ne rencontra ni homme ni bête. Comme la nuit était venue, il dormit, la tête appuyée sur une grande pierre couverte de mousse. Quand le jour revint, il regarda autour de lui et reconnut le rocher près duquel il avait quitté Théréza [1]. » Bien entendu, il appelle Théréza, et celle-ci, véritable déesse-mère protectrice, lui apparaît et lui donne les moyens de reprendre les livres rouges et de quitter cet Autre Monde souterrain, lequel n'est autre que le royaume des morts souterrain, mais un royaume où tout est lumineux et beau, où les nuits succèdent aux jours, où l'on respire un air aussi sain que sur la surface de la terre. Il y a évidemment une équivalence entre ce royaume et l'univers du *sidh* irlandais que l'on atteint après avoir franchi le sombre couloir du tertre pour pénétrer dans « la chambre de soleil ».

Une autre histoire de ce genre existe dans la tradition irlandaise. D'après un récit du cycle de Finn, le vieux roi des *Fiana* et le jeune Diarmaid, entraînés par un curieux personnage du nom de Gilla le Dur, se retrouvent dans une terre inconnue, au-delà de la mer. A peine ont-ils abordé que Diarmaid se précipite et s'engage seul dans une forêt très dense. Il tue un daim qu'il fait rôtir et se construit une hutte de branchages pour passer la nuit. Le lendemain, il se voit défié par un magicien avec lequel il se bat toute la journée. Le soir, le magicien *saute dans un puits et disparaît.* Le jour suivant, le magicien revient et se bat encore contre Diarmaid. Mais, lorsque le soir, le magicien saute dans le puits, Diarmaid le suit. Il arrive dans un beau paysage au milieu duquel se dresse un château. Diarmaid tue les quatorze gardiens du château, puis se couche devant la porte et s'endort. Il est alors réveillé par un inconnu qui l'invite à le suivre et qui lui apprend qu'il se trouve dans le *Tir Fohin,* dans le « Pays sous la Mer ». On ne peut mieux affirmer l'existence d'un Autre Monde situé en bas, sous la terre ou sous la mer, mais *dessous,* et dans lequel on accède par un puits [2]. Après de

1. J. Markale, *la Tradition celtique en Bretagne armoricaine,* p. 178.
2. J. Markale, *l'Épopée celtique d'Irlande,* p. 152.

nombreuses aventures, Diarmaid se retrouve parmi les *Fiana,* dans le château du Roi de Lumière. Or, on apprend que le Grand Roi du Monde attaque le château. Finn et les *Fiana* repoussent le Roi du Monde dans une bataille héroïque qui est demeurée présente dans la mémoire collective des Irlandais [1].

Cette idée d'un Autre Monde souterrain a été parfaitement intégrée dans le Christianisme irlandais. Un texte du XIIe siècle, écrit d'ailleurs en anglo-normand, c'est-à-dire en un dialecte français, concerne le « Purgatoire de saint Patrice », situé en Irlande. Il y est question d'un certain chevalier Owen qui prend la décision d'explorer un puits où était descendu l'évangélisateur de l'Irlande. Owen, après s'être confessé et avoir pieusement communié, descend donc dans les profondeurs de ce puits : il y est témoin des supplices infligés aux âmes du Purgatoire, et plus bas aux âmes de ceux qui sont condamnés à l'enfer éternel. Le thème est commun au Moyen Age, et Dante s'inspirera de ce texte, comme il s'est inspiré de *l'Énéide,* pour composer sa *Divine Comédie.* Mais la légende du « Purgatoire de saint Patrice » est solidement enracinée au nord-ouest de l'Irlande, sur le Lough Derg, un lac de bout du monde, mélancolique à souhait, situé dans le comté de Donegal en Ulster, côté République d'Irlande, mais non loin de la frontière avec ce qui reste de l'Irlande presbytérienne. La tradition locale, renforcée par de nombreux textes du Moyen Age, prétend que saint Patrick débarqua sur un îlot du Lough Derg, actuellement Station Island, où il eut à lutter contre tous les démons d'Irlande qui s'étaient réunis pour le chasser.

Il y a évidemment une allusion aux « joutes magiques » auxquelles, d'après sa légende, se livra saint Patrick, évêque chrétien, mais néanmoins ancien élève des druides, contre les représentants du paganisme : ce sont eux, en fait, les démons qu'il doit affronter et qu'il doit circonvenir en prouvant la supériorité de sa propre magie

1. Cette bataille est localisée sur la plage de Ventry, à l'extrémité la plus occidentale de l'Irlande, sur la presqu'île de Dingle, face aux îles Blasket. La population de Ventry et de ses environs a gardé fidèlement cette tradition dans des contes et des chansons en gaélique.

— chrétienne. Et, au bout de quarante jours de lutte, le saint réussit à chasser définitivement d'Irlande ces démons (et par la même occasion tous les serpents ; c'est depuis ce temps qu'il n'y a plus aucun serpent dans l'île !), après avoir eu, dans cet îlot, une vision du Purgatoire et de l'Enfer, au fond d'un puits creusé dans les temps anciens.

On peut se demander quelle est la part de réalité, d'autant plus qu'il semblerait que le lieu authentique de cet exploit soit, non pas Station Island, mais un autre îlot du même lac Derg, Saint's Island où l'on a découvert les vestiges d'un monastère de type celtique colombanien antérieur au XIIe siècle, avant l'introduction de la réforme cistercienne, due à saint Malachie et à l'influence des souverains anglo-normands. Mais la tradition est tenace. Les pèlerinages en cet étrange lieu ont commencé au moins au XIIe siècle. Ils sont même devenus aussi célèbres que les pèlerinages de Saint-Jacques de Compostelle, ce qui dénote leur importance. Mais aussi leur « marginalité », car les éléments dits païens n'y manquaient pas. Les autorités religieuses romaines s'en inquiétèrent, et le pèlerinage fut interdit par les papes Alexandre VII et Pie III. Mais il faut bien avouer que ces condamnations restèrent lettre morte, et que ce pèlerinage a eu la vie dure puisque, de nos jours, il est aussi fréquenté qu'au Moyen Age, sinon davantage. Entre le début juin et le 15 août, les pèlerins doivent passer au moins trois jours et deux nuits sur Station Island, en se nourrissant exclusivement de pain noir et de thé, ou encore d'eau du lac bouillie et agrémentée de poivre. Ils doivent également accomplir d'invraisemblables mortifications, dont certaines relèvent de la pure névrose. Et nul ne peut être admis à Station Island s'il n'est pas pèlerin ; donc tout visiteur doit s'engager à respecter scrupuleusement le rituel mis en place depuis l'époque — très brumeuse — de saint Patrick. On ne peut pénétrer dans le « Purgatoire de saint Patrice » qu'en s'entourant de certaines précautions, et même si, actuellement, il n'y a pas de puits réel à Station Island, son image hante les pèlerins ; et cela démontre une fois de plus l'importance de cette notion d'Autre Monde *en bas*, dans un pays merveilleux où il est parfois difficile de se reconnaître.

Il est vrai que, d'après les divers témoignages de N.D.E. et aussi des expériences médiumniques concernant l'Autre Monde, il est souhaitable de se familiariser d'avance avec ce qui attend l'être humain dans ce voyage après la mort. Ici, la tradition chrétienne, même revue et corrigée par l'apport celtique, rejoint totalement les « conjurations » du *Bardo-Thödol* tibétain. Fréquenter le Purgatoire, c'est faire la distinction entre ce qui est réel et ce qui ne l'est pas. Un autre récit de la tradition irlandaise païenne, décidément très productive dans ce genre de spéculations — ou d'expériences —, nous en apporte une preuve éclatante.

Il s'agit une fois de plus du héros Finn mac Cumail, le roi des *Fiana,* que, par certains aspects de sa personnalité, on peut assimiler au roi Arthur de la légende médiévale. Finn se trouve, encore une fois, en compagnie de ses fils Cailté et Oisin (Ossian). Ils s'égarent sur une lande alors que la nuit tombe. Cherchant un abri, ils finissent par découvrir une maison d'où sortent des cris et des gémissements. Et devant la maison, se tient un personnage gigantesque. « Ses yeux étaient ronds comme des œufs de merle, noirs comme la mort et plus rapides qu'un lièvre ; la racine de ses dents était grise comme une souche de houx, et leurs pointes jaunes comme de l'or. Il avait les jambes très maigres, les talons pointus et noirs. Aussi noires que du charbon de foyer étaient ses jointures et ses articulations, de la tête aux pieds. »

Ce personnage a de quoi surprendre, mais il est très connu des auteurs de récits mythologiques celtiques. On le retrouve jusque dans *le Chevalier au Lion* de Chrétien de Troyes, l'un des premiers romans arthuriens : « Il avait la tête plus grosse que celle d'un roncin ou d'une autre bête, les cheveux touffus, le front pelé et large de près de deux empans, les oreilles velues et grandes comme celles d'un éléphant, les sourcils grands et le visage plat, des yeux de chouette, un nez de chat, une bouche aussi largement fendue que la gueule d'un loup, des dents de sanglier aiguës et rousses, une barbe rousse et des moustaches tortillées ; son menton joignait sa poitrine et son échine était longue, torse et bossue. » On voit d'où provient le personnage de Polichinelle-Pulcinella. Mais on le reconnaît dans le texte gallois de *Owein et Lunet :* « Tu verras un grand homme noir, aussi grand au moins que deux hommes *de ce monde-ci :* il n'a qu'un pied et un seul œil au milieu du front ; à la main, il porte une massue de fer... Ce n'est pas que ce soit un homme méchant, mais il est laid. » Et il figure également dans le récit irlandais de *la Destruction de l'Hôtel de Da Derga :* « Il avait des cheveux raides et crépus ; si on avait renversé un sac plein de pommes sauvages sur son crâne, pas une pomme ne serait tombée sur le sol, mais chacune d'elles se serait accrochée à ses cheveux. Si sa tête avait été jetée contre une branche, la tête et la branche n'auraient pu se détacher. Long et épais comme un joug était chacun de ses deux tibias. Chacune de ses deux fesses avait la forme d'un fromage sur un brin d'osier. Il portait à la main une perche à la pointe de fer fourchue et noire, et sur son dos un cochon tacheté de noir et qui criait continuellement. » Ce dernier personnage se nomme Fer Caille, c'est-à-dire l'Homme des Bois. Mais il n'est pas difficile de reconnaître dans ces différents rustres la même entité divine, le Dagda, dont la massue était ambiguë : s'il frappait avec un bout de sa massue, il tuait ; mais s'il frappait avec l'autre bout, il ressuscitait. Il s'agit bel et bien du dieu de la Vie et de la Mort ; et il n'est donc pas étonnant de le rencontrer dans ces zones frontières où la vie et la mort sont encore si mêlées qu'il est impossible de les reconnaître.

Donc Finn, Cailté et Oisin se trouvent face au « géant ». Celui-ci les salue et les invite dans sa maison. « Ils s'assirent tous les trois sur le bord d'un lit et le géant leur lava les pieds. Il leur alluma un feu de bois de sureau et peu s'en fallut qu'ils ne fussent étouffés par la fumée. » Mais ce n'est rien en comparaison de la suite : « Les gens de la maison se levèrent alors des coins où ils étaient et se tournèrent vers le feu. Effroyables étaient les gens qui levèrent la tête alors : une vieille, noire comme la fumée, horrible, à trois têtes, une qui pleurait, une qui riait, une qui dormait. De l'autre côté, un homme sans tête avec un œil unique sur la poitrine. » Le géant veut manifestement faire plaisir à ses hôtes. Il demande à ses gens de chanter : « Neuf corps se levèrent et, de l'autre côté, se levèrent neuf têtes sur les côtés de la maison. Ils poussèrent neuf cris aigus, rudes, effrayants, épouvantables, très haut. La vieille, le géant et le tronc, d'un autre côté, leur répondirent. Le sang de la tête des hommes aurait coulé, les morts se seraient réveillés hors de la terre, les gens faibles du cœur seraient tombés évanouis à la musique qu'ils chantaient. La mélodie du tronc était la plus horrible et la plus effrayante de toutes. Ils faillirent fendre la tête des gens qui les écoutaient... »

Ce n'est pas tout. En bon hôte, le géant veut offrir à manger à ses hôtes. Mais il agit de curieuse manière : il tue le cheval de Finn, l'écorche et le découpe, puis met les morceaux de viande sur cinquante broches de sorbier qu'il place devant le feu. N'attendant pas que la viande soit cuite, il invite ses hôtes à manger. Finn refuse prudemment : « Nous ne sommes pas habitués à manger chez nous une pareille chose », dit-il. Apparemment, Finn a compris que si lui et ses fils absorbaient une quelconque nourriture dans ce pays d'Autre Monde, ils seraient contraints d'y demeurer à jamais, comme la jeune Perséphone après avoir mangé une grenade du royaume de Hadès. Mais ce refus de Finn a le don d'indigner le géant qui promet de se venger de l'affront subi. « Alors, dans la maison, tous se mirent debout. Le feu s'éteint aussitôt. Finn est serré dans le coin, secoué et battu. Ils furent ainsi toute la nuit à crier jusqu'au matin de cette manière. Ils ne se séparèrent pas de Finn, en sorte qu'ils restèrent étendus à terre et qu'ils tombèrent en léthargie et immobilité de mort. Ils furent ainsi, comme des cadavres, jusqu'au lendemain matin. Lorsqu'ils sortirent de leur évanouissement, le lendemain, ils ne virent là ni maison, ni gens, dans le pays plat qui les entourait de tous côtés. Ainsi s'éveilla Finn : son cheval était attaché à une houssine, sans tache, sans défaut, sans mal [1]. » En somme, ce n'était que simple fantasmagorie.

Il est bien évident que ce récit médiéval, dont le schéma, beaucoup plus ancien, remonte au plus profond de la tradition celtique païenne, est la transcription d'une

1. G. Dottin, *l'Épopée irlandaise*, pp. 159-161.

expérience proche de la mort. Le tout est de savoir à quoi correspondent les scènes *vues* et non *imaginées* par les trois héros de cette histoire. Et là, les interprétations peuvent être multiples. « Les apparitions se présentent sous divers aspects, dont le plus commun est une hallucination visuelle. Ces apparitions peuvent être de personnes décédées, ou de personnes vivantes... Les personnes apparaissant sont parfois totalement inconnues du percipient, mais alors elles sont généralement en relation avec le lieu où l'hallucination prend place. Elles peuvent alors devenir récurrentes, ce qui les classe parmi les phénomènes de hantise. Quant aux formes que prennent ces apparitions, la plus courante est une hallucination visuelle. Mais il peut s'agir aussi de phènomènes sonores : voix, coups frappés, murmures ou musiques paranormales. En général, on rencontre soit le mode visuel, soit le mode sonore, et plus rarement les deux associés, c'est-à-dire une apparition qui délivre un message parlé. Certains cas plus rares d'hallucinations font intervenir l'odorat ou le toucher [1]. » Mais, au fait, qu'est-ce donc réellement que l'hallucination ?

« J'étais mort, du moins en ce qui concerne ce monde. Mais j'étais vivant dans un autre monde. Et j'ai plus appris pendant cette heure hors de mon corps que je ne pourrai jamais apprendre dans ce corps... Je me souviens, plus clairement que de tout ce qui m'est jamais arrivé dans ma vie, de tous les détails de ce que j'ai vu et de ce qui s'est passé pendant l'heure que j'ai vécue hors de ce monde. Je me tenais à quelque distance de cette masse mouvante, turbulente et brûlante, de feu bleu. Elle s'étendait aussi loin que mes yeux pouvaient porter. Je n'étais pas dedans. Je vis quelqu'un que j'avais connu et qui était mort quand j'avais treize ans. Il y avait aussi un garçon avec lequel j'avais été à l'école et qui était mort d'un cancer de la mâchoire à cause d'une dent infectée, alors qu'il était tout jeune. Il avait deux ans de plus que

1. Christine Hardy, *l'Après-Vie à l'épreuve de la Science*, Monaco, Le Rocher, 1986, p. 89. Cet ouvrage est une analyse rigoureuse de tous les témoignages scientifiques de N.D.E. et autres « communications » avec le monde de l'au-delà, dans un esprit d'objectivité total.

moi. Nous nous sommes reconnus, mais ne nous sommes pas parlé. Eux aussi regardaient. Ils semblaient indécis et profondément préoccupés, perplexes, comme s'ils ne pouvaient pas croire ce qu'ils voyaient. Le spectacle était si terrifiant qu'il est impossible de le décrire... C'est une prison d'où personne ne peut sortir, sauf sur une intervention divine [1]... » Il s'agit d'un témoignage de N.D.E. Alors, hallucination ou profonde réalité qui ne peut avoir aucun sens dans le monde des vivants ?

Sur un tout autre plan, on pourrait dire que cette « descente » qui permet de rencontrer des personnages étranges, connus ou inconnus, humains ou surhumains, est une plongée au cœur de l'Inconscient. Si l'on partage la conception platonicienne — et pythagoricienne — des « réminiscences », des vagues souvenirs que l'on peut avoir, ou d'existences antérieures, ou d'état supérieur dans le monde des Idées pures, on est amené à penser que les images perçues au cours d'une N.D.E. ne sont que les projections de ce qui existe réellement à l'intérieur de soi-même. Mais cela suppose la permanence de cet Inconscient, donc la *survie* d'une certaine forme de conscience après la mort physique. Le fait de « descendre » dans un gouffre, dans un puits, dans un point de vue psychologique, n'est autre que le « ressourcement » de l'être, la réintégration d'un *moi* profond et immortel qui n'a pas cessé d'être présent, mais qui ne se manifestait, au cours de la vie, que par des symboles, par des images de rêve, voire par des paroles bizarres ou des actes manqués. La *chute* est un élément essentiel dans la mémoire collective de l'humanité ; mais cette idée, qui désignait à l'origine toute tentative de réintégration du *moi*, est devenue, par le jeu des motivations éthiques, prolongées par la mainmise intellectuelle des clercs (de toutes les religions), une *faute*, la faute originelle, celle d'Adam dans la tradition judéo-chrétienne, une faute qu'il faut expier par des tourments matérialisés sous des aspects fantasmatiques qui ne font que révéler une culpabilité

1. M. Rawlings, *Au-delà des portes de la Mort*, Paris, Pygmalion, 1979, pp. 124-125.

sous-jacente encore que franchement inventée de toutes pièces dans le but de manipuler le commun des mortels.

Mais les visions d'*en bas* ne sont pas toujours « infernales », et le sentiment de culpabilité n'est pas la seule motivation de cette descente. D'un point de vue psychologique plus général, cette descente se justifie par la conscience qu'a l'être humain d'être né de la terre : « Tu es poussière et tu redeviendras poussière », paroles qui sont celles de la liturgie catholique le mercredi des Cendres. C'est encore l'aspect maternel de la terre qui domine dans cette tentative de régénération par le bas. De là, des spéculations innombrables sur un monde *utérin* qui se trouverait dans les profondeurs inexplorées de la planète. Sous une apparence rationaliste, des romans d'aventures comme *le Voyage au centre de la Terre* et *les Indes noires* de Jules Verne traduisent éloquemment cet état d'esprit. Quant au romancier ésotériste Bulwer-Lytton, l'auteur des célèbres *Derniers Jours de Pompéi,* il ne faudrait pas oublier qu'il est aussi l'auteur d'un bien singulier récit intitulé *The Coming Race* (La race à venir) dans lequel, sous le couvert de la fiction, il expose en fait toutes les théories sur l'existence d'un monde souterrain peuplé d'êtres quasiment immortels. Ce peuple est curieusement nommé les *Anas ;* et il est évident que le Britannique Bulwer-Lytton, dont les liens avec les Rose-Croix et diverses sociétés secrètes sont établis, et qui était très au courant de la mythologie celtique, s'est souvenu des *Anaons* de Bretagne, ces trépassés placés sous la protection de sainte Anne, autrement dit les Tuatha Dé Danann des légendes irlandaises. Ces *Anas,* affirme le romancier, possèdent une source d'énergie naturelle extraordinaire, le Vril, que d'aucuns ont pu comparer au Graal, et grâce à ce Vril, ils sortiront un jour de leur domaine souterrain, par un *puits de mine* ou par un orifice situé en Islande, et ils assureront leur domination sur toute la surface de la Terre. Rêverie ou réflexion sur un des plus anciens mythes de l'humanité ?

Ces constructions romanesques s'insèrent dans un ensemble de théories spéculatives sur le thème de la *Terre creuse ;* et ces théories ne sont pas toujours récentes. On les retrouve au XVIe siècle, lorsque Guillaume Postel prétendait que le Paradis se trouvait sous le pôle arctique, idée largement répandue par la suite à propos d'une mystérieuse oasis chaude et luxuriante qui s'étendrait sous les glaces du pôle. Plus tard, Buffon supposera l'existence de grands lacs au-dessous des plaines et des grandes vallées. En 1818, un capitaine américain du nom de Cleeves Symnes communiquera à toutes les universités des États-Unis un message solennel dans lequel il déclarera « que la terre est creuse et habitable intérieurement. Elle contient plusieurs sphères solides, concentriques, placées l'une dans l'autre, et elle est ouverte au pôle de 12 à 16 degrés ». En 1894, un autre Américain, Cyrus Read Teed, reprit cette théorie et la développa, fondant même une secte, le Koreshisme, qui groupa jusqu'à quatre mille adhérents. Tout cela aboutit au lendemain de la Première Guerre mondiale à la fondation du mouvement *Hohlweltlehre* (doctrine de la Terre creuse) par l'étrange aviateur Bender, dont les thèmes majeurs seront repris et examinés, pour ne pas dire admis, par un certain nombre de savants nazis. C'est alors qu'il faudrait parler de la *Golden Dawn* et de la fameuse société *Thulé,* et citer des personnages énigmatiques comme Rudolf von Sebottendorf ou Karl Haushofer, d'incontestables érudits qui naviguèrent dans les eaux troubles des sociétés secrètes qui patronnèrent le nazisme. Mais, ici, la prudence s'impose quant à toute conclusion hâtive ; et il semble bien qu'on ait bâti des romans-feuilletons sur l'importance des composantes « occultistes » des doctrines hitlériennes [1]. Cependant, il est exact que la théorie de la Terre creuse fut très à l'honneur dans les milieux scientifiques de l'Allemagne nazie.

Il faut relativiser et rendre à la Société Théosophique, et en particulier à Héléna Pétrovna Blavatsky, ce qu'on leur doit en ce domaine. C'est bel et bien Mme Blavatsky qui a parlé la première de centres d'initiation et de bibliothèque secrètes en quelque lamaserie souterraine du Tibet, ainsi que de fabuleux monastères dans des grottes

1. Voir Nicholas Goodrick-Clarke, *les Racines occultistes du Nazisme,* Puiseaux, éd. Pardès, 1989. Il s'agit d'un ouvrage remarquablement documenté dont le seul défaut serait, sans le dire, de vouloir un peu trop « blanchir » le nazisme.

et des souterrains de l'Asie centrale. Et de décrire la fabuleuse oasis de Shamballah dans le désert de Gobi. Mais Mme Blavatsky ne faisait que reprendre les thèmes du Français Saint-Yves d'Alveydre, dont l'ouvrage posthume, *la Mission de l'Inde en Europe*, publié en 1910, fait explicitement référence au mystérieux royaume souterrain de l'Agartha, où régnerait un non moins mystérieux « Roi du Monde ». A y regarder de près, on conviendra qu'il s'agit seulement d'une exploitation *ésotérique* du mythe grec de Pluton-Hadès revu et corrigé pour la circonstance, et fortement réduit à la dimension d'une société secrète ayant pour but de dominer le monde grâce à des connaissances précieusement conservées à l'usage d'une élite intellectuelle et politique, la fameuse « Synarchie » qui contrôlerait de façon occulte tous les agissements de l'humanité. Qu'est devenue la portée métaphysique du mythe d'Hadès ? Le romancier américain Edgar Rice Burroughs, l'auteur de *Tarzan*, était moins prétentieux lorsqu'il décrivait, dans les deux récits qui forment le cycle de *Pellucidar*, les aventures de son héros David Innes, au centre de la terre, dans un monde creux et concave où tout est comparable à ce qui se passe sur la surface.

A force d'historiciser le mythe et de vouloir lui donner des assises sociologiques, on le réduit à l'état de concept, avec les multiples idéologies qui en découlent. Les choses sont finalement beaucoup plus simples, même si pour être compris le mythe doit être exprimé de façon concrète. Par le gouffre et par le puits, on pénètre au cœur de la Terre, dans la matrice originelle. Et là, le sang maternel coule abondamment pour donner ou redonner vie aux créatures. Or, ce sang maternel, diffusé par le cordon ombilical, c'est avant tout, et symboliquement, l'eau qui surgit de la terre pour féconder la surface et permettre l'existence de tous les êtres, végétaux et animaux, et peut-être même minéraux. C'est dire l'importance des sources, des puits, des rivières souterraines dans une tradition populaire qui n'a pas cessé de s'interroger sur les mystères d'*en bas*. Dans la forêt de Brocéliande, tout entière vouée aux vestiges de la mythologie celtique, la Fontaine de Barenton exprime admirablement cet aspect maternel régénérateur de la Terre, d'autant plus que la légende qui entoure cette fontaine fait intervenir des divinités-mères du genre de la fée Viviane, la Dame du Lac, qui est également la Boann (Boyne) irlandaise, donc la « Vache Blanche », la *féconde*, ou encore de Laudine, la Dame de la Fontaine, maîtresse des lieux, c'est-à-dire dispensatrice de la vie, parce que les eaux de cette fontaine « qui bout alors qu'elle est plus froide que le marbre » sont à l'image du sang maternel qui passe du corps de la femme dans celui de l'enfant. Et pourquoi y a-t-il tant de puits ou de fontaines à proximité immédiate — quand ce n'est pas sous le chœur, ou à l'intérieur — des chapelles et églises dédiées à la Vierge Marie ?

Il est remarquable que bon nombre de ces fontaines, celles qui sont christianisées aussi bien que celles qui sont restées « païennes » (c'est le cas de Barenton), passent pour avoir une propriété presque surnaturelle : si l'on s'y livre à un rituel déterminé, on provoque la pluie, le plus souvent sous forme de tempête. En somme, ces fontaines dont l'eau surgit de dessous la terre, sont les cordons ombilicaux qui relient la matrice de la Déesse des Commencements aux êtres qui vivent à la surface. Et l'eau, le sang nourricier, jaillit en trombe dans le monde aérien pour le féconder de toute sa puissance et même de toute sa violence. C'est une éruption de vie inépuisable dont l'origine n'est pas vraiment connue mais dont les effets se font réellement sentir. Dans ces conditions, on peut aisément comprendre pourquoi les humains ont toujours placé le monde des morts sous la terre : parce que c'est là que s'opèrent les alchimies les plus subtiles qui permettent à l'être de naître et de re-naître. Le gouffre et le puits, comme le couloir des cairns mégalithiques, sont le vagin qui mène à l'utérus primordial, celui de la Déesse des Commencements, qui est aussi la Déesse des Recommencements.

5. Le gué des Ames

Symboliquement, l'Eau a une double valeur : elle est le sang de la Terre-Mère diffusé dans le monde pour nourrir les êtres vivants, mais elle est aussi la marque d'une séparation, voire d'une protection. Dans la matrice, le fœtus se trouve isolé et protégé par des eaux, ces fameuses « eaux primordiales » présentes dans toutes les traditions et sur lesquelles flotte l'Esprit, attendant le moment le plus propice pour prendre forme dans les vagues. C'est le mythe d'Aphrodite, née de la vague et du sperme de Zeus. Domaine mouvant et indifférencié, du moins à l'origine, l'eau sépare deux mondes qui s'opposent. Dans la cosmologie antique, les terres habitées étaient cernées — et protégées — par le fleuve Océan, au-delà duquel on ne savait pas trop bien ce qui se passait : seul le soleil, dans sa course éternelle, franchissait les limites de l'horizon pour rôder toute la nuit dans les pays de l'ombre. Le fleuve Océan était réellement une limite au-delà de laquelle tout était possible, mais demeurait inconnu, et finalement dangereux. Dans le mythe grec des Enfers, c'est encore de l'eau qui sépare le monde des vivants de celui des morts, et la barque du nocher Charon est nécessaire pour franchir les eaux primordiales et revenir dans le sein de la Terre-Mère. Encore ne monte-t-on pas n'importe comment et à n'importe quelle condition dans cette barque ; et Charon veille jalousement à ce que chacune des ombres qui s'avancent vers lui soit *en règle*, conforme au plan cosmique ou divin. C'est dire l'importance du fleuve, du bras de mer, de la mer elle-même, et par conséquent de celui qui permet le franchissement de ces eaux, le passeur, dans les récits mythologiques sur l'Autre Monde.

L'historien byzantin du VIe siècle, Procope, raconte là-dessus des choses surprenantes : « On prétend que les âmes des morts sont emportées vers l'île de Bretagne. Je vais raconter cette histoire de la manière qui est celle des gens du pays qui la rapportent très souvent et très sérieusement, bien que je sois enclin à croire que la chose ne se passe qu'en rêve. Le long de la côte qui fait face à l'île de Bretagne, il y a plusieurs villages occupés par des pêcheurs, par des laboureurs, par des marchands qui vont trafiquer dans l'île de Bretagne. Sujets aux Francs, ils ne leur paient aucun tribut et on ne leur en a jamais imposé. Ils prétendent en avoir été chargés parce qu'ils sont obligés de conduire tour à tour les âmes des morts.

Ceux qui doivent faire l'office de la nuit suivante se retirent dans leur maison et se couchent tranquillement en attendant les ordres de celui qui a la direction du voyage. Vers la mi-nuit, ils entendent quelqu'un frapper à la porte et les appeler à voix basse. Alors ils courent au rivage, sans connaître le pouvoir mystérieux qui les entraîne. Ils y trouvent des bateaux vides, et pourtant ces bateaux sont si chargés des âmes des morts qu'ils dépassent à peine la surface des eaux. En moins d'une heure, les pêcheurs achèvent une navigation qui devrait durer une journée entière et abordent à l'île des Bretons. Ils n'y voient personne, ni pendant le voyage, ni au cours du débarquement, mais ils entendent une voix qui compte les nouveaux passagers. S'il se trouve quelques femmes dans ces barques, la voix dévoile le nom des maris qu'elles ont eus. »

Voilà un curieux document, parvenu jusqu'à nous par le canal d'un auteur de langue grecque, né à Césarée, en Palestine, et plongé durant sa vie dans une atmosphère mêlant le Christianisme, le gnosticisme et les vestiges de l'hellénisme païen. Visiblement, Procope est fort bien renseigné, d'après des témoignages directs de gens qui affirment la réalité du fait. Procope, en bon Grec, se permet de douter de cette réalité et tente de l'expliquer par le rêve. Mais il rend compte fidèlement du témoignage et il situe les événements sur la côte occidentale de la péninsule armoricaine, face à l'île de Bretagne qui est la Grande-Bretagne actuelle. On remarquera que le voyage de ces « nochers » armoricains se déroule en un temps très limité, « en moins d'une heure », alors qu'en réalité il nécessiterait une journée entière. Mais peut-être ces barques abordent-elles dans des îles qui ne sont pas l'île de Bretagne. Il est curieux de constater que la tradition populaire armoricaine a gardé un souvenir très précis de cette navigation hors du temps et de l'espace pour relier le monde des vivants au monde des morts, symboliquement situé à l'ouest, là où le soleil se couche.

Dans le golfe du Morbihan, aux environs de l'île d'Arz, « la nuit, on voit des vaisseaux de haut bord montés par des hommes et des chiens de taille gigantesque. Ces hommes sont des réprouvés dont la vie a été souillée par des crimes horribles. Les chiens sont des démons qui les gardent et les torturent. Sans cesse, les vaisseaux sillonnent les flots, passant d'une mer à l'autre, sans entrer dans les ports, et il en sera ainsi jusqu'à la fin du monde. Il ne faut pas qu'un autre navire les aborde, car l'équipage serait enlevé et disparaîtrait sans laisser de trace. Les commandements, à bord de ces bateaux maudits, se font au moyen de conques marines dont le bruit strident s'entend à des milles. Il est donc facile de ne pas se laisser surprendre [1] ». Il s'agit de véritables « vaisseaux-fantômes » qui emportent leurs cargaisons d'âmes maudites pour l'éternité. Mais d'autres bateaux sont davantage les *passeurs* des âmes. « Entre Belle-Ile et Quiberon, il y a un bateau qui a une voile noire, le Bateau de la Mort (*Bag er Maru*). Il transporte les âmes des trépassés et les mène dans une grande lande. Dans le bateau, il y a deux hommes qui enferment dans une coque de noix les âmes de ceux qui se sont perdus en mer, et les conduisent dans cette grande lande. Les trois quarts arrivent à Carnac, sur une montagne où il n'y a que des épines, des ronces et de la lande [2] et l'autre quart va dans un endroit qui n'est que lande. Ce bateau va toujours sur la mer. Quand les âmes se trouvent plus loin, elles vont dans une île qui est appelée « Ile des Désolés » (*Inézen en dud dizolet*)... Le mauvais temps ne tombe jamais sur ce bateau, mais personne ne le voit sur la mer. Souvent l'âme s'en va du bateau sous la forme d'une flamme ou d'une colombe, suivant qu'elle va au Purgatoire ou qu'elle est sauvée. Celle qui est noire comme un corbeau va dans l'Enfer : elle est damnée. Les deux hommes de l'équipage sont deux morts. Ils sont heureux, car Dieu leur a donné le pouvoir de réussir en toute chose [3]. »

Ce n'est pas tout. « Toutes les fois qu'il doit se produire quelque sinistre dans les parages de l'île de Sein, l'on voit apparaître un bateau fantôme, tantôt incliné sur

---

1. J. Markale, *la Tradition celtique en Bretagne armoricaine*, pp. 34-35.

2. Allusion évidente aux grands cairns mégalithiques de la région de Carnac.

3. J. Markale, *la Tradition celtique...*, p. 35.

les eaux sombres, tantôt dessiné en silhouette indécise sur le fond orageux du ciel. On le désigne sous le nom de *bag-noz* (barque de nuit) parce que c'est surtout à la tombée de la nuit qu'on le voit soudain surgir, sans qu'on puisse dire de quelle direction il vient, ni quelle route il suit. Car il s'évanouit tout à coup au moment où on le regarde, pour se montrer, l'instant d'après, sur un autre point de l'horizon. Il vogue toutes voiles dehors, avec un pavillon noir en berne. Les barques de l'île l'ont souvent croisé quand elles revenaient aux premiers signes avant-coureurs du mauvais temps. Quelques-unes même ont essayé de l'accoster, pensant que c'était quelque bateau en détresse, d'autant que son équipage — qui doit être nombreux — ne cesse de crier et d'appeler, comme pour demander au secours, avec des voix suppliantes et tristes à fendre l'âme. Mais sitôt qu'on faisait mine d'approcher, la vision s'effaçait et les voix elles-mêmes devenaient si lointaines qu'on ne savait plus si c'était dans les profondeurs de la mer ou dans les profondeurs du ciel qu'on les entendait hurler... L'homme de barre est toujours, à ce qu'on prétend, le dernier noyé de l'année [1]. » Et quels que soient les détails de ces navigations hors du temps et de l'espace, le même thème revient, lancinant : les âmes des défunts sont convoyées sur des barques mystérieuses — et parfois très inquiétantes — en direction d'un lieu situé ailleurs, de l'autre côté de la mer, lieu dont l'aspect n'est guère engageant puisqu'il est souvent décrit, ou suggéré, comme étant une grande lande, de toute façon un endroit *désolé*. Il est bien établi que l'eau, ici, sert de frontière entre le monde des vivants et celui des morts, et l'Autre Monde, quelle que soit sa nature ou sa forme, ne peut être situé que sur la rive opposée de la mer, d'un fleuve, d'un estuaire ou d'un lac, ou encore dans une île, isolée, comme son nom l'indique, en pleine mer ou dans une étendue d'eau douce.

Un autre conte populaire, recueilli en Haute-Bretagne sur les bords de la Rance, près de Dinan, reprend ce thème en l'explicitant. Il s'agit d'un jeune homme, du

1. A. Le Braz, *la Légende de la Mort*, pp. 237-238.

nom de Féfé, devenu domestique du Diable. Il a lié amitié avec un âne qui se trouve dans l'écurie du Diable ; et cet âne lui révèle certains secrets et lui donne la possibilité de s'enfuir [1]. « Ils arrivèrent ainsi sur les bords d'une grande rivière, si grande qu'on aurait dit la mer. L'eau était si claire et limpide que Féfé, qui mourait de faim et de soif, demanda à l'âne de le laisser descendre afin qu'il pût y boire. Mais l'âne ne lui répondit même pas. Il se contenta de frapper l'eau de son sabot. Alors, du fond de la rivière surgit un grand bateau tout blanc. Il n'y avait personne à bord. D'un bond, l'âne s'y précipita avec son cavalier. Aussitôt, la rivière si jolie et si claire devint noire et se mit à rouler des vagues grosses comme des collines. On entendait gronder le tonnerre et on ne cessait de voir des éclairs effrayants dans la nuit sombre. Féfé n'arrêtait pas de faire des signes de croix et de dire des prières. Mais il était si fatigué qu'à la fin il s'endormit sans se rendre compte de ce qui se passait. Cependant, le bateau aborda sur l'autre rive. C'est à cet instant que Féfé se réveilla. En se levant, il fut stupéfait de voir qu'il n'avait plus la même taille qu'auparavant : il était devenu grand, comme un beau jeune homme [2]. »

Cela correspond à un passage d'un monde dans l'autre, avec métamorphose indispensable, puisque l'état de conscience n'est plus le même d'un bord à l'autre du fleuve ou de l'estuaire. Dans le conte de Haute-Bretagne, étant donné que le héros revient de l'Autre Monde, sa transformation est bénéfique et équivaut à une renaissance. Mais parfois le passage se fait dans l'autre sens, avec maints dangers d'*égarement*. Il en est ainsi dans une tenace légende des environs de Quimperlé, localisée sur les rives de la Laïta, estuaire (*aber*) résultant de la réunion des deux rivières Ellé et Isole. Il s'agit de l'histoire de deux amoureux, Gwern et Marc'harid, qui pour rentrer chez eux, au lieu de faire le détour par Quimperlé, décident de

1. Dans le récit de *Koadalan*, conte du pays bretonnant, c'est la jument Théréza, image de la Déesse-Mère, qui joue ce rôle auprès du héros dans des circonstances analogues.

2. J. Markale, *Contes populaires de toutes les Bretagne*, pp. 99-100.

prendre le bac de Saint-Maurice [1] qui unit les deux rives de la Laïta, l'une étant celle du Vannetais à l'est, l'autre celle de la Cornouaille à l'ouest. Il y a bel et bien ici une frontière naturelle entre deux pays, deux diocèses indépendants l'un par rapport à l'autre, et dont la langue diffère quelque peu. « Ils descendirent vers l'endroit où se trouvait le ponton du passeur, mais celui-ci n'était pas là. Il devait se trouver sur l'autre rive. L'ombre qui s'épaississait ne permettait pas de le voir. Gwern appela le passeur, et comme il y avait du vent, il alla s'abriter dans le bois pour allumer sa pipe. Mais quand il revint, Marc'harid n'était plus là, et l'on entendait le bruit des rames d'une barque qui s'éloigait. Gwern appela Marc'harid, mais personne ne lui répondit. Il appela le passeur. Personne ne répondit, et le bruit des rames avait maintenant cessé tout à fait. »

On imagine le désespoir de Gwern. Il est sur le point de se jeter à l'eau pour mourir quand une vieille femme lui explique que, pendant le passage, March'harid a dû oublier de se signer. Et elle ajoute : « A cause de son oubli, ta fiancée a été emmenée par le passeur jusqu'à la Plage des Morts... C'est un secret pour tous les chrétiens, car il ne faut pas que n'importe qui puisse y aborder. C'est le secret du sorcier Milliget (= maudit) qui mène la barque de ce passage hanté... Voici ce qu'il faut faire : avant d'embarquer sur le bateau, il te faut tenir une branche de houx coupée à minuit au village des Korrigans dans la forêt. Il faudra aussi que cette branche de houx soit trempée dans le bénitier de la chapelle de Saint-Léger. Alors, tu pourras t'embarquer, mais seulement s'il y a de la brume. Une fois que tu seras dans la barque, tu ne devras jamais regarder en arrière. Il te faudra faire le signe de croix et dire ton chapelet jusqu'au trente-troisième grain. A ce moment-là, tu montreras la branche de houx au passeur et tu lui ordonneras de te conduire *vivant* à la Plage des Morts. Le Milliget tremblera de tout son corps et sera forcé de t'obéir. »

---

1. Sur la rive cornouaillaise, se trouvent les vestiges de l'abbaye Saint-Maurice. Actuellement, le franchissement de l'*aber* se fait par un pont ; mais le souvenir du bac reste très vivace dans les alentours.

Gwern s'organise donc comme la vieille femme le lui a dit. Mais il oublie de se signer, et à partir de là, rien ne va plus : le chapelet lui tombe des mains et il ne se souvient plus de la phrase qu'il doit prononcer pour se faire conduire *vivant* à la Plage des Morts. Il se contente de frapper le passeur avec sa branche de houx. « Milliget poussa un grand cri et plongea dans l'eau noire de la Laïta. Gwern aperçut alors un chien maigre qui nageait à contre-courant et qui disparut dans la nuit... A grand-peine, Gwern parvint à regagner le rivage, épuisé et les cheveux blanchis par l'épouvante [1]. » Et jamais il ne put accéder *vivant* à la Plage des Morts.

Cette légende met en lumière deux faits essentiels : d'une part, le rôle du *talisman* dans toute tentative de franchissement des zones frontières de l'Autre Monde ; de l'autre, l'importance du *bateau* ou de tout autre substitut pour passer les deux rives d'un fleuve, d'un bras de mer, voire d'un océan. Certes, Ulysse s'était contenté d'évoquer les Morts et de les faire venir à lui, mais Énée avait eu besoin d'un *rameau d'or* pour pénétrer dans les domaines interdits. Le *rameau d'or*, c'est bien la branche de houx du conte breton, comme la pierre d'invisibilité que l'Impératrice donne à Peredur, dans le récit gallois, pour lui permettre d'accéder au fond du gouffre, après avoir tué le monstre gardien des lieux infernaux. Mais, pour franchir le fossé, l'abîme qui sépare les deux mondes, il faut un mode de transport symbolique. C'est ainsi que, dans *le Kalevala* finlandais, le vieux barde Väinämöinen, « le magicien éternel, construisit avec art sa barque, son bateau par des chants magiques avec les morceaux d'un seul chêne, les débris de l'arbre fragile ». Car Väinämöinen veut pénétrer à Tuonéla, le Pays des Morts, pour trouver la formule magique qui lui manque. Il doit donc préparer soigneusement son voyage sur les eaux et obéir à tout un rituel complexe : « Le ferme et vieux Väinämöinen cria soudain d'une voix forte près du fleuve de Tuonéla : "Un bateau, fille de Tuoni, une barque, enfant

1. J. Markale, *Contes de la Mort*, pp. 67-68.

de Mana, pour que je passe ce détroit, que je franchisse le grand fleuve !" [1] »

Toutes les traditions se recoupent sur ce point et utilisent à peu près les mêmes symboles. Les romans dits de la Table Ronde, dont la source celtique est incontestable, sont remplis d'épisodes où le héros doit franchir un fleuve, un estuaire ou même un gué dans des conditions très difficiles. Il suffit de lire le texte du *Chevalier de la Charrette* de Chrétien de Troyes pour s'en rendre compte. A un moment donné de sa quête, le héros, qui est Lancelot du Lac, visage héroïque d'une antique divinité (le Lug celtique), se trouve en présence d'un obstacle qui paraît infranchissable, « dans une lande où se trouvait le gué d'une rivière. Sur l'autre bord, un chevalier gardait le passage en harnois de combat. Lui tenait compagnie une demoiselle venue en palefroi ». Et le chevalier interdit à Lancelot d'aller plus loin : « Renonce au gué, tu feras preuve de sagesse. On ne doit point passer par là. » Lancelot n'obéit évidemment pas à cette injonction et se bat longuement et difficilement avec son adversaire. « La lutte se prolonge... La veille encore, en quelque vallon, cent hommes pareils contre lui, pense-t-il, n'auraient pu lui résister. Il s'attriste en voyant sa prouesse abaissée au point que maintenant il multiplie les coups en pure perte et gaspille sa journée. Se jetant alors sur l'autre, il le charge avec fureur, le défenseur du gué commence à lâcher pied, fuit. Il octroie le passage, à son grand désespoir [2]. » On songe à toutes les rencontres des chamans lorsqu'ils s'en vont à la recherche de l'âme d'un malade égarée dans les zones ombreuses où seul un initié peut s'aventurer. Ces rencontres se font toujours sur les gués, ou sur les ponts qui unissent — et séparent — deux rives contradictoires. On ne passe pas impunément d'un bord à l'autre, et Lancelot du Lac n'est qu'un personnage exemplaire au milieu d'une foule d'impétrants désireux de pénétrer dans l'*ailleurs*.

---

1. *Le Kalevala*, trad. J.-L. Perret, Paris, Stock, 1978, pp. 206-208.
2. Chrétien de Troyes, *le Chevalier de la Charrette*, trad. J. Frappier, Paris, Champion, 1967, pp. 45-46.

Mais Lancelot a fort à faire. Son but est ni plus ni moins de découvrir le chemin qui mène à la cité de Gorre (ou de Voirre, c'est-à-dire de « verre ») qui est le domaine de Méléagant, le maudit chevalier qui vient de ravir la reine Guénièvre et qui l'a emmenée dans ce pays « d'où nul ne revient ». Ce Méléagant, dont Chrétien de Troyes avait déjà parlé dans son *Erec et Enide* (« Maheloas, un haut baron, seigneur de l'Ile de Verre »), est une vieille connaissance pour les familiers de la mythologie celtique. La forme « Méléagant », dérivée de « Maheloas », dérive d'un ancien mot brittonique qui a donné le gallois Maelwas, mot à mot le « bon serviteur ». Serviteur de qui ? de la Mort, bien entendu. Dans la tradition monastique des Iles Britanniques, ce Maelwas, qui règne sur le « pays de l'Été » (Gwlad yr Haf), c'est-à-dire le Sommerset (où se trouve la célèbre abbaye de Glastonbury), est un personnage quelque peu infernal. Il est même dit *tyrannus*, « petit roi » d'une mystérieuse *Urbs Vitrea* (« ville de verre ») dans laquelle on a voulu, à l'aide d'une fausse étymologie, retrouver le nom de Glastonbury, site lié, on le sait, au roi Arthur, au « saint » Graal et à l'île d'Avalon. Et Maelwas passe son temps à opérer des rapts, notamment de femmes, ce qui indique nettement son aspect de « dieu de la mort ». Dans le roman de Chrétien de Troyes, il est le fils de Baudemagu, roi en titre de la cité de Gorre, mais alors que Baudemagu se comporte en véritable Saturne, roi de l'Age d'Or, Méléagant se conduit en tyran sanguinaire. Et, par suite d'une provocation, il a donc emmené la reine Guénièvre dans la cité de Gorre où « tous les étrangers, sans pouvoir retourner, sont forcés de rester dans la servitude et l'exil ». On ne peut mieux définir le royaume des morts.

Cependant, s'il est difficile, sinon impossible, de sortir de cette cité, on ne peut y entrer n'importe comment. La cité est entourée en effet d'un cours d'eau tumultueux qu'on ne peut franchir que par un « pont dessous-eau », dont on ne donne aucune description, et un « pont de l'Épée », soit une immense épée tranchante fichée entre les deux rives du torrent. Là, la description devient précise : « Ils voient l'eau perfide aux flots noirs et grondants ; torrent boueux, elle épouvante autant que le fleuve infernal ;

tous ceux qui y tomberaient dans son courant périlleux et profond seraient aussi près de leur fin que si la mer polaire avait fait d'eux sa proie. Le pont qui la franchit n'est pareil à nul autre et jamais n'exista, jamais n'existera plus méchant pont, plus détestable passerelle : une épée bien polie qui brillait de blancheur s'offrait pour tout passage au-dessus de l'eau froide. Mais n'allez pas douter que cette épée fût roide et forte. Elle mesurait bien deux lances en longueur. Il y avait, sur chaque rive, un grand billot de bois où elle était fichée. Inutile de craindre une chute causée par sa rupture ou son fléchissement ! Et pourtant, à la voir, il ne semblerait pas qu'elle puisse porter un fardeau très pesant [1]. » Bien entendu, Lancelot ne recule pas devant le danger. Il passe le pont en se coupant abominablement et parvient dans la cité interdite. Mais il n'empêche que ce n'est pas lui qui ramènera la reine Guénièvre : c'est Gauvain qui, lui, est passé par le mystérieux « pont dessous-eau », ce qui prouve sans doute la suprématie de celui-ci sur le « pont de l'Épée ».

Torrent de montagne aux eaux tumultueuses ou large rivière paisible, le symbole apparaît partout identique. Il marque une frontière indéniable qu'un être vivant ne peut franchir que sous certaines conditions. Les témoignages de N.D.E. concordent tous sur ce point : « J'ai vu apparaître une grande lumière, blanche et brillante, si brillante que je pouvais voir à travers. Cela ne ressemblait à rien de connu sur terre. A l'apparition de cette lumière, des pensées et des paroles me sont venues à l'esprit : Veux-tu mourir ? A quoi j'ai répondu que je n'en savais rien, étant donné que je ne connaissais rien de la mort. Alors, la lumière blanche m'a dit : Franchis cette ligne et tu sauras [2]. » Mais tous ceux qui ont laissé des

1. *Le Chevalier de la Charrette*, p. 95. Il y a un pont de ce genre dans le récit irlandais de *l'Éducation de Cûchulainn,* situé dans le domaine merveilleux de la sorcière Scatach qui initie le héros ; c'est le « Pont des Sauts ». « Quand on sautait sur le mont, il rétrécissait jusqu'à devenir aussi étroit qu'un cheveu et aussi dur et glissant qu'un ongle. D'autres fois, il se relevait aussi haut qu'un mât » (J. Markale, *l'Épopée celtique d'Irlande*, p. 91). L'épreuve de ce pont est une initiation au passage vers l'Autre Monde.

2. R. Moody, *la Vie après la vie*, p. 94.

récits de ce genre d'expérience *n'ont pas franchi la ligne ;* ils ne se sont pas aventurés *de l'autre côté du pont ou du gué.* Donc ils ne peuvent rendre compte que de l'épreuve imposée au moment du franchissement. Dans le récit de la deuxième branche du *Mabinogi* gallois, le héros Brân le Béni, qui se lance dans une expédition en Irlande pour venir en aide à sa sœur Branwen, se voit arrêté par un immense fleuve qui ressemble d'ailleurs à un estuaire. Ses compagnons lui disent : « Seigneur, tu connais le privilège de cette rivière : personne ne peut la traverser, et il n'y a pas de pont dessus. Quel est ton avis pour un pont ? » Et Brân le Béni a une étonnante réponse : « Je n'en vois pas d'autre que celui-ci : *que celui qui est chef soit pont.* C'est moi qui serai le pont. » Effectivement, Brân « se coucha par-dessus la rivière ; on jeta des claies sur lui, les troupes traversèrent sur son corps [1] ». Curieuse méthode... Mais, à y réfléchir, il s'agit simplement d'une image forte : Brân, en tant que chef, est le seul qui connaisse la manière de passer de l'autre côté ; et c'est en s'appuyant sur cette connaissance secrète que ses hommes peuvent franchir cette large rivière. Ce qui signifie que le commun des mortels ne peut avoir accès à cet autre côté s'il n'est pas guidé dans cette tentative. Le chaman, le druide et le prêtre ont cette connaissance et ce pouvoir, ou du moins les crédite-t-on de cette connaissance et de ce pouvoir. Il ne faut cependant pas négliger le nom du prêtre chez les Romains, même si, au cours de l'histoire, son rôle autrefois essentiel est devenu de pure forme : le *pontife.* Or, au sens étymologique, le pontife, *pontifex,* est « celui qui fait le pont ». Brân le Béni, présenté dans le récit comme un géant (exagération normale et indispensable), est le « pontife » qui relie les êtres humains à la divinité et à l'Autre Monde, car il connaît la manière secrète de franchir le gué.

A l'origine, il semble que ce pontife ait été une femme, la Déesse-Mère, celle qui brille dans les tertres. On note une réminiscence de cet état de fait dans le récit médiéval de la mort du roi Arthur. On sait que le roi a été mortel-

1. J. Loth, *les Mabinogion,* p. 35.

lement blessé à la bataille de Camlann et qu'il s'en est allé vers le rivage, en compagnie du seul chevalier Girflet. Il a envoyé celui-ci jeter l'épée Excalibur dans un étang, et il lui a demandé de s'éloigner. Girflet ne peut se résoudre à abandonner ainsi son roi et reste dans les parages. « Alors une grosse pluie se mit à tomber, étrange prodige, jusqu'à ce que Girflet fût arrivé à une colline, à une demi-lieue du roi. Là, il fit halte sous un arbre, en attendant que la pluie eût cessé et il regarda dans la direction où il avait laissé le roi. Il vit alors venir par la mer une nef toute pleine de dames ; quand la nef fut arrivée au rivage, à l'endroit même où se trouvait le roi, les dames s'approchèrent du bord. La première d'entre elles tenait par la main Morgane, la sœur d'Arthur ; elle se mit à appeler le roi pour qu'il entrât dans la nef. Celui-ci, dès qu'il aperçut sa sœur, se leva de l'endroit où il était assis et il monta sur le navire, portant ses armes et tirant son cheval avec lui. Girflet, qui avait suivi la scène du haut de la colline, retourna sur ses pas de toute la vitesse de son cheval, jusqu'à ce qu'il fût au rivage. Arrivé là, il distingue le roi Arthur au milieu des dames. Il reconnaît Morgane la fée, qu'il avait vue souventes fois. Et la nef s'éloigne, à plus de huit portées d'arbalète [1]. »

Le personnage de Morgane est très complexe ; mais l'essentiel de ses fonctions se réfère à l'aspect de divinité-mère, maîtresse de l'île d'Avalon, c'est-à-dire de l'Autre Monde. En venant chercher son frère Arthur mourant, elle accomplit son rôle qui est littéralement d'*absorber* le mourant et de le transporter *de l'autre côté.* Morgane, déesse-mère, est aussi psychopompe : c'est elle qui guide les morts vers le lieu où ceux-ci seront régénérés et pourront obtenir une nouvelle naissance. C'est bien ainsi que la tradition populaire, particulièrement vivace dans le Sud-Ouest de la Grande-Bretagne, a compris la légende d'Arthur, car celui-ci est seulement *en dormition,* protégé par Morgane, « maturé » par elle ; et il reviendra un jour, nul ne peut en douter, même si, dans l'abbaye de

1. *La Mort du roi Arthur,* trad. G. Janneau, Paris, 10/18, 1983, p. 258.

Glastonbury, se trouve le soi-disant tombeau d'Arthur et de Guénièvre. Dans le cas d'Arthur, ce n'est pas d'une résurrection qu'il s'agit, mais d'une *re-naissance :* son ancien corps se dissout dans la terre ; mais il acquerra un autre corps, un corps glorieux, en quelque sorte, et qui sera l'aboutissement de ses actes passés en une nouvelle dimension, sur un autre plan de conscience. C'est du moins l'une des interprétations possibles du mythe.

Mais toutes ces histoires ne font que renforcer l'importance donnée au psychopompe, c'est-à-dire au « nocher », au « passeur ». C'est toujours un personnage doué de pouvoirs exceptionnels, même si son allure est celle d'un homme ordinaire ; et il peut devenir très inquiétant, comme le Passeur de la Laïta, lequel n'est au fond que le reflet de Charon. Dans certains contes, le Passeur est obligé d'assurer sa fonction parce que le Diable l'y oblige ; et il ne peut renoncer à cette fonction que si quelqu'un accepte, de bon gré ou par ruse, de le remplacer. Car que deviendrait le monde s'il n'y avait plus de passeur entre les deux rives ?

Mais le « passage » ne s'effectue pas toujours dans le même sens. C'est ce qui ressort de nombreux contes populaires et de nombreux écrits mythologiques. Il semble que, malgré les avertissements de Charon ou de n'importe quel psychopompe, le retour soit possible dans certaines conditions : le rameau d'or et la branche de houx (le houx est toujours vert...) sont des symboles éloquents. Y aurait-il donc des échanges possibles entre les deux mondes ? Un épisode du récit gallois de *Peredur* nous donne une version très particulière du thème du « Gué des Ames ». Au cours de son errance, après avoir obtenu de la mystérieuse Impératrice la pierre d'invisibilité (talisman équivalant au rameau d'or) qui lui permettra de tuer l'*addanc* du tertre, Peredur « se dirigea vers la vallée arrosée par une rivière. Les contours en étaient boisés ; mais des deux côtés de la rivière, s'étendaient des prairies unies. Sur l'une des rives, il y avait un troupeau de moutons blancs, et, sur l'autre, un troupeau de moutons noirs. A chaque fois que bêlait un mouton blanc, un mouton noir traversait l'eau et devenait blanc. A chaque fois que bêlait un mouton noir, un mouton blanc traversait l'eau et devenait noir [1]. Sur le bord de la rivière, se dressait un grand arbre : une des deux moitiés de l'arbre brûlait depuis la racine jusqu'au sommet ; l'autre moitié portait un feuillage vert [2] ».

La signification de cet étrange rituel, auquel le héros ne participe d'ailleurs pas, se contentant d'en être le témoin privilégié, ne fait absolument aucun doute ; et l'image de l'arbre vert d'un côté et qui brûle de l'autre ne fait que la renforcer. Il s'agit bel et bien ici du *Gué des Ames,* endroit réel ou imaginaire, peu importe, mais de toute façon idéal, où s'effectuent les va-et-vient entre les deux mondes, celui des morts et celui des vivants. Mais à la différence des descriptions méditerranéennes qui insistent sur le sens unique des passages, le texte celtique impose l'idée que ce passage est ambivalent. Les vivants (les moutons blancs) franchissent le gué et deviennent morts (les moutons noirs) ; mais les morts (les moutons noirs) peuvent également franchir le gué et devenir vivants (les moutons blancs). Et fait très remarquable, ces échanges se produisent *chaque fois qu'un mouton de l'un ou l'autre bord lance un appel.* Ces échanges sont donc à la fois *permanents* et surtout *laissés à la discrétion des intéressés.* Il n'y a pas ici intervention d'un passeur représentant une divinité de la vie et de la mort, celle-ci étant parfaitement absente de ce rituel d'équilibre et d'harmonie. On comprend alors pourquoi la grande fête celtique de *Samain* est devenue, dans le cadre du Christianisme, la *Toussaint,* la Communion de tous les saints passés, pré-

1. Dans le récit irlandais de *la Navigation de Maelduin* se place un épisode analogue. Les navigateurs sont en vue d'une île « avec une palissade hérissée qui partageait l'île en deux. Il y avait beaucoup de moutons, un troupeau noir d'un côté de la palissade et un troupeau blanc de l'autre. Ils virent un gros homme qui séparait les troupeaux. Quand il jetait un mouton blanc par-dessus la palissade vers les moutons noirs, celui-ci devenait noir aussitôt. De même lorsqu'il jetait un mouton noir par-dessus la palissade vers les moutons blancs, il devenait blanc aussitôt ». Voir J. Markale, *l'Épopée celtique d'Irlande,* p. 198.

2. J. Loth, *les Mabinogion,* pp. 222-223.

sents et à venir. C'est la négation de la mort en tant que *fin.* C'est l'affirmation solennelle que « la mort est le milieu d'une longue vie ». Rarement une tradition mythologique est allée aussi loin dans l'évocation d'un univers où tout est éternel à travers les métamorphoses de l'être.

III

L'ENTRÉE OUVERTE AU PALAIS FERMÉ DU ROI

Galaad, Perceval et Bohort, les trois « découvreurs » du Graal, selon la version cistercienne de la légende, se trouvent dans la merveilleuse Nef de Salomon, en route pour un mystérieux voyage vers la cité de Sarraz et le Palais irréel où brille la lumière divine. « Ils errèrent longtemps ainsi sur les flots sans savoir où Dieu les menait. » Et Perceval, celui qui, malgré ses aventures, est toujours resté le *niais,* l'enfant sauvage de la « Gaste Forêt », entend tous les soirs Galaad demander à Dieu de bien vouloir « le retirer de ce monde à l'heure qui Lui plairait ». Interrogé par Perceval sur le sens de sa prière, Galaad lui répond : « L'autre jour, quand nous vîmes une partie des merveilles du Saint-Graal que Notre Sire nous montra par compassion, je contemplai les choses secrètes qui ne sont pas dévoilées à chacun mais aux seuls ministres de Jésus-Christ ; et, tandis que je voyais ce que nul cœur d'homme terrien ne saurait penser ni langue décrire, mon cœur fut pénétré d'une telle joie et suavité que, si j'étais mort à cet instant, je sais bien que nul mortel n'aurait connu un trépas plus heureux. Il y avait devant moi si grande compagnie d'anges et si prodigieuse abondance de choses spirituelles que je me crus transporté de la vie terrestre à la vie céleste, dans la joie des glorieux martyrs et des amis de Notre-Seigneur. Si je fais cette requête que vous avez entendue c'est que je pense être encore en mesure, et peut-être mieux qu'alors, de connaître cette joie [1]. » Nous sommes en plein délire mystique à la mode cistercienne ; cela ne veut pas dire qu'il faille considérer cette attitude de Galaad comme aberrante.

Car nous sommes là aux racines mêmes de la connaissance supra-sensible d'un au-delà de lumière, quelque déroutante que puisse paraître cette lumière aux yeux ébahis de pauvres humains habitués aux ternes brouillards d'un monde en pleine décomposition. « Je suis dans un espace vide avec rien dans aucune direction sinon de la lumière. Il y a une lumière dorée qui remplit tout l'espace partout dans toutes directions, au-delà de l'infini. Je suis un seul point de conscience, de sensation, de connaissance. *Je sais que je suis.* C'est tout. Là où je suis, est un espace tout plein de paix, signe de respect et de révérence. Je n'ai pas de corps. Je n'ai pas de nécessité de corps. Il n'y a pas de corps. Je suis juste moi. Complet avec amour, chaleur, rayonnement. » Ces sensations, car il ne s'agit de rien d'autre, sont de John Lilly [2]. Elles sont d'essence purement poétique, ce qui n'enlève absolument rien à leur valeur, car, de tout temps, les poètes et les mystiques de n'importe quelle confession religieuse (quand ils en avaient une) ont témoigné de cette réalité profonde inhérente à l'individu, mais plus ou moins diluée dans les vicissitudes de la vie matérielle et que seuls certains esprits éclairés peuvent retrouver au cours d'extases volontaires ou spontanées. « A quoi le royaume d'Élohim est-il semblable ? A quoi l'assimiler ? Il est semblable à une graine de moutarde qu'un homme prend et jette dans son jardin. Elle croît et devient un arbre : les oiseaux du ciel reposent dans ses branches [3]. » Ce n'est pas tout : « Si ceux qui vous guident affirment : voici, le Royaume est

1. *La Quête du Graal,* trad. Albert Béguin, Paris, L.U.F., 1945, p. 246.

2. *The Center of the Cyclone,* cité par Pierre Weil dans un numéro spécial de *Question de* (n° 77, 1989), consacré à une « Anthologie de l'extase », p. 53.

3. Évangile de Luc, XIII, 18-20, Trad. A. Chouraqui.

dans le Ciel, alors les oiseaux en sont plus près que vous ; s'ils vous disent : voici, il est dans la mer, alors les poissons le connaissent déjà... Le Royaume : il est à l'intérieur de vous, et il est à l'extérieur de vous [1]. »

Tous ces « délires » sont proches des témoignages de N.D.E. « Je savais que j'allais mourir et que je ne pouvais plus rien, parce que personne ne pouvait plus m'entendre... J'étais sorti de mon corps, j'en suis sûr, puisque je voyais mon corps étendu là, sur la table d'opération. Mon âme l'avait quitté ! J'ai été d'abord très bouleversé, mais c'est alors qu'est intervenue cette lumière brillante. Au début, elle m'a paru un peu pâle, mais tout à coup il y a eu ce rayon intense. La luminosité était prodigieuse, rien à voir avec un éclair d'orage, une lumière insoutenable, voilà tout. Et cela dégageait de la chaleur, je me suis senti tout chaud [2]... » « Je me trouvais dans un couloir étroit, en forme de V, comme une auge... Mon corps y trouvait juste sa place, les mains et les bras collés au long de moi. Je m'enfonçais la tête la première, et il faisait noir, un noir d'encre. Je continuais à descendre, et en levant les yeux, j'ai vu une porte, très belle, toute lisse et sans loquet ; le long des bords de cette porte, je voyais transparaître une lumière très vive avec des rayons mouvants [3]... » On ne peut que penser à ce qui arrive à Lancelot du Lac, le père du bienheureux Galaad, dans le récit cistercien de *la Quête du Saint-Graal.* Au cours de ses errances malheureuses, alors qu'il est tenaillé par son péché d'adultère (selon la version très christianisée, en fait, il est tenaillé par son angoisse métaphysique), il entend une voix durant son sommeil, et cette voix lui dit de prendre place sur la première nef qu'il découvrira. « A ces mots, il tressaillit, ouvrit les yeux et vit alentour si grande clarté qu'il crut le matin venu ; mais cette lumière ne tarda pas à s'évanouir. » C'est ainsi que Lancelot commence une étrange navigation à travers une mer parsemée d'îles étranges, jusqu'à parvenir « devant un castel qui était de riche et belle apparence : derrière le

1. Évangile (apocryphe) de Thomas, III, trad. J.-Y. Leloup.
2. R. Moody, *la Vie après la vie,* p. 83.
3. *Ibid.,* pp. 95-96.

château, une porte, qui donnait sur l'eau, restait ouverte nuit et jour. Il n'y avait pas de sentinelle de ce côté, car deux lions gardaient l'entrée et l'on ne pouvait arriver à la porte qu'en passant entre eux deux ». Bien sûr, Lancelot se dirige vers la porte. Les lions disparaissent, car ce n'étaient que des fantasmes surgis de sa propre conscience. Le voici dans les couloirs de cette étrange forteresse où il ne rencontre aucun être vivant. « Il parvint ainsi à une chambre dont la porte était bien close, et il y mit la main mais sans pouvoir l'ouvrir malgré tous ses efforts. Prêtant l'oreille, il entendit alors une voix qui chantait, si douce qu'elle paraissait plutôt d'un esprit que d'une créature mortelle. » Et Lancelot se lamente de ne pouvoir ouvrir cette porte, demandant à Dieu de lui montrer « quelque chose qu'il souhaite voir ». Il se trouve évidemment dans le château de Corbénic, là où il est déjà venu autrefois, et où il a engendré Galaad en la fille du Roi Pêcheur. Mais il ne reconnaît plus rien. Cependant, dès qu'il a prononcé sa prière, « Lancelot vit s'ouvrir la porte de la chambre, et une clarté en sortit, aussi grande que si le soleil y eût fait sa résidence. La maison en fut illuminée comme si on y eût allumé tous les cierges du monde. A cette vue, Lancelot sentit une telle joie qu'il en oublia tout le reste ». Comment ne pas vouloir pénétrer dans cette chambre ? Mais une voix le lui interdit : « Fuis, Lancelot, n'entre pas, tu ne dois point le faire. Et si tu enfreins cette défense, tu t'en repentiras. »

Il s'agit réellement d'un domaine interdit. Lancelot se contente de regarder par la porte entrouverte, ce qui lui permet de voir « sur une table d'argent le Saint-Graal couvert d'une étoffe de soie vermeille ». A un moment, il ne peut plus y tenir : « Il entra et alla à la table d'argent. Mais tandis qu'il s'avançait, il sentit un souffle, aussi chaud que s'il eût été mêlé de feu, le frapper à la face si rudement qu'il crut en avoir le visage brûlé. Il ne put faire un pas de plus, comme privé de la faculté de se mouvoir, de voir, d'entendre, et incapable de remuer un seul de ses membres. Plusieurs mains le saisirent de toutes parts, l'emportèrent, le jetèrent hors de la chambre et le laissèrent là. Le lendemain, à l'aube, quand ceux du castel se levèrent et trouvèrent Lancelot couché devant la porte de la chambre, ils se demandèrent avec surprise ce qui pouvait s'être passé [1]. » Car cette expérience en face de la mort, ou plutôt en face des demeures de l'Autre Monde, est incompréhensible pour quiconque ne l'a pas accomplie lui-même dans sa totalité.

D'ailleurs, il y a toujours une porte que l'on ne peut ou l'on ne doit franchir. Les témoignages de N.D.E. sont remplis de ces portes, de ces barrières, qui se justifient dans la mesure où les personnes concernées sont des « morts en sursis ». Mais les héros de récits légendaires, eux aussi, sont des « morts en sursis » lorsqu'ils se risquent sur les « saintes lisières », avec ou sans rameau d'or dans leurs mains. Immédiatement après avoir vu les moutons traverser le « Gué des Ames », Peredur rencontre un jeune homme « sur le sommet d'un mont. Peredur salua le jeune homme, qui lui rendit son salut. Comme trois routes partaient du mont, deux d'entre elles larges et la troisième plus étroite, Peredur lui demanda où elles conduisaient [2] ». Le jeune homme lui répond que l'une va jusqu'à sa cour, c'est-à-dire son château, où il lui conseille de se rendre, auprès de sa femme, pour y être bien reçu ; que la deuxième « mène à une ville ici près, où on trouve, pour de l'argent, nourriture et boisson » ; et que la troisième, la plus étroite, « va du côté de la grotte de l'*addanc* », le tertre où se tient le monstre que le héros doit affronter. Les trois voies sont donc bien caractérisées : l'une se dirige vers un lieu agréable où l'on pratique l'hospitalité désintéressée en une sorte de Festin d'Immortalité, la deuxième conduit en un endroit où tout se paie, la troisième en un lieu de ténèbres et d'épreuves, Peredur choisit le troisième chemin. Suivons-le.

1. La victoire sur les monstres

Il serait facile d'interpréter les trois lieux différents desservis par les trois chemins qui se présentent à Peredur comme une formulation toute chrétienne de l'Enfer, du

1. *La Quête du Saint-Graal,* trad. A. Béguin, pp. 215-225.
2. J. Loth, *les Mabinogion,* p. 223.

Purgatoire et du Paradis. C'est quelque chose de ce genre, bien que le problème apparaisse plus complexe et que ces « lieux » soient beaucoup moins tranchés, et donc riches en nuances diverses. Car l'élément essentiel de ce qu'on peut supposer être l'Enfer, c'est-à-dire le tertre de l'*addanc*, est surtout un combat que l'on doit livrer contre un monstre. C'est donc un endroit dangereux, un lieu de souffrances ; mais à la différence de l'Enfer imaginé par les Chrétiens comme par bien d'autres, il y a toujours une victoire possible sur les forces maléfiques ; donc l'Enfer ne peut être éternel. Le tout est de savoir ce qu'il convient d'y faire. L'âme bien trempée, qui possède le « talisman », anéantira les monstres qui ne sont là que pour la tourmenter, et elle se trouvera libre de poursuivre son voyage à travers l'Autre Monde. Telle semble être la signification de toutes les aventures qui surviennent à des héros s'engageant dans les sombres cavernes de la Terre. *Ils finissent par en sortir,* parce qu'ils ont pris conscience que les monstres qui s'opposaient à eux n'étaient que des projections de leurs propres pensées. C'est en tout cas ce qu'enseignent des textes orientaux comme le *Bardo-Thödol,* et qui est contenu dans toutes les grandes légendes mythologiques de l'Europe, aussi bien celles qui sont conservées par la mémoire populaire que celles qui ont été mises par écrit depuis que la littérature s'est servie du support de l'écriture.

Tout se recoupe dans les traditions et les expériences mystiques, d'une part, d'autre part dans les témoignages spontanés de malades ayant frôlé la mort. « A ce moment, quand les cinquante-huit déités buveuses de sang, sortant de ton cerveau même, viendront briller sur toi, si tu les reconnais comme étant des radiations de ta propre intelligence, tu te fondras en union instantanée... Si tu ne sais pas cela, les déités buveuses de sang te faisant peur, tu seras fasciné, terrifié, tu t'évanouiras. Tes propres formes-pensées se tourneront en apparences illusoires et tu erreras dans le Sangsara [1]. » « Il en va de même pour les formes, les apparences, les paroles et les

1. *Bardo-Thödol,* pp. 124-125.

actes, ainsi que l'énoncent les traditions sûres selon lesquelles les actes revêtiront des formes et interpelleront celui qui les a accomplis, mettant ce dernier à l'aise dans sa tombe s'il s'agit d'actes pieux, l'y rendant malheureux s'il s'agit d'actes mauvais [1]. » La pensée bouddhiste et la pensée musulmane se rejoignent, en toute conformité avec des témoignages vécus dans l'inconscience : « Je me souviens seulement d'avoir pénétré dans l'obscurité. J'avais le corps couvert de serpents rouges. Je ne pouvais leur échapper. Chaque fois que j'en repoussais un, un autre prenait sa place. C'était horrible ! Enfin, quelque chose m'attira par terre et d'autres choses rampantes s'attaquèrent à moi. Il y en avait qui ressemblaient à de la gelée rouge. J'avais l'impression d'être entouré par un grand nombre de gens dans la même situation que moi. Tout était noir-rougeâtre, brumeux, et on voyait mal, mais il n'y avait pas de flammes. Il n'y avait pas de démons, seulement des choses rampantes [2]. » N'est-ce pas cet *addanc*, bête monstrueuse et rampante, que doit affronter Peredur ?

Il est évident que le Serpent, le Dragon, et d'une façon générale, toute bête rampante, peuvent avoir d'autres significations, surtout si l'on fait intervenir la Psychanalyse dans l'interprétation de ces thèmes. Mais le propre des symboles est de revêtir de multiples sens : si le dragon ou le serpent peut représenter l'image terrifiante du Père, guettant le Fils qui veut pénétrer dans la caverne (ou dans le tertre mégalithique) qui est le ventre de la mère, c'est aussi la projection *post mortem* du complexe œdipien ressenti comme une grave faute et qui hante la conscience du défunt jusqu'à se matérialiser en quelque sorte devant lui, telle une névrose obsessionnelle. Et cette névrose risque de ne jamais disparaître de la conscience du sujet, confirmant la croyance que les supplices infernaux sont éternels. Tous ceux qui se sont penchés sur le problème des rêves ont mis en évidence que chaque objet, chaque être, chaque paysage même, vus pendant le sommeil, sont une partie de nous-mêmes. Les rêves sont

1. Émir Abd el-Kader, *Écrits spirituels,* Paris, Le Seuil, 1982, p. 102.
2. M. Rawlings, *Au-delà des portes de la Mort,* pp. 136-137.

complexes. « Ce sont tous nos problèmes, toutes nos préoccupations qui sont mis en scène, souvent avec des indications d'une solution possible. Mais aussi nos aspirations profondes, nos joies. C'est un travail fantastique de transposition en symboles que nous effectuons, environ quatre à cinq fois par nuit, au cours de périodes d'abord très brèves, puis un peu plus longues, pouvant atteindre jusqu'à vingt minutes. Chaque nuit, c'est en moyenne une heure et demie de cinéma que nous nous offrons. Or, dans ces programmes où nous sommes à la fois auteur et spectateur, dans une improvisation perpétuelle prodigieuse, il ne s'agit que de *projections* de nous-même, de différents aspects, différents éléments de nous-même, mais transformés en symboles [1]. » Cela concerne le rêve, une activité coutumière du vivant. Mais n'a-t-on pas dit que le sommeil était l'équivalent de la mort ? Ce serait une mort par analogie, et il faut bien reconnaître que les mécanismes qui jouent lors d'une N.D.E. sont à peu près les mêmes que ceux du rêve nocturne quotidien.

La pensée humaine, même si elle est capable d'atteindre l'abstrait, du moins dans certaines manifestations intellectuelles, a toujours besoin d'*objets* pour s'affirmer. Et ces *objets* prennent évidemment des formes concrètes, compréhensibles pour ne pas dire « sensibles ». C'est vrai dans la vie courante dès que l'être humain, sortant de l'inconscience qui caractérise l'état utérin, commence à se heurter à ce qui n'est pas lui-même. L'objet qui s'oppose à lui est nécessairement concret, quand bien même il s'agit d'une pensée surgie de lui-même. Comment expliquer autrement les cauchemars ou les terreurs des jeunes enfants laissés seuls dans l'ombre, et qui voient se lever autour d'eux d'inquiétants personnages du genre de Croquemitaine ? Il y a là de quoi réfléchir : le jeune enfant ne se ferait-il pas peur lui-même ? Et si on l'admet, il faudra également admettre que la pensée de celui qui vient de mourir, si elle est trop chargée d'images négatives, va se faire peur à elle-même en produisant ces images

1. François Brune, *les Morts nous parlent,* Paris, Le Félin, 1989, p. 178.

infernales, ces démons qui peuplent les souterrains tortueux de l'Inconscient.

« Cette *projection* ne sera pas toujours directe. Il n'est pas toujours nécessaire d'avoir effectivement pensé à un lion ou à un dragon, pour voir dans ce monde nouveau un lion ou un dragon. L'aspect du monde qui nous entoure, les événements qui s'y déroulent, peuvent très bien n'être qu'une transposition symbolique de nos pensées et de nos sentiments. C'est d'ailleurs un processus naturel, très déconcertant pour notre esprit rationaliste mais universel [1]. » Ces paroles d'un prêtre catholique, François Brune, qui entreprend d'intéressantes recherches sur la communication avec les défunts, doivent être mesurées à leur juste valeur. Il est bien certain que nous créons nous-mêmes les conditions qui seront les nôtres dans l'après-vie, et bien entendu dans le cadre social, culturel, et religieux, voire climatique et géographique, qui nous est familier.

Cependant, Peredur, qui s'est créé sa propre obsession, son monstre, sous la forme de l'*addanc,* lutte avec celui-ci et en triomphe. Cette victoire, il l'obtient parce qu'il a à sa disposition la pierre d'invisibilité que lui a donnée l'Impératrice, cette image de la Déesse-Mère, qu'on pourrait transcrire, dans un contexte chrétien, par le personnage de la Vierge Marie. Cette pierre d'invisibilité, c'est aussi la « clairvoyance », la possibilité de *néantiser* les images fantasmagoriques qui surgissent de la pensée. Peredur obtient la victoire sur lui-même ; et pour lui, l'Enfer n'aura été qu'un instant, décisif mais bref, dans son voyage à travers l'Autre Monde. Mais combien d'autres ne possèdent pas la pierre d'invisibilité et persistent à affronter les monstres terrifiants de l'Enfer ?

Depuis bien longtemps, la roue d'Ixion, le vautour de Prométhée, le rocher de Sisyphe, la source de Tantale, le tonneau des Danaïdes sont devenus des « clichés » de ce qu'on suppose être les tourments infernaux. Ces clichés sont solidement enracinés dans la mémoire collective et ils ont été singulièrement revivifiés, si l'on peut dire, par

1. F. Brune, *op. cit.,* p. 177.

les tendances moralisantes de la religion chrétienne, tendances qui surgissent évidemment de la certitude que l'être humain est d'abord un pécheur avant d'être un juste, racheté du péché originel par le sacrifice suprême de Jésus-Christ, Dieu fait homme pour nous montrer la voie de la délivrance, la « néantisation » des monstres que nos péchés suscitent.

Nombreux sont les contes populaires qui amènent leur personnage principal dans les corridors de l'Enfer, ne serait-ce qu'à titre de témoin. Certes, on peut toujours, comme le célèbre curé de Cucugnan, prétendre avoir eu une vision, ce qui permet d'utiles développements à des fins d'édification. Mais il y a aussi la mémoire collective. Elle existe. Un récit traditionnel de Picardie, *le Comte d'Haveluy en enfer*, tente même de rationaliser ce thème. Il s'agit d'un hobereau de campagne qui n'a pas forcément mené une existence juste et exemplaire. Il serait d'ailleurs plutôt du genre agnostique. Un jour, il est à la chasse en compagnie de son écuyer ; ils s'égarent et parviennent en face d'un fort beau château inconnu.

« Ils ne tardèrent pas à y parvenir. Une grande rivière entourait la forteresse, dont les eaux coulaient rapidement, mais il était impossible de voir d'où elles venaient et où elles allaient. » Le paysage est conforme à toutes les descriptions du « pays d'où nul ne revient », et la rivière tumultueuse est là pour avertir qu'il y a une frontière. Est-elle infranchissable ? « Le comte laissa son cheval à l'écuyer, le priant de l'attacher aux branches d'un arbre et de venir ensuite le retrouver, puis il s'engagea sur le pont et traversa ainsi le large fossé au fond duquel coulait le torrent. » Mais quand l'écuyer veut traverser le pont, celui-ci se soulève. L'écuyer renonce à passer de l'autre côté et se décide à attendre son maître. Le comte, lui, traverse une grande cour et s'étonne de n'y rencontrer personne. Il pénètre dans un bâtiment et aperçoit « des appartements tendus de drap rouge et meublés très richement ». C'est alors qu'un homme vêtu de rouge fait son apparition, offre du très bon vin au comte et lui propose de visiter le château. Mais, pour ce faire, il lui faut chausser des souliers à semelles fort épaisses. Intrigué, le comte obéit et suit son hôte, lequel lui ouvre différentes portes. Les spectacles que voit alors le comte sont plutôt terrifiants. « Le parquet était couvert de milliers d'hommes attachés par des clous qui leur traversaient les mains, les pieds et le corps. Ces malheureux criaient, hurlaient, blasphémaient et demandaient grâce. Puis ils essayaient, par de violents efforts, d'arracher les clous qui les retenaient au sol : leur sang coulait à flots de leurs horribles plaies. » Ailleurs, ce sont « des milliers de femmes qui cuisaient sur un énorme gril ». Dans une autre salle, « se trouvaient d'énormes chaudrons dans lesquels cuisaient des femmes, toutes plus belles les unes que les autres ». Ailleurs encore, d'autres hommes « souffraient de toutes sortes de supplices. L'un d'entre eux courait après sa tête et ne pouvait la rattraper ». Le comte comprend bien qu'il se trouve en Enfer et que son hôte est le Diable en personne. Mais son heure n'est pas venue. Il peut quitter le château et rejoindre son écuyer qui commençait à s'inquiéter.

Cependant, horrifié par ce qu'il vient de voir, le comte n'a rien de plus pressé que de gagner la ville la plus proche et d'avertir les autorités. « Il guida les hommes d'armes jusqu'au château. Ils pénétrèrent dans la forteresse et s'emparèrent de l'homme rouge qui n'opposa aucune résistance. » Curieux épisode : le Diable serait-il un simple criminel, un homme comme tout le monde ? De toute façon, on ne nous dit pas, dans ce conte, si les hommes d'armes découvrirent les suppliciés. Il faut supposer que non. Mais l'homme rouge n'en est pas moins condamné à être brûlé comme sorcier. Le comte, allant voir le condamné, lui demande s'il craint la mort. L'homme rouge lui répond : « Que m'importe vos supplices ! Ils ne sont rien à côté des miens. Du reste, je ne mourrai pas complètement et de mes cendres sortira un oiseau noir qui me reproduira plus tard. » C'est effectivement ce qui se passe. Le Diable, quand il revêt une forme humaine, semblerait immortel même si, auparavant, il est obligé d'être un oiseau, un oiseau *noir* bien entendu. Mais « au même moment, le château mystérieux disparut complètement, et, à son emplacement, il n'y eut plus que de grands arbres [1] ». L'Enfer est donc à la fois partout et nulle part...

1. J. Markale, *Contes de la Mort*, pp. 91-95.

On connaît les descriptions détaillées de Dante dans sa *Divine Comédie*, œuvre puissante, visionnaire, émaillée d'éclairs de violence et des souffles divins de la Béatitude. Précisément, c'est Béatrice qui guide le poète sur les « saintes lisières ». Mais Dante n'a pas oublié que l'Autre Monde est rempli de fumées délétères, et pour accomplir pleinement son pèlerinage dans les domaines de l'après-vie, il a recours à un autre poète, à Virgile, familier des Enfers par Énée interposé. Dante s'est évidemment beaucoup inspiré de *l'Énéide* pour son *Purgatoire* et son *Enfer* ; mais on oublie qu'il a aussi largement puisé dans une œuvre majeure du Moyen Age chrétien, *le Voyage de saint Brandan*, adaptation française (en anglo-normand) d'un texte latin répandu dans toute l'Europe, et qui n'est d'ailleurs que la transposition, en termes chrétiens, de l'extraordinaire *Navigation de Bran, fils de Fébal* et autres *imramma*, c'est-à-dire « navigations » vers l'Autre Monde, si courantes dans la tradition irlandaise païenne. Et l'on doit reconnaître que les descriptions de l'Enfer, selon *le Voyage de saint Brandan*, sont tout à fait caractéristiques de la vision enfiévrée qu'on avait de ces séjours maudits à l'époque où fleurissaient les cathédrales.

Brandan, l'abbé de Clonfert, en Irlande, personnage à la fois mythique et historique, est parti sur son bateau, un *coracle* [1], en compagnie de quelques-uns de ses moines, à la recherche du Paradis. Car, avant de mourir, il veut avoir une certitude quant à l'existence de l'Autre Monde. Certains commentateurs en ont profité pour affirmer que la navigation de Brandan n'était autre qu'une traversée de l'Atlantique en passant par l'Islande et le Groenland jusqu'aux rives du Saint-Laurent, itinéraire marqué par des épisodes qui se réfèrent à des volcans, à des icebergs,

1. Bateau irlandais dont la coque est composée de branches et le revêtement de peaux tannées, le tout calfaté avec de la graisse animale. Ce type de bateau est encore d'usage, en Irlande, pour de courtes navigations. Mais, en 1976 et 1977, l'explorateur anglais Tim Severin, après avoir construit un *coracle* selon les indications du texte latin, réussit à reconstituer le périple supposé de Brandan sur l'Atlantique. Le *coracle* ayant servi à l'expérience est aujourd'hui exposé dans le site archéologique de Craggaunowen Project, Comté de Galway.

à des baleines rencontrés en mer, et que ce voyage réel, dont on avait conservé le souvenir, avait été transformé par la suite en méditation religieuse ou en expérience mystique pour le plus grand bien des prédicateurs chrétiens. C'est faire peu de cas de l'archétype païen, lequel existe, bien antérieur à la formulation chrétienne. Quant à y discerner des souvenirs de navigations effectuées par des Celtes sur l'Atlantique, c'est une évidence absolue qui ne diminue en rien la valeur symbolique de cette navigation, qu'elle soit attribuée au héros Bran ou à l'abbé Brandan.

L'errance sur la mer est représentative de ce voyage de l'âme dans les zones les plus étranges de l'Inconscient : sur les flots de la mer, c'est-à-dire sur les Eaux primordiales, l'Esprit erre à la recherche d'une *matière* où il pourra s'incarner et incarner ses pensées les plus étonnantes, puisque l'esprit humain est capable de tout imaginer, lui qui est, on nous l'a assez répété, à l'image de Dieu. Brandan et ses compagnons sont donc les témoins privilégiés de spectacles extraordinaires, de paysages inhabituels. Alors, « ils virent poindre, au milieu des brumes, une étendue de terre entourée de nuages et de brouillard noir. Ensevelie sous un linceul de noirceur et environnée de fumées putrides, elle puait plus que la charogne [1] ». L'attirail mythologique est complet : les parages de l'Autre Monde sont perdus dans les brouillards et l'obscurité. Et, bien sûr, on aborde ces régions par le côté le plus bas, le plus maléfique, celui qui fait peur, le monde infernal, où convergent tous les fantasmes destructeurs de l'être. Brandan qui, lui aussi, est en possession du talisman (n'est-il pas prêtre et abbé consacré ?), se hâte de dire à ses compagnons : « Sachez bien que vous êtes propulsés vers l'Enfer. Vous n'avez jamais eu si grand besoin de la protection de Dieu qu'en ce moment. » Nous voici avertis en même temps que les moines de Clonfert qui, par pure inconscience, ont accepté d'accompagner leur abbé dans son périple initiatique.

---

1. Bénédeit (Benoît), *le Voyage de saint Brandan*, poème du XIIe siècle traduit de l'anglo-normand par Ian Short, avec des notes et des commentaires de Brian Merrilees, Paris, 10/18, 1984, pp. 97-99. Toutes les citations du *Voyage de saint Brandan* sont empruntées à cette édition.

La première vision qui s'impose à Brandan et à ses compagnons est celle d'un « forgeron infernal » : « Au poing il portait un marteau de fer si gros qu'il aurait pu servir de pilier. Lorsque, d'un regard de ses yeux ardents et étincelants, il prend conscience de la présence des moines, il s'impatiente d'aller préparer le supplice qu'il leur destine. Crachant le feu de sa gueule, il s'engouffre dans sa forge à pas de géant. Il en ressort presque immédiatement avec une lame chauffée au rouge qu'il tient dans des tenailles dont la charge ferait plier dix bœufs. Il la soulève dans l'air et puis la projette avec violence droit sur les moines. » On ne peut que penser à Jean-Marie Vianney, le saint Curé d'Ars qui, par son *aura* tout à fait exceptionnelle, attirait la rage de tous les diables de l'Enfer. D'après ce qu'on raconte, chaque nuit, son presbytère était le théâtre de manifestations diaboliques, d'attaques d'esprits malfaisants qui s'acharnaient contre lui parce qu'il donnait à ses pénitents l'équivalent de la pierre d'invisibilité ou du rameau d'or qui leur permettait de lutter contre les turbulences. C'est toujours à proximité des grands saints que le Diable se manifeste le plus volontiers, parce que l'ennemi du Mal est obligatoirement le Bien, celui qui néantise les fantasmes les plus malsains de l'imaginaire au profit des réalités sereines qui demeurent, quoi qu'on fasse, présentes au fond de la conscience humaine. Le tout est de ne pas se faire prendre aux pièges pernicieux qui s'interposent entre la conscience humaine et ces zones troubles, marécageuses, brumeuses ou sulfureuses, qui s'étendent entre l'Être et sa propre réalité.

Mais les approches de l'Enfer sont lentes et susceptibles d'être appréciées. Brandan et ses compagnons sont peut-être en présence de volcans crachant des flammes, des fumerolles et des laves (on a parlé à ce propos des volcans des Açores) ; mais l'image concrète — et réellement vécue, pourquoi pas ? — traduit de façon admirable le désarroi intérieur. On ne peut oublier cette « île en flammes et couronnée de fumées. Ils voient plusieurs milliers de diables, et entendent crier et se lamenter les damnés. Une odeur des plus nauséabondes, portée par la fumée qui se répand loin dans le ciel, flotte jusqu'à eux ». De la même façon, les navigateurs grecs qui passaient près de l'Etna *voyaient* réellement dans ce phénomène naturel la manifestation de l'activité d'Héphaistos-Vulcain, le dieu boiteux précipité dans l'abîme par son frère Zeus, et qui, à l'abri dans ses forges souterraines où il avait domestiqué le feu, travaillait les épées des héros. Après tout, les armes des valeureux découvreurs de Graal sont toujours fabriquées par des forgerons divins, *et maudits en même temps*, parce qu'il faut que la dichotomie entre le bas et le haut soit marquée par une divergence géographique, pour ne pas dire tellurique. D'ailleurs, Brandan est en possession de la pierre, ou du rameau d'or. Il est le témoin privilégié grâce à qui les autres humains peuvent connaître le sort réservé à ceux qui ne savent pas distinguer le réel de l'imaginaire, c'est-à-dire les *damnés.* C'est ainsi que l'abbé Brandan est amené à faire la connaissance de Judas, ce réprouvé énigmatique sans lequel la Rédemption ne se fût point réalisée et qui demeure pourtant le type même de l'aberration historique [1].

Dans les gouffres infernaux, Brandan engage le dialogue avec Judas, « damné pour l'éternité », mais qui jouit d'un répit dans ses peines le samedi soir et le dimanche

1. Le fameux baiser de Judas est une absurdité consacrée par la Tradition chrétienne au rang de véritable dogme. C'est une histoire absolument stupide. En effet, Judas trahit Jésus, sur le Mont des Oliviers, en lui donnant un baiser afin qu'il soit reconnu par les sbires du grand prêtre et les centurions du procurateur romain. Un simple raisonnement permet de dire qu'il s'agit là d'une affabulation dont les motivations nous échappent. Jésus le Nazaréen (ou Nazoréen ?), inféodé au parti des Zélotes (les activistes juifs qu'on classerait aujourd'hui comme « terroristes »), était parfaitement connu des Romains et des partisans du Sanhédrin. Il avait eu l'occasion de prêcher en public, de se manifester au vu et au su de tous, ne serait-ce que lors de ses discussions au Temple avec les prêtres, ou encore lors de son entrée triomphale à Jérusalem le dimanche des « Rameaux ». Jésus était un personnage connu de tous et c'est une plaisanterie que de vouloir prétendre à une « trahison » de ce genre de la part de Judas. Jamais les partisans du grand prêtre et les Romains n'auraient eu besoin de ce personnage de Judas l'Iscariote pour démasquer Jésus. Il n'empêche que son rôle, présenté comme nécessaire à la Rédemption, est loin d'être éclairci, faute d'éléments permettant de le juger à sa juste valeur.

jusqu'au soir, ainsi que la quinzaine de Noël, à Pâques, à la Pentecôte et aux fêtes de la Vierge. Mais quelles sont donc les peines qu'il endure ? « Tout près, il y a deux Enfers et il est extrêmement pénible d'y souffrir. Les deux Enfers qui persistent tout l'été et tout l'hiver sont tout proches d'ici. Des deux, celui qui est le plus pénible à supporter est horrible... L'un est en haut, l'autre en bas, et la mer salée les sépare. Il est étonnant que la mer qui sépare ces deux Enfers ne brûle pas tout à fait. » Ici se vérifie une fois de plus l'affirmation que ce qui est en haut est comme ce qui est en bas et inversement. « Le lundi, nuit et jour, je suis mis à tournoyer sur la roue, et, accroché à l'intérieur, malheureux que je suis, je tourne aussi rapidement que souffle le vent... Puis, le lendemain, abasourdi, j'en suis précipité, et je vole au-dessus de la mer pour retomber dans le deuxième Enfer où il y a tant de supplices. Là, je suis vite mis dans les fers sous les huées des diables ; on me couche à plat sur des tiges de fer pointues, et je me fais ruer de coups, d'objets lourds et de rochers... Le mercredi, je suis violemment rejeté en haut, où on me varie les peines : pour une grande partie de la journée, je bous dans la poix qui me noircit tel que vous me voyez maintenant ; j'en suis retiré ensuite et mis à rôtir, lié à un poteau entre deux feux... Puis je suis de nouveau précipité dans la poix, dont je suis enduit pour mieux brûler... Le jeudi je suis replongé en bas, et pour me faire subir une pénible contrariété, je suis enfermé dans un lieu glacé, très obscur et on ne peut plus noir. J'ai si froid que j'ai hâte de me retrouver dans le feu qui brûle si fort. » En somme, le concept breton de l'*ifern yên*, de l'Enfer froid, est puisé dans cette tradition éminemment celtique. Judas se montre très complaisant pour raconter les divers supplices qui lui sont infligés, et l'on pourrait vraiment croire que l'auteur du texte est un adepte avant l'heure du distingué marquis de Sade : « Le vendredi, je reviens en haut... On m'écorche alors tout le corps si bien qu'il n'y reste plus de peau. Puis avec un pieu ardent, on m'écrase dans un mélange de suie et de sel ; dès lors, une peau toute nouvelle repousse en peu de temps afin que le tourment puisse reprendre. Dix fois au cours de la journée, on m'écorche entièrement à vif et on m'oblige à me rouler dans le sel ; puis on me fait boire un mélange bouillant de plomb et de cuivre fondus. Le samedi, je suis précipité en bas où d'autres diables varient mes souffrances ; je suis incarcéré dans une geôle, la plus affreuse de tout l'Enfer ; je n'ai pas de corde pour descendre. Sans lumière, dans l'obscurité et la puanteur, j'y reste étendu. La puanteur est si forte que je crains à tout moment que mon cœur n'éclate... »

Assurément, Judas n'a pas la pierre d'invisibilité qui lui permettrait d'échapper à tous ces diables ligués contre lui et acharnés à le faire souffrir. On croirait regarder une fresque médiévale comme celle de Kernascléden (Morbihan) où, sous une danse macabre du meilleur aloi, on aperçoit tous ces démons, monstrueux et *sadiques*, faisant bouillir les damnés dans leurs marmites, ou les faisant rôtir à la broche. Les diables ont l'air de bien s'amuser. Mais les damnés sont pitoyables. Si, selon Jean-Paul Sartre, « l'Enfer, c'est les autres », ce qu'il semble avoir démontré dans *Huis clos*, ce sont en tout cas les personnages monstrueux surgis de l'imagination des morts qui animent l'Enfer de la tradition chrétienne médiévale. Pour l'Église catholique romaine, l'Enfer est éternel : il n'est pas question de conjurer les diables, ni d'avoir un mot, un simple mot, pour les faire disparaître dans le néant d'où ils sortent. L'Église catholique romaine a bien combattu, par le fer et par le sang, les tenants du Catharisme qui prétendaient que le royaume de la Lumière, c'est-à-dire le royaume de Dieu, ne serait pas reconstitué dans sa plénitude tant que la dernière âme ne serait pas sauvée, ce qui revient à nier l'Enfer éternel. Il est vrai que l'Enfer éternel est très pratique, car il permet de menacer définitivement les récalcitrants à l'ordre officiel du monde, et à quoi servirait la classe sacerdotale si elle n'affirmait pas qu'elle seule a le pouvoir de préserver les humains des flammes — ou des glaces — de l'Enfer éternel ? Heureusement, il y a eu des visionnaires comme Victor Hugo pour prétendre qu'à la fin des Temps, Satan lui-même sera sauvé, grâce à l'ange Liberté, né d'une plume que l'archange Lucifer avait perdue dans sa chute vertigineuse et insensée dans l'Abîme. Le manichéisme est bien commode, surtout pour convaincre qu'il y a un Bien et un Mal irréductibles. Or, la sagesse traditionnelle met en évidence que le Bien et le Mal, comme le Jour et la Nuit, ne sont que les deux aspects d'une même réalité, et qu'il n'y a ni Bien ni Mal, mais seulement une polarité de cette mystérieuse énergie divine qui a créé le monde et qui nous crée nous-mêmes, seconde après seconde. Si nous avons la liberté de choisir, nous pouvons nous engager dans une voie ou dans une autre ; tout dépend de ce que nous projetons de désirs sur le destin qui s'ouvre devant nous.

« Il y aura des ténèbres et des grincements de dents... » Bien sûr, il ne peut en être autrement. Les démons qui surgissent de notre conscience n'attendent que notre accord pour s'emparer de nos corps et nous faire subir les pires outrages. Souvenons-nous que, dans la pratique chrétienne, le seul geste de tracer le signe de la Croix éloigne les démons, les réduisant à ce qu'ils sont, *rien*, au sens négatif du terme. C'est ce qu'a dû utiliser Peredur, dans le grand cairn où il a rencontré l'*addanc.* C'est peut-être sa « pierre d'invisibilité ». Et si Peredur est sorti vainqueur de sa confrontation avec le monstre, cela prouve que la situation dite infernale n'est jamais définitive, même s'il faut en passer par là. De toute façon, Peredur avait le choix entre trois chemins. Après avoir suivi le plus périlleux, il a très bien pu aller voir ce qui se passait dans la ville où, pourvu qu'on ait de quoi payer, on obtient tout ce qu'on veut en fait de nourriture et de boissons.

2. La Ville oubliée

La romancière suédoise Selma Lagerlöf, dans son œuvre la plus célèbre, *Nils Holgersson,* se fait l'écho d'une légende de Scanie, sur les bords de la mer Baltique : « Il y avait jadis ici, au bord de l'eau, une ville appelée *Vineta.* Elle était si opulente et si heureuse que jamais cité ne fut plus magnifique ; malheureusement, ses habitants s'adonnèrent au luxe et à l'arrogance. En punition, la ville de Vineta aurait été submergée par une violente marée et engloutie par la mer... Mais ses habitants ne peuvent pas mourir, et leur ville ne disparaît pas non plus. Une fois tous les cent ans, elle surgit des flots dans toute sa splendeur et reste à la surface pendant une heure... Mais à l'heure écoulée, la ville s'enfonce de nouveau dans la mer, à moins toutefois qu'un des marchands de Vineta n'ait vendu quelque chose à un être vivant. Or, le jeune Nils Holgersson pénètre dans la ville et il est en proie aux sollicitations *muettes* des marchands. Mais il n'a pas un sou en poche et ne peut rien acheter, et la ville retourne à ses ténèbres, pour une centaine d'années encore [1]. »

Cet épisode d'un roman du XXe siècle rappelle évidemment le mythe de la ville d'Is, engloutie sous les flots par suite de l'inconduite de sa princesse, Dahud, et de ses habitants, mais qui ressurgit à certaines occasions, s'ouvrant aux humains pendant un certain laps de temps, variable selon les versions, et qui peut demeurer en surface si quelqu'un achète quelque chose à l'un des marchands qui tiennent leur boutique dans les rues étroites de cette cité oubliée. Il arriva, paraît-il, à une vieille femme de Pleumeur-Bodou (Côtes-d'Armor) d'aller puiser un jour de l'eau de mer « pour faire cuire son repas (?) », et de se retrouver tout à coup devant un magnifique portique. « Elle le franchit et se trouva dans une cité splendide. Les rues étaient bordées de magasins illuminés. Aux devantures s'étalaient des étoffes magnifiques. Elle en avait les yeux éblouis et cheminait, la bouche béante d'admiration, au milieu de toutes ces richesses. » Les marchands lui demandaient tous de lui acheter quelque chose, mais la vieille femme n'avait pas d'argent sur elle. Alors, l'un des marchands lui dit : « C'est grand dommage. En prenant ne fût-ce que pour un sou de marchandise, vous nous eussiez délivrés tous. » A ce moment, la ville disparut et « la femme se retrouva seule sur la grève [2] ».

Une autre version de cette légende, localisée au Cap-Sizun, dans le Finistère, présente un jeune homme hardi qui s'engage dans un souterrain qui part d'un château en ruine et parvient sous le porche d'une église. Il pénètre dans l'église au moment où la messe du dimanche commence. « Il alla s'agenouiller derrière un pilier, au milieu de gens inconnus, vêtus de façon singulière, qui priaient à

1. Selma Lagerlöf, *Nils Holgersson*, chap. XIII
2. A. Le Braz, *la Légende de la Mort*, pp. 248-249.

mi-voix sans remuer les lèvres, en un breton si vieux et si âpre qu'à peine le nouveau venu en distinguait quelques paroles. Un bedeau quêtait dans un large plat d'argent. Le jeune gars remarqua que tout le monde donnait une pièce blanche, gros ou petit écu. » Malheureusement, il n'a pas un sou en poche, et, discrètement, il sort de l'église pour repartir par où il est venu. C'est alors qu'il constate que « les assistants qui étaient tout à l'heure indifférents à sa présence, suivaient sa retraite d'un regard consterné et furieux ». Et une vieille femme s'adresse à lui : « Si vous aviez mis quelque chose dans le plat, ne fût-ce qu'un liard, la ville d'Is, où nous sommes, serait ressuscitée et remontée à la surface de la mer. Maintenant, il nous faudra attendre encore cent ans une autre occasion. Partez vite, car la grand-messe va finir, et si les habitants vous trouvent ici en sortant, ils vous mettront en pièces dans leur colère [1]. »

De toute évidence, cette ville dans laquelle il est demandé à tout intrus de donner quelque chose, ou d'acheter une marchandise, est sous le coup d'une *malédiction*, sous le coup d'un *sortilège*. Ce n'est pas vraiment un endroit maudit : les habitants n'y souffrent pas les tourments qu'on imagine dans l'Enfer ; mais ils vivent une sorte de vie au ralenti, et ils attendent celui qui viendra les délivrer. On peut penser aux « Enfers » que visita le Christ pendant sa mort provisoire et d'où il ramena, nous dit-on, des âmes qui y végétaient. En fait, si l'on reprend le concept chrétien de Purgatoire, hérité de la tradition celtique primitive et rénové par les chrétientés d'Irlande, il s'agit d'un lieu transitoire où les défunts attendent, dans une sorte de somnolence, l'événement qui les tirera de leur torpeur, leur permettant ensuite de gagner les zones les plus hautes de l'Autre Monde, le Paradis. C'est dire l'importance qu'acquiert ainsi la visite d'un *vivant* : il peut, à lui seul, changer le destin de tous. Les romans arthuriens sont remplis de ces cités mystérieuses où les héros se voient confrontés à des épreuves qui, bien souvent, les dépassent, mais qui parfois conduisent à la délivrance de ceux qui *attendent*.

1. J. Markale, *Contes de la Mort*, pp. 168-169.

C'est ainsi que le chevalier Gauvain, l'un des plus illustres compagnons de la Table Ronde, neveu du roi Arthur, se trouve en présence d'un château dont l'accès n'est pas évident. Bien entendu, il y a un pont jeté au-dessus d'une rivière tumultueuse. Mais ce n'est pas un château infernal, bien que les fantasmagories s'accumulent sur la tête de l'audacieux qui tente de pénétrer dans la forteresse. Et l'on s'aperçoit très vite que les empêchements ne sont que des projections de la pensée : « Messire Gauvain fut tout surpris de trouver si vaste ce pont qui lui était d'abord apparu si étroit, et dès qu'il l'eut franchi, comme c'était un pont-levis, il se releva de lui-même grâce à un mécanisme ; dès lors personne d'autre n'aurait pu entrer, car l'eau dessous était extrêmement tumultueuse. » Mais il y a deux autres ponts à franchir ensuite. « Messire Gauvain éprouva la même crainte au moment de passer ce pont, qui lui semblait aussi long que le premier... Mais grâce à sa précédente expérience, il fit taire sa peur. » Après le troisième pont, Gauvain se trouve d'ailleurs en présence de statues en or, et aussi « sur le seuil, à l'entrée, un lion gigantesque et terrifiant, dressé sur ses quatre pattes ; *mais le lion se coucha dès qu'il vit messire Gauvain* et celui-ci put passer sans difficulté ». A l'intérieur de la forteresse, qui est le Château du Roi Pêcheur, une réception cordiale l'attend. Il est témoin du cortège du Graal et ne pose évidemment aucune question. Les hôtes de Gauvain se retirent et le laissent seul. Ne sachant trop quoi faire, et apercevant un jeu d'échecs au pied du lit, il se met à jouer en prenant les pièces d'ivoire. « Mais celles d'or jouèrent contre lui et le mirent échec et mat. » Il décide de se coucher, et voulant aller souhaiter le bonsoir à son hôte, il trouve toutes les portes fermées. Il entend alors un cor qui sonne et une voix qui provient d'en haut : « Celui qui n'est pas d'ici, qu'il s'en aille, quel qu'il en soit ; car les ponts sont abaissés, la porte est ouverte, et le lion est dans sa cage ; ensuite, il faudra de nouveau relever les ponts-levis, à cause du Roi du Château Mortel qui fait la guerre aux habitants de ce château [1]... » Gauvain ne peut que

1. *La Légende arthurienne*, textes réunis et présentés sous la direction de Danièle Régnier-Bohler, Paris, R. Laffont, 1989, pp. 192-194.

partir. Il a échoué par ignorance, ne sachant pas pourquoi les habitants de ce château féerique attendaient, ni ce qu'ils attendaient exactement. Et pourtant, le Roi du Château Mortel guette, ce qui prouve l'instabilité de ce lieu étrange où rien n'est comme ailleurs.

Le beau récit de *Perlesvaux* dans lequel figure cet épisode est rempli de descriptions de châteaux fantastiques de ce genre. Voici, par exemple, celle du « Château Tournoyant ». Gauvain et Lancelot du Lac, après avoir chevauché dans la forêt, débouchent dans une grande plaine. « Ils aperçurent devant eux un château qui se dressait au milieu d'une prairie, entouré d'eaux vives et d'une ceinture de murs ; on apercevait de grandes salles garnies de hautes fenêtres. Ils s'approchèrent du château et ils virent alors qu'il tournait sur lui-même plus vite que le vent, et il y avait aux créneaux des archers de cuivre qui maniaient leurs armes si efficacement qu'il n'était pas une arme au monde qui eût pu protéger de leurs traits. A côté de ces automates se tenaient des hommes en chair et en os qui sonnaient du cor et de la trompette si fort qu'il semblait que la terre s'effondrait. Et, en bas, devant l'entrée, il y avait des lions et des ours enchaînés qui poussaient de tels rugissements que toute la forêt et la vallée en retentissaient [1]. » Lancelot et Gauvain tentent de pénétrer dans le château, mais ils n'y parviennent pas. C'est Perlesvaux, le « Bon Chevalier », celui qui déjoue les sortilèges, qui réussit l'épreuve : il entre sans aucune difficulté, à la grande joie des occupants de la forteresse qui s'écrient qu'ils sont doublement sauvés, dans leur vie et dans leur âme.

Les enchantements, même représentés sous une forme rationalisée, comme c'est le cas pour l'épisode du « Château Tournoyant », sont à l'image des tourments que subissent les habitants de ce lieu hors du monde, de cette ville oubliée. En fait, les habitants sont toujours prisonniers de leurs propres fantasmes, et ceux-ci les empêchent de sortir librement. Il faut alors que vienne l'*Élu*, le « Bon Chevalier », qui a le pouvoir de lever les sortilèges. Ce

1. *La Légende arthurienne*, p. 243.

« Bon Chevalier » a le don de ne pas se laisser prendre au piège : il *voit* la réalité de ce que les autres croient voir, et la libération qu'il effectue consiste à *ouvrir les yeux des autres*, à leur montrer qu'ils sont victimes d'hallucinations. Aussi doit-il être lui-même irréprochable, solidement armé physiquement et psychologiquement. La moindre erreur, la moindre faiblesse, fera de cet Élu une victime aussi pitoyable que ceux qu'il a mission de délivrer. C'est le sort échu à Lancelot du Lac qui, tout « meilleur chevalier du monde » qu'il est, ne peut jamais détruire complètement les enchantements parce qu'il porte en lui le poids de son péché d'adultère avec la reine Guénièvre. Lui aussi succombe aux troubles fantasmes de sa sensualité. Il est entaché de péchés selon l'appréciation chrétienne. Comment pourrait-il donc, dans ce cas, délivrer les âmes du Purgatoire ?

Il en est ainsi dans un texte arthurien plus tardif, mais rempli de nombreux archaïsmes, *les Merveilles de Rigomer*. Cette ville-forteresse de Rigomer est depuis longtemps victime des enchantements, et tous ceux qui se sont risqués à l'intérieur pour essayer de surmonter les épreuves n'en sont jamais revenus. Les compagnons d'Arthur s'y lancent à tour de rôle ; mais Lancelot, une fois dans la place, perd soudain toute sa vaillance, et une femme lui glisse un anneau au doigt. « Quand ce fut fait, Lancelot se trouve si envoûté qu'il ne se rappelle plus rien, ni la carrière des armes, ni d'autres biens. Il se met à ressembler à une bête ; il tient la tête baissée, comme un abruti, indifférent au bien comme au mal. Dès lors, il a trouvé sa punition : la jeune fille l'emmène à la cuisine, lui fait couper des bûches, préparer des aliments, et lui enjoint d'exécuter tout ce qu'on lui dira. Il répond qu'il obéira sans faute » [1]. Voilà donc le vaillant Lancelot du Lac cuisinier docile et même dévoué. On ne peut imaginer pire déchéance ! Il se contente de mener une vie végétative, en dehors du temps et de l'espace, comme si sa personnalité s'était tout à coup évanouie, néantisée : dans cette ville oubliée de Rigomer, il fait partie de la communauté des âmes indifférentes, de cette masse anonyme,

1. *La Légende arthurienne*, pp. 1025-1027.

sans couleur ni relief, qui stagne en un lieu sans souffrance mais sans joie. Ici, la vision de l'Autre Monde n'est pas aussi pessimiste que dans les descriptions de l'Enfer ; mais elle est néanmoins mélancolique : les âmes qui somnolent à Rigomer sont semblables à ces ombres évanescentes qu'Énée rencontre au cours de son voyage souterrain. Elles sont « pâles visages de néant », selon l'expression homérique. Et, un an plus tard, lorsque Gauvain, échappant à tous les pièges, pénétrera à son tour dans Rigomer, il découvrira Lancelot, « chef cuisinier », gros et gras, complètement abruti. Il lui faudra toute sa sagesse pour ramener Lancelot à sa propre réalité, et en particulier réussir à lui arracher l'anneau qu'il porte à son doigt et qui est le signe de son asservissement à la matérialité quotidienne. La fable est significative.

Ce n'est pas la seule mésaventure de ce genre qu'on prête à Lancelot. Cependant, dans sa *saga* primitive, qui nous est conservée dans un texte allemand de la fin du XIIe siècle, alors qu'il n'est pas entaché d'adultère, alors qu'il n'est pas soumis à la culpabilité, il retrouve son rôle d'initiateur et de libérateur des âmes prisonnières. Pour mériter de connaître son nom, il a dû promettre à sa mère adoptive, la Dame du Lac, de délivrer le fils de celle-ci, Mabuz, victime d'un sortilège lancé par un enchanteur maudit. Mabuz est en effet atteint de couardise inguérissable, et pour le protéger, sa mère a jeté aussi un sortilège sur la forteresse où il réside avec ses compagnons : quiconque y pénètre sans y avoir été invité par Mabuz devient immédiatement plus couard et plus lâche que le dernier des manants. Et plus sa valeur était grande, plus sa lâcheté est remarquable. Constatons qu'il s'agit ici d'un thème voisin de celui de l'île des Rieurs et de l'île des Pleureurs qu'on trouve non seulement dans *l'Odyssée* mais également dans plusieurs récits celtiques de navigation merveilleuse. Un jour, voici Lancelot qui pénètre dans la cité de Mabuz sans y avoir été invité. Dès qu'il a franchi la poterne, il est pris à partie par deux hommes d'armes qui le menacent et lui demandent de se rendre. Pénétré d'une grande crainte, Lancelot lâche son bouclier et tend son épée, implorant ses « vainqueurs » de lui faire grâce. Et on l'enferme dans une prison, où il passe son temps à pleurnicher et à supplier qu'on lui épargne la vie. Sa lâcheté est incommensurable. Mabuz, qui en a conscience, se dit en lui-même que ce personnage est donc un héros invincible en temps normal. C'est pourquoi, alors que l'enchanteur maudit vient rôder sous les murs de la cité en narguant Mabuz et ses compagnons, Mabuz fait jeter Lancelot dehors. Il reprend immédiatement conscience de sa personnalité et de sa valeur, poursuit l'enchanteur et, après quelques prouesses, parvient à le tuer, faisant disparaître du même coup le sortilège et libérant ainsi Mabuz et ses compagnons [1]. Tout est bien qui finit bien. Mais ces aventures fantastiques ne sont là que pour nous rappeler qu'il y a quelque part, dans un monde intermédiaire, des âmes qui attendent une aide des humains. De nombreux contes populaires où l'on voit des vivants aider un défunt en accomplissant pour lui un acte charitable, permettant ainsi à ce défunt de gagner le Paradis, sont bâtis sur ce même thème qui peut se résumer en cette formule de piété chrétienne : nous avons le devoir de prier pour les Ames du Purgatoire. Et cela met également en valeur le rapport constant qui est supposé exister entre les vivants et les morts : ils se trouvent les uns et les autres dans deux états de conscience différents, dans deux univers concomitants ; mais il arrive que ces deux univers s'interpénètrent selon certaines circonstances. Là réside le mystère de cette communication que d'aucuns nient farouchement et que d'autres disent avoir expérimentée au moins une fois dans leur vie.

Sur le versant occidental de la forêt de Réno, à La Chapelle-Montligeon (Orne), se dresse une immense église imitant une cathédrale gothique, qui a été bâtie au début de ce siècle. Cette église, une basilique d'ailleurs, est le siège d'une « Œuvre expiatoire » dont les membres s'engagent à prier pour les âmes les plus délaissées du Purgatoire, ces âmes anonymes qui somnolent en ce lieu indécis que les épopées d'origine mythologique décrivent avec tant de pittoresque. La fondation de cette Œuvre est

1. J. Markale, *la Tradition celtique*, pp. 126-127.

due à un prêtre percheron qui mena une vie pieuse et exemplaire, l'abbé Buguet. Et celui-ci a laissé une curieuse relation des circonstances qui l'ont amené à se consacrer entièrement à cet amour désintéressé des autres. Voici ce qu'il raconte : « Depuis longtemps j'aimais à célébrer la messe, le lundi, pour l'âme la plus délaissée du Purgatoire et je m'apercevais que ces âmes m'obtenaient bien des faveurs. » Or là se place un fait auquel peut-être on a accordé trop d'importance, mais qu'il me semble bon de relater [1]. On remarquera la méfiance instinctive des prêtres catholiques pour tout ce qui peut apparaître comme miraculeux ou surnaturel. Mais le témoignage de l'abbé Buguet est tout à fait intéressant :

« En mai 1884, une personne que je ne connaissais pas vint me demander de célébrer une messe à ses intentions. Son visage indiquait qu'elle était d'un âge d'environ cinquante ans ; elle était alors vêtue modestement, portant le costume d'une femme du peuple ; son air inspirait respect et confiance. Huit jours après, à cette messe que je célébrais selon sa demande et selon ses intentions à huit heures et au jour indiqué, je fus surpris de la voir au bas de l'église, vêtue d'une robe bleu ciel et la tête couverte d'un long voile blanc, descendant jusqu'à la ceinture. Qui était-ce ? Je ne l'ai jamais su et personne n'a pu me renseigner à ce sujet. Longtemps elle pria devant l'autel de la Sainte Vierge. A midi, comment et par quel endroit a-t-elle disparu ? Je l'ignore et, quoique sa présence eût à ce point éveillé l'attention que les personnes du bourg venaient pendant cette matinée à l'église pour la voir, personne n'a pu connaître par où elle avait dirigé ses pas » [2]. Étrange histoire dont on peut penser ce qu'on veut, mais qui débouche sur bien des questions...

1. D'innombrables contes populaires font mention d'*échanges* entre les vivants et les morts. Un homme accomplit une action pour le compte d'un défunt, ou il lui procure une sépulture décente. Par reconnaissance, le défunt aide le vivant dans des circonstances malheureuses.

2. *Petite histoire de Notre-Dame de Montligeon,* 1938, p. 8.

Car l'événement a eu des témoins, et tous ces témoins s'accordent pour affirmer qu'on n'a jamais su par où était partie la mystérieuse femme, et quand on connaît la curiosité des villageois qui remarquent tout, et plus particulièrement les arrivées et les départs de ceux qui n'appartiennent pas au village, on est en droit de douter de l'existence réelle, charnelle, de cette femme au voile blanc. Alors, hallucination collective ou manifestation d'une entité qui a voulu se matérialiser quelque temps pour attirer l'attention des humains sur le sort des âmes endormies en quelque ville oubliée, ces âmes qui attendent désespérément un geste d'amour pour reprendre leur course sur les chemins de l'Autre Monde ? Tout est possible.

3. Le Festin d'Immortalité

Car au moins trois chemins sont proposés à Peredur dans son errance à travers des paysages qui révèlent peu à peu quelques-uns de leurs secrets. Le jeune homme qu'il a rencontré sur le sommet d'un tertre l'a invité à venir à sa cour, où il y aura abondance de nourriture et de boisson, où sera pratiquée une hospitalité sans défaut. C'est évidemment là, dans un château merveilleux, que les convives qui le méritent seront admis au Festin d'Immortalité tant de fois décrit — et exalté — dans toutes les traditions. « Ils se rendirent à Harddlech et s'y installèrent. Ils commencèrent à se pourvoir en abondance de nourriture et de boisson, et se mirent à manger et à boire. Trois oiseaux vinrent leur chanter certain chant auprès duquel étaient sans charme tous ceux qu'ils avaient entendus. Les oiseaux se tenaient au loin au-dessus des flots et ils les voyaient cependant aussi distinctement que s'ils avaient été avec eux... Quoi qu'ils eussent vu de souffrances, quoi qu'ils en eussent éprouvé eux-mêmes, ils ne se rappelèrent rien, non plus qu'aucun chagrin au monde... Ils n'étaient pas plus fatigués ; aucun d'eux ne s'apercevait que l'autre fût plus vieux de tout ce temps qu'au moment où ils y étaient venus [1]... » Perte de la notion de temps, perte de la notion d'espace, telles sont les principales caractéristiques de cet état idéal dans lequel se trouvent les héros qui ont réussi à déjouer les sortilèges, à vaincre les monstres terrifiants qui surgissaient devant eux, qui ont finalement réussi *à devenir autres.*

Ce lieu qui est *ailleurs* et dont les habitants sont *autres,* il est bien connu des auteurs de l'Antiquité classique qui le décrivent en des termes qui témoignent de leur volonté de le situer véritablement en un point de la terre. Ainsi, Pline l'Ancien, tout imprégné des lectures d'Hérodote, tente-t-il de le placer au nord du monde : « Au-delà de l'Aquilon se trouve une nation heureuse, si l'on en croit les récits, appelée les Hyperboréens, et chez qui les hommes atteignent une grande vieillesse ; des merveilles fabuleuses en sont racontées. On dit que là sont les gonds du monde et la dernière limite de la révolution des astres... Il n'y a dans l'année qu'un lever de soleil au solstice d'été, qu'un coucher au solstice d'hiver. La contrée est bien exposée, d'une température heureuse, et exempte de tout souffle nuisible. Les habitants ont pour demeure les forêts et les bois sacrés ; le culte des dieux est célébré par les particuliers et par l'ensemble du peuple. La discorde y est ignorée, ainsi que toute maladie. On n'y meurt que par satiété de la vie : après un repas, après des jouissances données aux dernières heures de la vieillesse, on saute dans la mer du haut d'un certain rocher ; c'est pour eux le genre de sépulture le plus heureux » (*Hist. nat.,* IV, 26).

L'esprit rationalisant de Pline le naturaliste, pourtant toujours prêt à admettre les faits les plus discutables, le pousse non seulement à trouver un lieu réel, mais encore à insister sur *la mort des surhommes.* Car, dans ce pays merveilleux, les habitants ne peuvent être que des surhommes, bien sûr : ils vivent une longue vie heureuse, sans être soumis aux maladies ; mais ils ne sont pas immortels. Ils meurent quand ils décident de mourir, *par satiété* et non par obligation, toute idée de Destin, à la

1. J. Loth, *les Mabinogion,* pp. 41-42. Il s'agit du récit de *Branwen,* seconde branche du *Mabinogi* gallois.

mode grecque, étant absente de ce texte. Mais on doit reconnaître qu'un Romain répugne à imaginer une quelconque immortalité, d'où cette sorte de suicide rituel qu'il présente. D'autre part, le naturaliste reprend ici une légende vieille comme le monde, celle de l'Oasis polaire ; mais il ne semble pas la situer exactement : le pays des Hyperboréens, c'est le Nord, c'est tout, et bien que Pline soit parfaitement informé de la succession d'un jour et d'une nuit de six mois au-dessus du cercle polaire, il ne comprend guère ce qu'il raconte quand il parle d'un climat idéal, toujours doux et chaud, sans faire référence à cette nuit de six mois qui pourrait bien bouleverser l'équilibre de cette nature imaginaire. Il est vrai que, dans la tradition antique héritée des Grecs, l'Hyperborée est davantage un mythe qu'une réalité à l'origine, et si Hérodote a tant fait cas des Hyperboréens, c'est surtout parce qu'il les confond avec les « Cimmériens » tout aussi fabuleux, et même avec certains Celtes des bords de l'Océan, voire avec les Cimbres, peuples germaniques parfaitement historiques mais quelque peu celtisés.

Il ne faut pas oublier non plus qu'une tradition tenace, encore maintenue par Cicéron, prétend que l'origine du dieu Apollon est hyperboréenne. De toute évidence, même si son culte a eu le plus grand rayonnement autour de la Méditerranée orientale, Apollon est un dieu nordique importé dans une civilisation marquée par le culte tellurique de la Déesse-Terre. Et le Grec Diodore de Sicile ne se fait pas faute de relier Apollon au mythique pays des Hyperboréens. Il situe l'île de Bretagne en Hyperborée, là où le sol produit deux récoltes par an, et qui est le lieu de naissance de Lêto-Latone, la mère d'Apollon et d'Artémis, ce qui explique pourquoi les autochtones vénèrent particulièrement Apollon, notamment *dans un grand temple circulaire* en lequel on reconnaît parfaitement le monument de Stonehenge, dans la plaine de Salisbury. Quant à l'Espagnol latinisé Pomponius Méla, plus porté sur les choses merveilleuses, après avoir signalé le jour et la nuit de six mois chez les Hyperboréens, il ajoute que leur pays est « une terre sacrée, exposée au soleil et douée d'une grande fertilité », retombant ainsi dans les mêmes contradictions que Pline l'Ancien. « Religieux observateurs de la justice, ils coulent des jours plus longs et plus heureux qu'aucun autre peuple au monde. Toujours au sein de la paix et des plaisirs, ils n'ont jamais connu la guerre ni les querelles. Ils font des sacrifices en l'honneur de leurs dieux et particulièrement d'Apollon... Ils passent leur vie dans les bois sacrés et les forêts » (Méla, III, 5). Certes, on retombe vite dans la mentalité hébraïque primitive : que Iaveh nous procure la vie la plus longue et la plus agréable possible... L'immortalité de l'âme est très peu présente dans cette projection qui peut aussi bien se résumer par : « Tant que ça dure, tant mieux, mais pourvu que ça dure le plus longtemps possible ! » Les libres penseurs occidentaux, héritiers des Libertins du XVIIe siècle, n'ont jamais dit mieux. Et tant pis si l'absurde apparaît en filigrane à travers ces descriptions féeriques.

Car la question fondamentale continue à se poser : à quoi ça sert ? Il n'y a de réponse que sous forme de mythe. C'est ce qu'affirme Plutarque (ou le pseudo-Plutarque, peu importe !) dans son traité *sur l'E de Delphes,* quand il parle des vérités divines et des métamorphoses cosmiques, divulguées au commun des mortels sous l'apparence de fables. « La divinité est par nature incorruptible et éternelle, mais elle subit certaines transformations. » Ne faudrait-il pas songer à cette scène hallucinante de la Transfiguration quand, d'après le récit évangélique, Jésus se métamorphose totalement, devenant alors totalement incompréhensible, donc invisible aux Apôtres *qui dorment ?* Mais Plutarque, ou celui qui écrit sous son nom, continue ainsi : « Tantôt par embrasement, la divinité change sa nature en feu et assimile toutes les substances entre elles. Tantôt elle se diversifie sous toutes sortes de formes, et elle constitue le monde. » Et, fait important, le texte avoue alors que les « fables » sont des inventions des sages qui, par ce moyen, peuvent décrire ces métamorphoses comme des démembrements, des morts ou des disparitions, puis par des re-naissances, comme c'est le cas pour Osiris, détruit par son frère Seth-Typhon, mais reconstitué par sa sœur-épouse Isis. La tradition représentée par Plutarque est teintée de néo-platonisme, mais elle est nettement cléricale dans la mesure où le Plutarque historique, historien, moraliste et philosophe, était néanmoins prêtre, chargé notamment de l'interprétation des oracles de la Pythie de Delphes. D'ailleurs, Plutarque raconte autre chose, dans son traité *de la Disparition des Oracles :*

« D'après Démétrios, parmi les îles qui entourent la Bretagne, quelques-unes tirent leurs noms de héros ou de démons... Démétrios aborda dans la plus proche de ces îles désertes... A son arrivée, un grand trouble venait de se manifester dans l'air, accompagné de nombreux signes célestes. Les vents soufflaient avec fracas et la foudre tomba en plusieurs endroits. Le calme étant revenu, les habitants lui dirent qu'il s'était produit une éclipse de quelque être supérieur... » Le récit de Plutarque suit la même ligne de pensée que le récit de Pline l'Ancien. Dans un pays qui échappe au Temps et à l'Espace, des êtres vivent une vie très longue, mais ne sont pas immortels. Mais ce qu'ajoute Plutarque, et qui semble le plus important, c'est qu'il ne s'agit pas d'une mort volontaire *par satiété,* mais d'une *éclipse,* d'une disparition de l'être privilégié qui vit dans cette région hors de l'espace et du temps. Plutarque se garde bien de localiser exactement cette île et se contente de donner foi à la croyance que « là se trouve Khronos endormi, gardé par Briarée. Le sommeil a été le lien inventé pour le retenir prisonnier ». Ce rappel du dieu Khronos, châtré et emprisonné par son fils Zeus, est révélateur : Khronos est le Temps qui donne naissance aux êtres vivants et qui les dévore également, puisqu'il est maître de la vie et de la mort. Donc, seul le Temps permet de différencier la vie et la mort. Mais le Temps une fois enchaîné et endormi, cette différence n'existe plus, et la question de la vie et de la mort ne se pose même plus. C'est ce que semble vouloir dire Plutarque.

Rabelais a renchéri sur ce thème dans un chapitre du *Quart Livre,* à propos de l'île des Macréons où abordent Pantagruel, Panurge et Frère Jean après avoir subi la célèbre tempête au cours de laquelle Panurge a donné libre cours à sa terreur panique. On explique en effet à Pantagruel que la tempête était le résultat de l'*éclipse* d'un des habitants de l'île, car une *éclipse* de ce genre ne peut se faire sans turbulence dans l'atmosphère, sans pestilence et tempête, de la même façon qu'une chandelle qui s'éteint laisse une odeur désagréable dans l'air ambiant. L'un des habitants de cet étrange lieu leur explique certaines choses : « Ici est une île Sporade, non pas de vos Sporades qui sont en la mer des Carpates, mais des Sporades de l'Océan, jadis riche, fréquentée, opulente, marchande, populeuse et sujette au dominateur de Bretagne... En cette obscure forêt que vous voyez longue et ample... est l'habitation des démons et héros qui sont devenus vieux. » Ces démons et ces héros, ce sont ceux qui, grâce à leurs actions, ont réussi à atteindre ce séjour bienheureux. Mais ces êtres ne sont pas immortels, du moins dans le sens où nous l'entendons. « Tout le temps que ces âmes nobles et insignes habitent leur corps, leur demeure est pacifique, utile, délectable, honorable. Mais à l'heure de leur *discession* (départ, partage ou décès), communément adviennent par les îles et continents grands tremblements en l'air, ténèbres, foudres, grêles ; en terre, concussions, tremblements, étonnements ; en mer, tornade et tempête, avec lamentations des peuples, *mutations des religions,* transports des royaumes et révolutions des républiques » (*Quart Livre,* XXVI). Mais comme Plutarque, Rabelais se garde bien d'affirmer quoi que ce soit à propos du *départ* de ces héros ou de ces démons. Où vont-ils ensuite, puisque rien ne se perd et qu'aucune âme ne peut être réduite au néant ? On pourrait en déduire qu'il existe une certaine tradition qui prétend que l'Autre Monde est une succession d'étapes, ou d'*états,* qui, selon les diverses métamorphoses, constituent un perpétuel devenir. Les théories de la Réincarnation et des existences successives en différents plans de conscience ne sont pas éloignées.

Cela dit, quelle que soit la solution envisagée, immortalité ou longévité, ce lieu privilégié est toujours supposé à l'ouest du monde, dans la direction où le soleil se couche. En Égypte, Osiris, dieu de l'Autre Monde après sa « résurrection » opérée par Isis, règne sur les pays de l'*Amenti,* c'est-à-dire sur une région confuse au-delà des Colonnes d'Hercule, donc en plein océan Atlantique. Et c'est toujours dans cette direction que sont localisées les « Iles Fortunées ». Est-ce un souvenir d'une Atlantide disparue, ou bien un symbole pour graver dans les esprits que le monde des morts est celui où le soleil accomplit sa course nocturne ? En Bretagne armoricaine, la célèbre Baie des Trépassés ne fait pas allusion aux naufrages, pourtant très fréquents dans le voisinage, mais à l'embarquement des cadavres des druides gaulois qui avaient voulu se faire enterrer à l'île de Sein, à l'ouest du monde. La même idée a prévalu pendant tout le Moyen Age, en Grande-Bretagne, où les gens fortunés s'arrangeaient pour se faire inhumer dans les îles, particulièrement à Môn, l'île des druides, et à Glastonbury, à ce moment-là île au milieu des marécages et passant pour être l'Avalon des légendes celtiques.

Avalon... Le nom est célèbre, mais sa connotation débouche immédiatement sur le roi Arthur emmené « en dormition » par sa sœur la fée Morgane sur une nef qui s'éloigne dans la brume, dans cette vision finale — et grandiose — d'un film comme *Excalibur* de John Boorman. Le soleil se couche, bien sûr, sur les étendues incommensurables d'une mer qui, à force de refléter les teintes rouges de l'astre mourant, finit par devenir une pure projection de l'angoisse humaine devant la mort, cette mort *dans le sang* que décrit superbement Baudelaire : « Le soleil s'est noyé dans son sang qui se fige. » Mais il ne faudrait pas oublier que le nom d'Avalon provient d'un mot celtique qui signifie « pomme », en latin *malum,* en anglais *apple,* en breton et gallois *aval,* en gaélique *ablach.* Ce qui rappelle les « Pommes d'Or du Jardin des Hespérides », ou encore la Pomme que le Serpent tendit à Ève pour que celle-ci et Adam fussent « comme des dieux ». Mais sait-on que la racine du mot indo-européen qui signifie pomme [1] est la même que celle qui a donné le nom du dieu Apollon, dieu de la poésie, de la musique, de la sagesse et de la médecine avant d'être confondu avec la Déesse-Soleil, l'Artémis des Scythes devenue la chaste Diane des Romains ? Et Apollon est une divinité hyperboréenne émigrée en Méditerranée. Il a

1. Le mot français « pomme » provient du latin *pomum,* « fruit en général ».

peut-être perdu de sa signification primitive, mais il n'en reste pas moins vrai qu'il est le Soleil bienfaisant, guérisseur et nourricier. Les Gaulois ne s'y étaient pas trompés quand ils surnommaient leur Apollon *Grannus,* d'un mot celtique qui signifie « soleil » (*grian* en gaélique).

Car c'est dans l'île d'Avalon que se déroule le « Festin d'Immortalité », ou si l'on préfère la formulation irlandaise, le « Festin de Goïbniu » où les « porcs de Manannann » servent de nourriture à tous ceux qui, bénéficiant de cet étrange « don d'invisibilité » des Tuatha Dé Danann, mènent une existence perpétuelle au sein du bonheur et de l'abondance. Certes, cette île d'Avalon prend différentes formes : elle est telle qu'on la voit. Et l'une des descriptions les plus classiques est celle du clerc gallois Geoffroy de Monmouth : « L'Ile des Pommiers ou des Pommes est aussi appelée Ile Fortunée parce que toute végétation y est naturelle. Il n'est point nécessaire que les habitants la cultivent. Toute culture est absente, sauf celle que fait la nature elle-même. Les moissons y sont riches et les forêts y sont couvertes de pommes et de raisins. Le sol produit tout comme si c'était de l'herbe. On y vit cent années et plus. Neuf sœurs y gouvernent par une douce loi et font connaître cette loi à ceux qui viennent de nos régions vers elles. De ces neuf sœurs, il en est une qui dépasse toutes les autres par sa beauté et sa puissance. Morgane est son nom et elle enseigne à quoi servent les plantes, comment guérir les maladies. Elle connaît l'art de changer l'aspect d'un visage, de voler à travers les airs, comme Dédale, à l'aide de plumes... C'est là qu'après la bataille de Camlann, nous conduisîmes [1] Arthur blessé sur le navire Prytwen que les flots et les astres du ciel dirigeaient. Conduits par lui, nous arrivâmes en ce lieu et Morgane nous reçut avec les honneurs qui convenaient. Elle fit porter le roi dans sa chambre, sur une couche d'or, et elle découvrit la blessure de sa main prudente. Elle le veilla longtemps et, enfin, elle lui dit qu'il pourrait retrouver la santé si, avec elle, il restait

1. C'est le barde Taliesin qui est censé parler et raconter l'événement à Merlin.

dans cette île et voulait accepter ses remèdes [1]. » Terre de bonheur et de prospérité, cette île est aussi la terre de la *re-naissance,* et c'est Morgane en tant que Déesse-Mère primordiale qui opère cette alchimie. Est ainsi mis en relief le rôle de la Femme dans cette tradition nord-occidentale qui ne fait que suivre celle instaurée par les constructeurs de mégalithes. Car, au fond, Morgane est réellement le personnage représenté sur les pétroglyphes. Et c'est aussi l'assurance qu'il existe, quelque part dans le monde, ou plutôt hors du monde, mais dans une autre dimension, un lieu de régénération où tout être humain peut prétendre retrouver, à travers une autre existence, l'énergie vitale qui le constitue et qui était peut-être éteinte momentanément, mais qui est éternelle et ne demande qu'à être ranimée. C'est en tout cas ce que semble signifier ce mythe de l'île d'Avalon, à travers les textes d'origine celtique qui nous sont parvenus.

Les descriptions de cette île sont encore plus enthousiastes dans la littérature médiévale irlandaise. Le caractère féerique attribué à ce lieu ne doit pas faire illusion : Avalon, quel que soit son nom, est le creuset où s'opèrent les métamorphoses, où s'accomplissent les destinées, où s'abolissent les contradictions. C'est le monde du *sidh,* c'est-à-dire, avant tout, de la *paix.* Plus que jamais ici, « tout n'est que luxe, calme et volupté », dans un contexte pré-chrétien bien entendu, qui ne culpabilise pas la sensualité. L'auteur anonyme de *la Navigation de Bran,* par la voix de la fée qui se présente au héros, brosse un tableau rayonnant de cette île, ici appelée Émain Ablach, où le mot *ablach* nous rappelle l'importance symbolique de la pomme :

> « *Il y a une île lointaine ;*
> *alentour les chevaux de la mer brillent,*
> *belle course contre les vagues écumantes ;*
> *quatre pieds la supportent...*
>
> *Des pieds de bronze la supportent,*
> *brillant à travers des siècles de beauté ;*

1. Geoffroy de Monmouth, *Vita Merlini.*

jolie terre à travers les siècles du monde,
où se répandent maintes fleurs.

Ni chagrin, ni deuil, ni mort,
ni maladie, ni faiblesse,
voilà le signe d'Émain ;
rare est une pareille merveille.

Beauté d'une terre merveilleuse,
dont les aspects sont aimables,
dont la vue est une belle contrée,
incomparable en est la brume...

Émain multiforme en face de la mer,
qu'elle soit proche, qu'elle soit loin,
où sont des milliers de femmes bigarrées,
que la mer claire encercle[1]*...* »

Incontestablement, Émain Ablach ou l'île d'Avalon est la « Terre des Femmes ». Ce n'est plus le domaine des hommes, avec leur violence, leurs luttes fratricides, leur volonté de domination : c'est un domaine d'amour, même si cet amour prend bien souvent des colorations sensuelles que le Moyen Age chrétien n'a eu que trop tendance à classer comme diaboliques. Car ce sont toujours des femmes qui invitent les humains à venir les visiter dans ces paradis perdus en plein océan ; et ce sont encore des femmes qui réconfortent les malheureux, qui soignent les blessures, physiques ou morales, et qui permettent la renaissance de l'être en vertu de leur pouvoir procréateur. Un autre récit irlandais, appartenant au cycle d'Ulster, n'est pas moins élogieux sur cette terre bienheureuse où se déroule le Festin d'Immortalité :

« *A la porte de l'ouest, se trouvent, au couchant,*
un troupeau de chevaux gris, à la crinière tachetée,
et un autre de pourpre brune.

A la porte de l'est, il y a trois arbres de claire pourpre,
d'où chantent des oiseaux longuement, doucement,
pour les jeunes gens du fort royal.

1. G. Dottin, *l'Épopée irlandaise,* pp. 37-39.

Il y a un arbre à la porte du château ;
l'harmonie qu'il émet n'est pas déplaisante ;
arbre d'argent où brille le soleil,
sa splendeur est pareille à l'or.

Il y a là trois vingtaines d'arbres ;
leur sommet se touche, ne se touche pas ;
trois cents hommes se nourrissent de chaque arbre,
de leur fruit multiple et simple...

Là est une cuve d'hydromel joyeux
que l'on partage à la maisonnée ;
elle reste toujours, la coutume est établie
qu'elle soit toute pleine à jamais [1]... »

Il n'y a pas loin de ces descriptions enflammées, où la poésie ne fait que transcrire une vision en quelque sorte mystique, aux témoignages d'expériences proches de la mort. « Je me suis mise à dériver, je me sentais comme si j'avais été tantôt dans mon corps et tantôt en dehors, et j'entendais une musique très belle. Je flottais au long du couloir, dépassant le seuil jusqu'au portique dont les battants étaient fermés. Là, ce fut comme si des nuages, ou plutôt un brouillard rose, s'amassaient autour de moi ; j'ai continué à flotter au travers des battants du portique, comme s'ils n'avaient pas existé, et, de là, vers cette lumière de pur cristal, une lumière blanche qui rayonnait ; une lumière très belle, très brillante, irradiante. Mais elle ne faisait pas mal aux yeux. On ne peut comparer cette lumière à rien de ce qui existe sur terre [2]... » On atteint la lumière en flottant dans l'espace ou sur les eaux, dans le balancement des flots. Car il faut franchir quelque chose pour atteindre la zone où l'on perçoit la lumière : « C'est alors qu'est intervenue cette lumière brillante. Au début, elle m'a paru un peu pâle, mais tout à coup, il y a eu ce rayon intense. La luminosité était prodigieuse, rien à voir avec un éclair d'orage, une lumière insoutenable, voilà tout. Et cela dégageait de la chaleur, je me suis senti tout chaud.

1. G. Dottin, *l'Épopée irlandaise*, pp. 127-128.
2. R. Moody, *la Vie après la vie*, p. 82.

C'était d'un blanc étincelant, tirant un peu sur le jaune — mais surtout blanc. Cela brillait formidablement, je n'arrive pas à bien le décrire... C'était comme quand on parle à quelqu'un, seulement, il n'y avait personne. C'était la lumière qui me parlait, elle avait une *voix*... Je me suis senti délicieusement bien, protégé, et aimé. L'amour qui émanait de la lumière est inimaginable, indescriptible. Et par-dessus le marché, elle dégageait de la gaieté ! elle avait le sens de l'humour, je vous assure [1] ! »

Il y a bien d'autres témoignages de ce genre : « D'abord comme une étoile, un point à l'horizon. Puis comme un soleil. Un soleil énorme, un gigantesque soleil dont la clarté faramineuse ne le gênait pourtant pas. Au contraire, c'était un plaisir de le regarder. Plus il approchait de cette lumière blanc et or, plus il avait la sensation d'en reconnaître la nature. Comme si un très vieux souvenir caché au tréfonds de sa mémoire s'éveillait, embrasant peu à peu tout le champ de sa conscience. C'était proprement délicieux, car... c'était un souvenir d'amour. D'ailleurs — était-ce possible ? — cette lumière étrange elle-même semblait exclusivement composée d'amour. La substance « amour pur », voilà maintenant tout ce qu'il percevait du monde [1]. » Une comparaison avec un récit mythologique s'impose absolument : « Alors ils aperçurent une femme qui sortait de la forteresse, un seau à la main. Lorsqu'elle fut arrivée à la partie la plus basse du pont de verre, elle leva une plaque et remplit son seau à la fontaine qui jaillissait au-dessous du pont. Cette femme était vraiment belle. Elle portait un manteau blanc ; un collier d'or entourait ses cheveux ; elle avait des sandales d'argent à ses pieds roses, une broche d'argent et des clous d'or sur son manteau et une fine chemise de soie sur sa blanche peau... Maelduin coucha avec la reine. Puis ils dormirent jusqu'au matin. Alors les navigateurs se préparèrent. "Reste ici, dit la reine, et la vieillesse ne t'atteindra

1. *Ibid.*, p. 83.

2. P. Van Eersel, *la Source noire, révélations aux portes de la Mort,* Paris, Grasset, 1986, p. 196.

pas. Tu seras toujours aussi jeune que tu es. Tu y vivras toujours. Et ce qui t'est arrivé la nuit dernière t'arrivera toutes les nuits"[1]. » Car, dans ce palais de l'Autre Monde, « c'est un jour d'éternel beau temps qui verse de l'argent sur les terres, une falaise blanche bordant la mer, qui reçoit du soleil sa chaleur[2] ». On ne peut donc s'étonner qu'un malade, plongé dans un coma profond, ait eu cette radieuse vision : « Une infirmière, me semblait-il, me saisit par-derrière, m'enserrant la taille entre ses bras, et nous nous élevâmes au-dessus de la ville, de plus en plus rapidement. C'est en regardant mes pieds que je compris que ce n'était pas une infirmière : je vis les deux extrémités de deux ailes blanches qui battaient derrière moi. Je suis maintenant certain qu'il s'agissait d'un ange ! Au bout d'un moment, elle (l'ange) me déposa dans une rue d'une cité fabuleuse où les immeubles étaient faits d'or et d'argent et où poussaient des arbres magnifiques. L'ensemble baignait dans une lumière extraordinaire, étincelante mais pas assez aveuglante pour m'obliger à fermer les yeux[3]... » Cela paraît tout à fait normal, car « si l'on voit la Terre de Bonté sur laquelle pleuvent les pierres de dragons et les cristaux, la mer jette la vague contre la terre... Des richesses, des trésors de toutes couleurs sont dans la Terre calme, fraîche beauté, qui écoute la douce musique en buvant le meilleur vin... Des coursiers d'or jaune sont là sur la rive, d'autres coursiers de couleur pourpre, d'autres avec de la laine sur leur dos, de la couleur du ciel tout bleu... Là vient le bonheur avec la santé, sur la Terre où résonnent les rires, dans la très calme Terre, en toute saison, viendra la joie qui dure toujours[4]... ». L'être humain a-t-il donc tant le désir de ce Festin d'Immortalité ?

Toutes ces merveilles, on les retrouve dans la tradition chrétienne, à plus forte raison quand celle-ci ne fait que récupérer d'antiques traditions que l'on s'obstine à

1. *La Navigation de Maelduin,* trad. J. Markale.
2. *La Navigation de Bran,* G. Dottin, *l'Épopée irlandaise,* p. 40.
3. M. Rawlings, *Au-delà des portes de la Mort,* p. 115.
4. *La Navigation de Bran,* G. Dottin, pp. 38-41.

qualifier de « païennes ». Quand saint Brandan et ses moines, après avoir tant erré sur la mer, se présentent aux portes du Paradis, ils sont éblouis par la somptuosité du décor : « Ils voient tout d'abord un mur qui s'élève jusque dans les nuages, un mur sans créneaux, ni chemin de ronde, ni bretèche, ni tour d'aucune sorte... Il est parsemé de gemmes qui projettent une grande lumière éclatante : chrysolites de choix tachetées d'or en grande quantité ; le mur flamboie, resplendissant de topazes, chrysoprases, hyacinthes, calcédoines, émeraudes, sardoines ; en bordure, des jaspes et des améthystes luisent avec éclat ; il y a aussi la jacinthe brillante, le cristal et le béryl qui se renvoient leur luminosité... La mer clapote contre les hautes montagnes de marbre dur qui s'étendent loin du mur ; et sur cette chaîne de montagnes de marbre s'élève une autre montagne entièrement d'or pur. Au sommet de celle-ci se dresse le mur qui enclot les fleurs du Paradis. » On peut rapprocher utilement ce témoignage d'une N.D.E. parfaitement conforme à cette description : « Je débouchai dans un grand champ et me dirigeai vers un mur massif, blanc et extrêmement long. Trois marches conduisaient à une porte dans le mur. Sur le palier, au sommet de l'escalier, était assis un homme vêtu d'une robe d'un blanc éclatant. Son visage aussi avait un éclat radieux. » Et, après avoir franchi la porte, « je vis de l'autre côté une magnifique cité brillamment éclairée et réfléchissant ce qui paraissait être les rayons du soleil. Elle était faite d'or ou d'un autre métal quelconque et comportait les dômes et les clochers harmonieusement disposés. Les rues luisaient comme du marbre, mais il s'agissait d'un matériau que je n'avais jamais vu auparavant. Il y avait beaucoup de gens au visage radieux, tous vêtus de robes blanches luisantes. Ils étaient très beaux. L'air était pur. Je n'avais jamais respiré un air aussi pur. Il y avait aussi un fond de musique, une magnifique musique céleste ; je vis deux silhouettes se diriger vers moi et les reconnus aussitôt. C'étaient mon père et ma mère, tous deux décédés des années plus tôt. Ma mère avait été amputée et pourtant elle avait retrouvé sa jambe, elle avait deux jambes [1] ! ».

1. M. Rawlings, *Au-delà des portes de la Mort*, pp. 117-118.

Quant à Brandan et à ses moines, un ange vêtu de blanc dompte les dragons qui gardent les portes de la cité interdite et leur permet de franchir le seuil. « Ils voient une terre très fertile en beaux bois et en prairies. Les prés splendides et constamment en fleurs y forment un jardin. Les fleurs sentent très bon... Ni ronces, ni chardons, ni orties n'y poussent à profusion ; il n'y a pas d'arbre ni d'herbe qui n'exhale une odeur suave. Les arbres sont continuellement chargés de fruits et les fleurs toujours en plein épanouissement, sans tenir compte de la saison qui ne change pas : c'est toujours l'été et le temps reste doux. Les fruits sont toujours mûrs sur l'arbre, les fleurs produisent sans cesse leur semence ; les bois sont toujours remplis de gibier, et toutes les rivières d'excellents poissons. Il y a des rivières où coule le lait... Il n'y a pas de montagne qui ne soit d'or, pas de grosse pierre qui ne vaille un trésor. Le soleil ne cesse d'y briller de tout son éclat ; aucun vent, aucun souffle ne vient remuer le moindre cheveu ; aucun nuage dans le ciel ne trompe la lumière du soleil. L'habitant n'y souffrira aucun malheur, il ne connaîtra aucun orage, il sera à l'abri du chaud, du froid, de l'affliction, de la faim, de la soif, de la privation. Il aura tout ce qu'il souhaite en abondance. Il est certain de ne jamais être privé de ce qu'il désire le plus [1]. » Est-ce le souvenir inconscient du Paradis terrestre qui rôde dans la mémoire humaine, ou encore les étranges réminiscences du séjour dans l'utérus maternel, aux temps des commencements ? Toujours est-il que les textes mythologiques, chrétiens ou non chrétiens, se recoupent avec les visions les plus fantastiques des malades ou des accidentés frôlant la mort. Cette abondance, ce luxe, cette lumière, ce sentiment de bien-être et d'amour qui envahit l'être au moment suprême de passer « de l'autre côté », c'est une constante remarquable. Est-ce de l'illusion ? Est-ce l'expression des désirs profonds de survie, ce fameux « instinct de vie » qui pousse à lutter, même avec désespoir, contre le néant ? La concordance entre

1. *Le Voyage de saint Brandan*, pp. 121-127.

les textes n'est certainement pas due au hasard. Il doit nécessairement y avoir quelque chose de réel dans ces délires.

En Irlande, dans la liturgie catholique, l'hymne attribué à sainte Brigitte (supposée de Kildare, mais en réalité christianisation de la déesse Brigit) est un immense cri de joie vers un Paradis où chacun devrait prétendre au Festin d'Immortalité : « Je voudrais un lac d'hydromel pour le Roi des rois ; je voudrais que le peuple du ciel y bût pendant l'éternité. Je voudrais des venaisons de foi et de piété sainte ; je voudrais des instruments de pénitence dans ma demeure. Je voudrais des hommes du ciel plein ma maison ; je voudrais que des cuves d'union y fussent à leur service. Je voudrais des grandes coupes de charité pour les distribuer ; je voudrais des caves pleines de grâces pour mes compagnons. Je voudrais que la paix fût reine de leurs banquets ; je voudrais que Jésus, que Jésus lui-même régnât sur eux. » On ne saurait mieux dire. Les termes employés, en dépit de la présence de Jésus au Festin d'Immortalité, ont des résonances plutôt païennes, et il semble que les breuvages enivrants soient indispensables au bonheur de tout Celte qui se respecte. Mais, après tout, la déesse Brigit, la « triple Brigit », était une divinité de la troisième fonction, la protectrice des arts, de la science et des techniques, autrement dit de la prospérité de son peuple. Qu'y a-t-il de changé ? La fête de sainte Brigitte de Kildare (remplacée actuellement par sainte Brigitte de Suède, personnage beaucoup plus historique !) a été décalée de quelques jours, au mois de février, pour permettre d'honorer la Vierge Marie, le jour de la Chandeleur, qui correspond d'ailleurs à la fête druidique d'Imbolc. Chacun a sa place au repas du Graal, ou si l'on préfère, au festin préparé dans la Maison du Père pour tous ses enfants passés, présents et futurs.

Toutes les descriptions du Paradis, qu'elles soient d'origine mystique ou le résultat d'une expérience volontaire ou non mais réellement vécue par un individu, et quel que soit le cadre culturel et religieux concerné, sont unanimes sur certains points : abondance, beauté, lumière, paix, amour. C'est l'expression de la *plénitude* absolue, cette plénitude que le mystique saint Jean de la Croix ressent dans sa contemplation infinie : « Là, il n'y a plus ni nuit ni succession des temps » ; et surtout la chair, objet de tant de tourments dans ce bas monde, est maintenant « pacifiée », réconciliée avec elle-même, « spiritualisée, unie au Dieu souverain et embrasée de son amour ». Ces évocations sont peut-être les projections des désirs profonds de l'être, mais n'est-ce pas précisément ce à quoi tend cet être, le but qu'il se propose, la justification de sa propre existence ?

TROISIÈME PARTIE

Naître, connaître et re-naître

J'ai revêtu une multitude d'aspects
avant d'acquérir ma forme définitive,
il m'en souvient très clairement...

TALIESIN

Chaque être humain est amené, un jour ou l'autre, à se confronter avec l'idée de la mort et, par conséquent, à se poser la question de savoir si la mort est une fin ou un passage. Les apparences plaident pour la première solution. Pourquoi faut-il donc que l'être humain la refuse parfois avec violence et qu'il imagine, contre toute logique rationnelle, que la deuxième solution est la bonne ? Pourquoi ce refus, même s'il est assorti de doutes ? Pourquoi cette tentative qu'on peut sentir désespérée pour sortir de l'impasse, du néant, et pour bâtir avec cohérence des systèmes selon lesquels la mort ne peut être qu'une autre naissance ? Il faut bien qu'à défaut de preuves, il y ait de fortes présomptions en faveur d'une quelconque survie. Même ceux qui considèrent la mort comme une fin absolue de l'être sont amenés à *se consoler* dans la pensée que le corps, se dissolvant dans la nature, participera à une autre vie, matérielle, celle-là, capable de prendre toutes les formes possibles. Cela tient sans doute au fait que le néant total est inimaginable. Dans ces conditions, on doit reconnaître que la vie, quelle que soit sa nature exacte, fait partie d'un tout et doit trouver quelque part sa justification.

Il va sans dire que cette notion, qui nécessite une réflexion d'ordre philosophique, m'est restée très longtemps étrangère. J'ai vécu mes premières années d'existence dans une sorte de « confort » psychologique où l'on n'avait pas à se poser de questions puisque tout était résolu d'office dans l'adhésion totale à la Foi, telle que l'Église catholique romaine la répandait à l'époque. Mon premier apprentissage de la mort, comme celui de la vie d'ailleurs, je le dois à ma grand-mère. Un jour, je crois que j'étais très jeune, sans pouvoir me rappeler exactement le temps, j'en étais venu à poser des questions sur la vieillesse, ou le vieillissement, je ne sais plus, et ma grand-mère m'avait expliqué cet état comme étant l'aboutissement de la vie et l'annonce d'une disparition prochaine, d'un retour aux origines, autrement dit la poussière. « Tout le monde meurt, tôt ou tard, mais nous ressusciterons après le passage dans le monde du silence. » C'est sans doute la plus ancienne formule métaphysique — ou religieuse — que j'aie entendue dans cette vie actuelle. Elle suffisait pour déclencher des réactions de la part d'un jeune garçon plongé dans un quotidien qu'on s'efforçait de rendre le plus exempt possible de soucis et illuminé par une tendresse qui ne s'est jamais démentie. Ce bonheur — car c'en était un — suave et pour ainsi dire inconscient qui était le sien n'était-il donc pas permanent ? Comme je ne pouvais pas, à l'époque, imaginer ma propre mort, j'eus dès lors la hantise de me retrouver un jour devant ma grand-mère morte, de la voir disparaître définitivement au fond d'un trou noir, de ne plus jamais l'entendre me parler de sa voix douce un peu malmenée par les épreuves qu'elle avait dû subir, de me trouver donc seul en face de moi-même, sans cette tendresse, sans cet amour prodigieux qu'elle me témoignait à chaque instant du jour et de la nuit. Avec le recul du temps, je ne peux aujourd'hui que constater que l'apprentissage de la vie passe d'abord par l'apprentissage de la mort. Mais on n'en a pas conscience quand on se contente de regarder les papillons tourbillonner autour des fleurs d'un jardin de banlieue, par une chaude soirée d'été...

Nous allions à la messe, bien sûr, mais pas seulement à la messe, ma grand-mère et moi, à toutes les cérémonies que le zèle du curé de la paroisse suscitait. Et elles ne manquaient pas, avant cette Seconde Guerre mondiale... J'ai été élevé et éduqué selon les normes les plus strictes du catholicisme romain, dans le mépris le plus complet des « païens », de ceux qui *ne croyaient pas,* et dans la plus grande défiance des « hérétiques », ces horribles protestants qui avaient osé défier l'autorité de notre saint Père le Pape qui, comme chacun sait, est le successeur de l'apôtre Pierre et le vicaire de Dieu sur cette terre de misères. Quant aux Musulmans, aux Hindouistes, aux Bouddhistes, inutile de préciser que c'étaient des pauvres gens qui ne pourraient jamais être sauvés puisqu'ils n'avaient pas eu accès à la Vérité, la seule, celle répandue de Rome, *ex cathedra.* L'ironie du sort, c'est que ma famille maternelle professait un athéisme farouche, mais nous avions rompu les ponts avec *ces gens-là.* J'étais donc un bon catholique, par tradition autant que par conviction. Car comment aurais-je pu douter un seul instant des enseignements de notre sainte Mère l'Église, puisqu'ils m'étaient transmis à la lettre par ma grand-mère, celle que j'appellerai toujours ma « plus que mère », car c'est à elle que je dois tout, mes joies de vivre, mes élans du cœur, mes convictions et, je ne l'oublie pas, mes contradictions qui sont nombreuses. C'est sans doute pour cela que j'ai contracté un premier mariage avec une femme issue d'un milieu laïque bon teint, et un second avec un pur produit du calvinisme le plus intransigeant. Ainsi va la vie. Ainsi vont les turbulences qui marquent les quelques années que nous avons à remplir pour prétendre frapper à la porte de cet Autre Monde si richement décrit par les vieilles légendes qui rôdent dans nos mémoires.

Quand nous allions à l'église, ma grand-mère ne manquait jamais de m'emmener dans une petite chapelle latérale où s'étalait la longue liste des « enfants de la paroisse morts pour la France ». Le nom de mon oncle, son fils aîné, mort à dix-neuf ans, y figurait en bonne place. Ma grand-mère murmurait une courte prière et je sais qu'elle y mettait tout son cœur, toute sa foi. Le drame de ce fils tué dans une guerre absurde, comme toutes les guerres, l'avait tellement marquée qu'elle ne pouvait se résoudre à accepter une telle injustice. Pourtant, elle était résignée, prête à accepter toutes les épreuves auxquelles Dieu la soumettait. Il avait d'ailleurs bien fallu qu'elle les supportât, à la limite de l'intolérable. Et nous allions très souvent au cimetière, sur la tombe de son fils et de son mari. Et elle me disait : « Ils nous voient, ils sont là près de nous. Nous, nous ne les voyons pas, mais ils sont présents. » J'imaginais alors le visage de cet oncle et celui de ce grand-père que je ne connaissais que par des photographies déjà jaunies. Je les *sentais* au-dessus de nous, souriants, heureux de notre appel vers eux. Il devait y avoir, en ces moments privilégiés, de subtiles communications entre deux dimensions du monde. Oui, *ils étaient là,* je ne pouvais pas en douter.

Ma grand-mère vivait avec ses défunts. Sans négliger aucunement les activités quotidiennes de l'existence, elle y mêlait sans cesse ceux qu'elle avait aimés, ceux qui l'avaient aimée. Si j'analyse maintenant son comportement, j'y vois assurément une grande certitude appuyée sur une tradition celtique inhérente à ses origines. Fille des Landes de Lanvaux, dans une Bretagne intérieure battue des vents venus de la mer mais qui restait à l'époque à l'écart de tous les courants perturbateurs de la civilisation, elle avait grandi dans la modestie, pour ne pas dire la pauvreté. Mais elle avait conservé cette richesse intérieure qui était celle de ses ancêtres. Depuis lors, j'ai tenté de remonter le temps à la recherche de cette spiritualité celtique que ma grand-mère incarnait : j'y discerne une synthèse entre la foi catholique, appuyée sur les Évangiles, et la certitude mystique héritée de ces époques où les héros se lançaient éperdument sur les mers à la recherche de l'île des Pommiers.

Cette constatation, qui s'impose à mon esprit, a provoqué sa propre démarche intérieure : j'en arrive à penser que la Foi n'est rien sans la Certitude. La Foi est une adhésion sans réserve à une doctrine, ou plutôt à un système de valeurs imposé du dehors. C'est une soumission. Elle a ses avantages, car elle dispense de se poser des questions. Cette solution de facilité, cette attitude somme toute rassurante, voire lénifiante, est une démission de l'esprit. Voilà pourquoi je passe pour agnostique, voire antichrétien auprès de personnes sincères qui ne considèrent que mon refus de la chose établie une fois pour toutes, mon refus d'une Vérité unique et officiellement proclamée.

Je me souviens d'avoir eu une discussion sur ce sujet, un jour, avec un de mes collègues, au temps où j'étais professeur. Et devant mon « scepticisme », ce collègue, catholique fervent, eut cette réflexion étonnante : « Alors, si ce que nous disent les prêtres est faux, il n'y a plus qu'à se flinguer ! » Je m'aperçus ce jour-là que, visiblement, cet homme ne croyait pas en Dieu, mais dans la parole des prêtres. Et, de nombreuses fois par la suite, j'ai entendu ce genre d'argumentation, ce qui n'a pas été de nature à me faire ranger du côté de ceux « qui ont la foi ». Par contre, plus que jamais, je me trouvais engagé dans une quête de certitudes.

En ai-je découvert ? Sans aucun doute. Il ne s'agit pas seulement de naître pour assumer pleinement sa vie, il faut se préparer à re-naître. Mais entre naître et re-naître, et bien que cela soit un jeu de mots, il est nécessaire de consacrer son temps à *connaître.* C'est dans cet état d'esprit que je me suis lancé dans l'exploration de tout ce que la pensée humaine a pu concevoir sur le problème de la destinée, sur celui de la *finalité* de la vie. Je n'ai pas la prétention de tout connaître. J'ai seulement la prétention de sentir dans ce que l'esprit humain a pu concevoir, de précieux itinéraires probablement inspirés par des forces mystérieuses qui se manifestent parfois sans qu'on les suscite, des forces qu'on peut qualifier de divines, mais qui sont en tout cas de nature transcendantale, quelles que soient les préférences idéologiques qui se glissent sournoisement dans toute spéculation métaphysique ou religieuse. Et ces itinéraires, parfois semés d'embûches et de contradictions, mènent tous aux portes de l'Autre Monde.

1. La Réincarnation, pourquoi pas ?

Il faut bien l'avouer, toute démarche intellectuelle, même si elle s'abrite derrière un appareil scientifique présentant des garanties d'objectivité, est conditionnée par une expérience individuelle. Quand Archimède, dans son bain, s'est écrié : « Euréka ! » la solution qu'il découvrit à ce moment-là se trouvait depuis fort longtemps dans les zones ombreuses de son Inconscient. Il n'a fait que *découvrir*, au sens étymologique, c'est-à-dire faire surgir clairement ce qui était déjà en lui. Mais cette histoire devenue légendaire prouve l'importance de l'élément personnel dans toute recherche, dans toute exploration du mystère. La « madeleine » de Proust est devenue un lieu commun ; mais elle n'en reste pas moins un exemple significatif : une simple sensation peut provoquer dans la conscience l'évocation de réalités insoupçonnables au premier abord. Le tout est de savoir ce que sont exactement ces réalités.

Comme tout le monde, j'ai été soumis à des « réminiscences ». Une arrivée dans un lieu que je ne connaissais pas a souvent déclenché en moi une série de souvenirs très précis, mais cependant diffus dans la mesure où ils ne concernaient pas qu'un seul organe des sens, mais tous à la fois, l'odorat, ce sens très émoussé dans le contexte de la civilisation moderne, constituant l'une des composantes majeures. Il est vrai que le fonctionnement d'un seul des organes des sens peut, dans certains cas, s'étendre aux autres organes. Ce sont les fameuses « Correspondances » tant de fois suggérées par les poètes, en particulier par Baudelaire : « Il est des parfums frais comme des chairs d'enfants, / doux comme les hautbois, verts comme les prairies... » Et il n'est pas rare de « voir » le paysage évoqué par une symphonie, ou d'entendre les bruits suggérés par une peinture. Le processus reste toujours le même : il y a d'abord un « déclic », une sorte d'ouverture qui s'opère dans la conscience, puis une contamination ; et tout le reste se déroule comme un film dans un projecteur qu'on ne peut arrêter ou une bande magnétique dans un magnétoscope en folie. On a souvent décrit de tels états, et comme, scientifiquement, on ne peut que recourir à une matière primitive (ce que Jean-Paul Sartre appelle la *hylè*), support obligatoire de l'action de reconnaissance (ce que Sartre appelle *analogon*), cela débouche sur la vision ou toute autre perception sensorielle. En psychologie expérimentale, il est d'usage de nommer ces réminiscences des phénomènes d'hypermnésie ou de paramnésie, soit des états de conscience où, l'attention étant déficiente, l'individu « décroche » du réel qui l'entoure, perd la notion de temps et celle d'espace, établit un fossé imaginaire entre ce qu'il voit et ce qu'il ressent, ne reconnaît plus comme réel son environnement. En somme, une simple fatigue du cerveau serait la cause d'une sorte de dédoublement. Balzac, dans *Louis Lambert,* a remarquablement décrit une expérience de ce genre.

Louis Lambert et le narrateur, qui est Balzac lui-même, sont élèves au collège des Oratoriens de Vendôme. Au cours d'une promenade en un admirable paysage, Louis Lambert déclare qu'il a vu tout en rêve la nuit précédente : « Il reconnut et le bouquet d'arbres sous lequel nous étions, et la disposition des feuillages, la couleur des eaux, les tourelles du château, les accidents, les lointains, enfin tous les détails du site qu'il apercevait pour la première fois. » Cette constatation amène Louis Lambert à bâtir tout un système théorique : « Si le paysage n'est pas venu vers moi, ce qui serait absurde à penser, j'y suis donc venu. Si j'étais ici pendant que je dormais dans mon alcôve, ce fait ne constitue-t-il pas une séparation complète entre mon corps et mon être intérieur ? N'atteste-t-il pas je ne sais quelle faculté locomotive de l'esprit ou des effets équivalant à ceux de la locomotion du corps ? Or, si mon esprit et mon corps ont pu se quitter pendant le sommeil, pourquoi ne les ferais-je pas également divorcer ainsi pendant la veille ? Je n'aperçois pas de moyens termes entre ces deux propositions. »

Balzac a été hanté, surtout en ses débuts romanesques, par le problème de la *connaissance.* Très marqué par les théories de l'illuminé suédois Swedenborg, et par les spéculations occultistes de Saint-Martin, il a longtemps hésité entre un spiritualisme presque mystique et un matérialisme qui ferait de la pensée un fluide magnétique. Il en est venu d'ailleurs à supposer que chacune de nos pensées, une fois formulée, quittait littéralement le corps et menait une existence autonome dans une autre dimension, un univers invisible. Mais il n'a jamais véritablement tranché entre cette conception incontestablement matérialiste et la position spiritualiste de l'existence de l'*être intérieur,* autrement dit l'*âme,* en dehors du corps, non seulement après la mort, mais au cours de certains états de conscience, pendant le sommeil comme pendant des rêves éveillés. Cette dernière position peut être considérée comme *animiste,* ou même *spirite,* mais elle est conforme à la problématique du chamanisme. On sait que les chamans provoquent volontairement cette séparation entre l'âme et le corps au cours de ce qu'on appelle le phénomène de l'extase : un chaman, présent corporellement, envoie son âme dans l'Autre Monde, notamment pour aller y chercher les âmes égarées de ceux qui, non initiés à ces techniques, ne savent pas réintégrer leur corps, ce qui a pour conséquence les maladies, la folie et la mort.

J'ai beaucoup « fréquenté » les romans de Balzac pendant ma jeunesse, et je dois avouer que des récits comme *Louis Lambert* et *la Recherche de l'Absolu,* avec l'extraordinaire personnage de Balthazar Claës, m'ont littéralement envoûté. Ces ouvrages, considérés comme sérieux, ne faisaient d'ailleurs que renforcer mon goût pour certaines formes du merveilleux et du fantastique, déjà développé très tôt par la lecture des étranges romans d'Edgar Rice Burroughs, notamment ceux du cycle de John Carter sur la planète Mars. C'est chez Burroughs que j'ai découvert pour la première fois la possibilité d'une existence autonome de l'être intérieur par rapport au corps. C'est chez Burroughs que j'ai pris conscience de la possibilité d'un passage *ailleurs,* dans une autre planète et dans un autre corps, de cet être intérieur auquel je ne savais pas exactement quel nom donner, âme, esprit, ou encore double... Quant au personnage de Merlin l'Enchanteur, pour lequel j'ai toutes les faiblesses, il me ravissait. Ce don d'ubiquité qu'on lui prête, ses dédoublements, ses métamorphoses, avaient de quoi me faire rêver. Mais ce n'est que bien plus tard que j'ai compris ce qu'on pouvait déduire de ces apparentes fantasmagories.

Car c'est seulement à partir d'une confrontation réelle entre les délires poétiques et romanesques et les arguments de la philosophie que j'ai commencé à m'interroger sur ces problèmes. Quand j'étais en classe Terminale, qu'on appelait tout simplement « Philo » à l'époque, je me suis senti obligé de prendre position vis-à-vis des doctrines qui m'étaient proposées, bien qu'on m'en dissuadât au nom d'une sacro-sainte objectivité. A vrai dire, la Logique et la Psychologie ne m'intéressaient guère. Et si je trouvais la Morale pittoresque, j'étais par contre passionné pour le programme de Métaphysique, celui qui laissait d'ailleurs indifférents mes condisciples. Je me souviens d'avoir défendu les thèses de Berkeley, cet idéalisme absolu qui confine à l'immatérialisme. Partant de la célèbre formule de Descartes, « Je pense, donc je suis », Berkeley en vient à dire qu'en dehors de la pensée, aucune réalité ne peut être prouvée, à plus forte raison la réalité de la matière qui n'est que la projection extériorisée de nos idées, que celles-ci soient agréables ou désagréables, provoquant, dans ce dernier cas, l'impression d'impossibilité, d'impuissance devant les choses qui résistent. Diderot a dit de Berkeley que sa doctrine était la plus absurde qui fût, mais qu'il était impossible de démontrer scientifiquement qu'il avait tort. Car il est bien évident que la pensée prime tout et que la seule preuve de notre existence est celle de la pensée. Si j'affirme que la pensée n'existe pas, je prouve par l'absurde que cette pensée existe, puisque je formule ma pensée. Et si la pensée est la seule et unique preuve d'une quelconque existence, on peut évidemment s'engager très loin dans les spéculations sur le peu de réalité du monde et même des êtres que l'on voit, qu'on *imagine* en face de soi.

C'est ainsi que j'en vins à considérer comme possible une certaine *transmigration* des âmes d'un corps à un autre, en passant par l'épreuve de la mort et celle de la naissance. Certes, j'avais entendu parler de la métempsycose, de ces passages continuels d'existence en existence, de ces incarnations sous diverses formes y compris les formes animales. Je ne comprenais pas les modalités de ces migrations et je n'osais m'aventurer dans une certitude à ce propos ; mais mon amour des animaux m'incitait à penser que les bêtes ont une âme, ce que je crois toujours, et que cette âme n'est point tellement différente de celle des humains. Ce sont les manifestations de cette âme qui sont rendues impossibles par l'incapacité relative du cerveau des bêtes à transmettre les informations venues de ce mystérieux esprit qui anime toute vie. Certes, pour accepter une telle hypothèse, il me fallait dépasser l'objection bien connue des matérialistes qui mettent en évidence que la pensée, sans le langage, n'existe pas, qu'on ne peut avoir aucune preuve de l'existence de la pensée sans que celle-ci soit formulée en un langage cohérent permettant de se faire comprendre, non seulement par les autres, mais par soi-même. Cela équivalait à me faire prendre conscience du problème fondamental qui se pose à propos de la pensée : la pensée précède-t-elle le langage qui l'exprime, ou bien la pensée n'est-elle pas suscitée par le langage, quel que soit celui-ci, affectif ou d'ordre intellectuel ? Mais les divers cris des animaux, le miaulement des chats en particulier, ne pouvaient s'expliquer, pour moi, que par leur besoin d'exprimer quelque chose qui se trouvait en eux, dans leur être intérieur. Et de quel droit pouvais-je traiter les animaux comme des inférieurs ?

C'est là que la doctrine catholique m'apparut comme abusive. D'après la Bible, ou du moins d'après les interprétations qu'on a pu faire de la Bible, et notamment de la Genèse, le monde a été créé pour l'homme et se trouve donc au service de l'homme. En conséquence directe, les animaux, comme les végétaux, sont des êtres inférieurs soumis à l'homme et destinés à le servir comme des esclaves. La théorie des « animaux-machines » de Descartes, la définition d'une conscience d'espèce qui serait celle des animaux, à l'opposé de la conscience individuelle qui serait celle de l'homme, je ne pouvais les admettre, pas plus que je ne pouvais accepter la « royauté » suprême de l'homme sur la nature. Et c'était pourtant l'époque où la réflexion écologique était encore inconnue, où la nature était considérée comme inépuisable. Je me trouvais donc en porte à faux vis-à-vis des dogmes répandus par l'Église et savamment récupérés par les sociétés humaines. On m'avait habitué à dire que les humains *mouraient,* mais que les animaux *crevaient,* que les femmes *accouchent,* mais que les femelles d'animaux *mettent bas.* Il fallait faire très attention à ne pas confondre ; sinon on aurait manqué de respect à l'ordre universel établi par Dieu, lequel a créé l'homme à son image, mais non les animaux.

Cette question des animaux sans âme m'a beaucoup perturbé dans mon enfance et dans ma jeunesse. Aujourd'hui, je ne peux admettre, en mon âme et conscience, comme on dit, que les animaux soient dénués d'âme. Il faut vraiment n'avoir jamais vu vivre des bêtes pour croire encore à la théorie des animaux-machines. Que leurs possibilités d'expression, que leurs facultés d'abstraction, que leur potentiel d'invention soient réduits, c'est évident. Mais cela ne fait que donner raison aux thèses de Platon et aux théories réincarnationnistes selon lesquelles l'âme est issue du monde divin des idées pures et a été enfermée, par quelque puissance maléfique — le diable ou tous ses substituts — ou encore par suite d'une faute — la révolte de l'Esprit contre lui-même et ses multiples formulations —, dans un corps de chair, véritable prison d'où elle aspire à sortir le plus tôt possible pour regagner les séjours divins. Mais c'est là qu'interviendrait le jugement des âmes : l'être intérieur qui aurait utilisé son existence temporaire à s'enferrer davantage dans la matière se verrait infliger une descente encore pire dans l'échelle des existences. Cette vision s'accorde parfaitement avec le sens moral qu'on décèle au fond de chaque être humain.

Je me persuadais alors que le Purgatoire dont on me menaçait continuellement n'était pas un vague séjour dans un Autre Monde sillonné par les esprits des défunts morts en état de péché véniel, mais tout simplement une ou des existences ultérieures destinées à la purification de cet être intérieur qui, je le comprenais fort bien, ne pouvait remonter à la lumière divine que revêtu lui-même de lumière, sans aucune trace d'ombre sur les mains ou dans le cœur. Après tout, ce n'était pas contradictoire avec la doctrine catholique. Je me souciais peu de savoir que la thèse réincarnationniste avait été condamnée officiellement par l'Église romaine au concile de Constantinople, en 543. Le motif de cette condamnation était avant tout le danger que faisait courir l'idée de la réincarnation à l'attitude morale des fidèles : le fait de savoir qu'on pouvait toujours se racheter dans une vie postérieure pouvait en effet conduire à un certain laxisme. Selon la vieille formule, « il sera toujours temps de se repentir quand on sentira venir la fin ». Mais la fin de quoi ?

Une incompréhension assez générale de la théorie dite de la Réincarnation domine en Occident. Ce mot « réincarnation », souvent confondu avec « métempsycose » et même avec « transmigration des âmes », n'a pas toujours la même signification selon les époques et les contextes culturels. La doctrine de Pythagore, reprise dans certaines conditions par Platon, par le néo-platonisme et par la plupart des Gnostiques, suppose une chute primordiale de l'esprit dans la matière et une lente ascension de l'âme qui tente, au travers d'existences successives, de retrouver sa pureté originelle et sa fusion avec le divin. La pensée hindoue, relayée en partie par le Bouddhisme, suppose un cycle illimité de vies successives, cycle qui n'a pas de commencement, qui n'est aucunement la conséquence d'une chute, et auquel le bouddhisme prétend mettre fin par l'*éveil,* comme l'a fait le Bouddha historique. Et si, dans cette forme de réincarnation, il n'y a pas de « péché originel », le contexte moral apparaît néanmoins très important, puisqu'il permet d'atteindre rapidement, par détachement complet de l'illusion de vivre, ou relativement tôt par maturation et attitude bienfaisante, la libération définitive de l'être dans le divin. Quant aux types de réincarnation chez les peuples dits « animistes », ils sont extrêmement divers ; et bien souvent, la notion de l'entité amenée à prendre une nouvelle forme de vie varie du tout au tout, hésitant même parfois entre la réincarnation individuelle et la réincarnation collective. Et chacune des thèses en présence a ses arguments qui peuvent être convaincants dans la mesure où l'on adhère au mode de pensée dans lequel elles s'intègrent. Rien ne peut y être considéré comme faux, puisque toutes ces thèses partent de postulats par nature indémontrables, qui suscitent, comme pour les mathématiques, des systèmes absolument cohérents et d'une logique implacable.

Au fait, qu'est-ce qui se réincarne ? Les réponses à cette unique question sont innombrables. Est-ce l'*âme* au sens chrétien du terme, le souffle vital, l'énergie vitale, le corps astral, le corps subtil, ou encore cette essence purement spirituelle que les Hindous appellent *atman,* qu'on pourrait traduire maladroitement par le mot français *soi,* ou encore plusieurs éléments combinés ?

Dans la croyance populaire, il ne fait aucun doute que c'est un « ensemble », constitué d'éléments divers et acquis au cours des existences antérieures, qui s'insinue dans un nouveau corps à la naissance ou à la conception d'un autre être vivant, humain ou animal. A partir de là, on peut tout imaginer, et les expériences de parapsychologie n'ont pas été les dernières à alimenter le corpus des « certitudes » réincarnationnistes. Le professeur Ian Stevenson écrivait à ce propos, dans un article paru en 1960, en partant de la notion de composante *psi* désignant une fonction psychique qui serait à la base d'une capacité parapsychique : « Chaque être humain pourrait comprendre un corps physique et une composante *psi.* Après la mort du corps physique d'un individu, la composante *psi* pourrait mener une existence sans corps un certain temps. On peut supposer qu'après ce laps de temps la composante *psi* s'unira à un autre corps physique, et cela probablement le plus souvent pendant son développement embryonnaire. Il s'ensuivrait que certains aspects de la composante *psi* influenceront la personnalité du nouvel être humain et détermineront sa mentalité, sa conduite et les particularités de son corps physique. En admettant le principe d'une survie, la réincarnation en serait l'une des formes. Elle concernerait soit la totalité des humains, soit seulement un nombre plus ou moins important de personnes. Pour les autres, il y aurait survie sans réincarnation. D'autre part, le concept de réincarnation ne peut être figuré sans l'hypothèse d'une survie après la mort physique. L'évidence de la réincarnation inclut nécessairement celle de la survie, alors que le contraire est certainement inexact [1]. » C'est peut-être la meilleure synthèse possible de toutes les doctrines de la réincarnation.

En tout cas, la composante *psi* se retrouve sous des aspects divers dans les thèses réincarnationnistes de toutes les époques et de toutes les civilisations. Et elle apparaît clairement lors des expériences parapsychologiques

1. Cité par Hans Binder, *Réincarnation et Parapsychologie,* dans le symposium sur *la Réincarnation,* édité par Carl-A. Keller, Berne, éd. Peter Lang, 1986, p. 86.

de tous ordres, y compris les rêves, les visions et les transes, avec ou sans intervention extérieure, d'un opérateur ou d'un médium. Si Balzac vivait à notre époque, il aurait fait du « double éthérique » de Louis Lambert une composante *psi.* Et c'en est une évidemment, comme peuvent l'être les apparitions de « fantômes » et autres personnages surgis de l'Autre Monde et que l'on s'obstine, parfois sans succès, à identifier. Cette composante *psi,* les Grecs la connaissaient parfaitement ; mais, dans un premier temps, ils en faisaient ces « visages de néant » dont sont peuplés leurs Enfers. Il faudra attendre Platon pour qu'elle soit reconnue comme une entité réelle, capable d'autonomie et de liberté, capable donc de choisir sa destinée dans l'Autre Monde ou sa réincarnation dans ce monde-ci. Dans son allégorie de la Caverne, Platon la situe très exactement dans le corps de ces prisonniers enchaînés le dos à l'entrée et qui ne voient du monde réel, celui de l'extérieur, que les reflets lumineux sur la paroi d'en face. L'image est saisissante et elle est probablement juste quand on considère le peu d'informations que transmet à nos sens notre cerveau alors qu'il serait, dans certaines conditions, capable de nous en fournir bien davantage. Ce qui expliquerait aussi nos réminiscences, ces bizarres états de conscience qui nous permettent parfois de *sentir* des êtres, des choses ou des événements se rattachant à un passé plus ancien que notre propre naissance. Ces réminiscences ont été observées, sans qu'on puisse les expliquer, à toutes les périodes de l'histoire humaine, même si bon nombre d'observateurs les ont rejetées comme fantaisies de l'imaginaire ou constructions intellectuelles résultant d'une concentration d'éléments épars recueillis par notre sensibilité.

Il n'est donc pas étonnant de constater que les doctrines réincarnationnistes ont fleuri un peu partout dans le monde, dans les sociétés dites civilisées et dans celles qu'on persiste à croire « primitives ». Chez les Égyptiens, chez les Indiens, chez les Perses, surtout après le triomphe du mazdéisme, chez les Grecs de la période hellénistique, il a existé des enseignements sur la réincarnation, et même chez certains Juifs du temps de Jésus, notamment les Pharisiens, si l'on en croit Flavius

Josèphe. Par contre, elle semble avoir été inconnue chez les Assyro-Babyloniens, et aussi chez les Celtes, contrairement aux idées reçues et qui proviennent de faux documents druidiques élaborés à la fin du XVIIIe siècle et répercutés par certains ésotéristes du XIXe siècle [1]. Cette croyance en une réincarnation possible s'est étendue partout, aussi bien à l'intérieur des différents courants du Christianisme, sans parler des hérésies, comme le Catharisme, et même dans certains cas chez les mystiques et les penseurs ésotéristes de l'Islam. C'est dire que cette conception particulière de l'après-vie ne peut être méprisée et qu'elle constitue l'une des grandes options philosophiques de l'humanité.

Il y a plus. Il y a tous les témoignages résultant d'expériences volontaires ou non au cours desquelles des individus ont été amenés à revivre certains événements du passé dans des conditions assez extraordinaires pour qu'on puisse se poser sérieusement la question de savoir s'il s'agit de rappels de vies antérieures. Ces témoignages sont parfois déroutants, car ils défient toute explication logique. Bien sûr, un choix, pour ne pas dire un tri, est nécessaire entre tous ces récits spontanés ou provoqués. Certains d'entre eux forcent la suspicion, car ils ne font qu'opérer la synthèse entre des éléments culturels qui, un jour ou l'autre, ont envahi l'esprit de l'individu en proie à ces rappels. Et puis, comment se fait-il que tant de personnes, apparemment sincères, se reconnaissent bien davantage dans des personnages célèbres de l'Histoire que dans des pauvres gens d'une autre époque ? On ne

1. Je me permets d'insister sur ce point : je n'ai jamais découvert dans les textes celtiques les plus anciens la moindre allusion à une doctrine élaborée sur la réincarnation. Le texte de César sur ce sujet a été mal compris, car César dit que les « âmes sont immortelles et qu'elles passent, après la mort, dans un autre corps ». Mais le contexte signifie que ce sera dans un Autre Monde, ce qui est parfaitement conforme à toutes les traditions irlandaises concernant l'univers du *sidh*. Quelques cas de réincarnation sont signalés, mais ils concernent des personnages exceptionnels qui ont une mission à remplir. Par contre, les cas de métamorphoses, la plupart du temps symboliques, sont innombrables. Voir J. Markale, *le Druidisme*, Paris, Payot, 2e éd., 1989.

peut même plus dénombrer ceux qui ont prétendu, avec le plus grand sérieux, qu'ils étaient des réincarnations de Jeanne d'Arc, de Napoléon ou de Jules César. Ce genre de témoignages fait plutôt du tort aux partisans de la théorie réincarnationniste.

Mais à côté de ces cas qui ne sont même pas douteux, on découvre des expériences tout à fait extraordinaires et qu'on ne peut jamais qualifier de coïncidences. Un exemple bien connu est celui d'une simple servante anglaise qui parlait très mal sa langue maternelle, qui n'était jamais sortie de son pays, qui n'avait jamais eu de contacts avec des gens cultivés et qui, un beau jour, se mit à parler en hébreu et dans plusieurs langues de l'Antiquité. Voici de quoi se poser des questions, même sans être soi-même un partisan convaincu de la réincarnation. Mémoire ancestrale ? Possession du cerveau de cette femme par un esprit — ou par des esprits —, c'est-à-dire par une entité invisible, une composante *psi,* rôdant tout près et intervenant de cette sorte comme peuvent intervenir des fantômes, ou, pourquoi pas, des anges ou des démons ? Après tout, les cas de possession diabolique sont de même nature ; et rien ne prouve que cette femme ait été la réincarnation d'un être ayant vécu une ou plusieurs vies successives dans une lointaine Antiquité.

Il est impossible de citer les multiples cas qui ont été observés de façon scientifique et qui concernent des personnes, surtout des enfants, qui reconnaissent, sans les avoir jamais vus, des endroits où ils auraient vécu antérieurement. Le plus fort, c'est qu'ils décrivent ces lieux à des observateurs impartiaux, sans y être réellement allés eux-mêmes, fait absolument prouvé dans les enquêtes réalisées à ce sujet. Et quand ils se mettent à parler de caractéristiques physiques ou morales d'individus dont ils ignorent l'existence mais qui, après vérification, se révèlent réels ou morts depuis longtemps, on est en droit de se montrer ébranlé. Certes, encore une fois, cela ne prouve pas le phénomène de la réincarnation, mais tendrait à prouver l'existence de cette composante *psi* capable de se lancer hors du corps, *mais aussi hors du temps et de l'espace,* autrement dit l'existence de cette composante *psi* en dehors de tout véhicule corporel. Si ce n'est pas là la

« survie », elle y ressemble bien. Mais, effectivement, sur le plan de la logique pure, rien ne s'oppose à ce que ces expériences soient les conséquences d'une mémorisation subite d'éléments contenus dans les zones les plus obscures de cette composante *psi.*

On débouche alors sur un tout autre problème, celui de la mémoire. En admettant les réincarnations successives de l'être intérieur, celui qui est impérissable et qui, subissant d'innombrables métamorphoses, s'enrichit — ou s'appauvrit — d'expériences nouvelles, on ne comprend pas pourquoi la plupart des gens ne se rappellent rien de leurs vies antérieures, sauf quelques bribes, quelques réminiscences dans des circonstances exceptionnelles. Les Grecs avaient prévu l'objection : les défunts qui devaient re-naître, et d'ailleurs quelques autres en arrivant dans les Enfers, devaient obligatoirement boire l'eau du Léthé, l'eau de *l'oubli.* Ce détail mythologique rend compte d'une réalité et explique cette étrange absence de souvenirs. Voltaire s'en moque à propos du cartésianisme et surtout du platonisme, lorsqu'il raconte que les êtres humains, selon Descartes et Leibniz, savent tout à leur naissance, mais doivent pourtant aller tout réapprendre à l'école. Il est vrai que Voltaire est un irrévérencieux personnage doublé d'un mécréant. Mais son contemporain et néanmoins ennemi Jean-Jacques Rousseau nous a laissé un témoignage intéressant de re-naissance sans mémoire. Entendons-nous, il s'agit du retour à la conscience d'un homme qui est resté un certain temps évanoui. Ce n'est pas une N.D.E., mais une expérience de retour riche en détails significatifs. Dans *les Rêveries d'un promeneur solitaire,* Rousseau raconte en effet un accident qu'il a subi. Alors qu'il herborisait dans la banlieue de Paris, un chien l'a renversé et le choc l'a assommé. Le voici qui revient à la vie :

« La nuit s'avançait. J'aperçus le ciel, quelques étoiles et un peu de verdure. Cette première sensation fut un moment délicieux. Je ne me sentais encore que par là [1].

---

1. On peut comparer cet autre extrait des *Rêveries :* « De quoi jouit-on dans une pareille situation ? De rien d'extérieur à soi, de rien sinon de soi-même et de sa propre existence ; tant que cet état dure,

Je naissais dans cet instant à la vie, et il me semblait que je remplissais de ma légère existence tous les objets que j'apercevais. Tout entier au moment présent, je ne me souvenais de rien ; je n'avais nulle notion distincte de mon individu, pas la moindre idée de ce qui venait de m'arriver ; je ne savais ni qui j'étais ni où j'étais ; je ne sentais ni mal, ni crainte, ni inquiétude. Je voyais couler mon sang comme j'aurais vu couler un ruisseau, sans songer seulement que ce sang m'appartînt en aucune sorte. Je sentais dans tout mon être un calme ravissant, auquel, chaque fois que je me le rappelle, je ne trouve rien de comparable dans toute l'activité des plaisirs connus. » Rousseau a réellement bu l'eau du Léthé. Et, incapable de mémoriser quoi que ce soit, dans un premier temps, il se contente de vivre l'instant présent. Or, la question qui se pose est celle-ci : à notre naissance dans cette vie actuelle, perdons-nous tout souvenir des vies antérieures pour nous consacrer pleinement à cette existence qui nous accueille ? La mémoire est la faculté de *mémoriser* tel ou tel fait à un moment donné, quand on en a besoin. Cela n'empêche pas le fond de la mémoire de conserver intacts tous les éléments qui y sont enregistrés. *N'en serait-il pas de même en cas de réincarnation ?*

D'autres facteurs peuvent entrer en ligne de compte. De plus en plus, on se penche sur ce qu'on appelait autrefois la mémoire ancestrale, ou encore l'hérédité. Nous savons très bien que nous portons en nous l'histoire de l'espèce, ce qui serait en quelque sorte la justification scientifique d'un péché originel commis par Adam et Ève et répercuté sur l'ensemble de leurs descendants. Nous savons que la gestation de l'enfant dans le ventre maternel restitue intégralement le développement de l'être primitif qui, au cours d'une lente évolution, a mené à l'homme d'aujourd'hui. Nous savons que l'histoire indi-

---

on se suffit à soi-même, comme Dieu. Le sentiment de l'existence dépouillé de toute autre affection est par lui-même un sentiment précieux de contentement et de paix, qui suffirait seul pour rendre cette existence chère et douce à qui saurait écarter de soi toutes les impressions sensuelles et terrestres qui viennent sans cesse nous distraire, et en troubler ici-bas la douceur. »

viduelle est liée à l'histoire de l'espèce humaine, mais qu'elle prend sa source dans l'histoire de la vie elle-même, ce qui, une fois de plus, nous fait revenir à la description biblique de la création de l'homme par Iaveh, « à son image », le tout étant contenu dans l'*un,* et l'humanité à venir étant déjà en présence potentielle dans Adam, l'*Homme Rouge,* et dans celle qui, tirée symboliquement de sa côte, allait devenir la mère primitive, Ève, la matrice originelle bientôt remplacée par la Vierge Mère, celle qui n'a pas d'âge, et qui se trouve, dans toutes les traditions, à l'aube des temps. Nous savons maintenant que tout être animé comporte dans ses cellules, ou plus exactement dans ses *gènes,* un véritable *programme* digne des ordinateurs les plus sophistiqués. Nous savons qu'il existe un *code génétique* que l'on s'efforce actuellement de déchiffrer et qui pourra peut-être nous donner des solutions à de nombreux problèmes. Mais, ce que nous ignorons, c'est l'origine de ce code génétique, et si, oui ou non, il a une finalité quelconque. C'est dire que la *mémoire* qui est au fond de chaque individu, qu'il soit humain, animal ou végétal, est un mystère total. Et pourtant, nous savons que *cette mémoire existe* quels qu'en soient la cause, le fonctionnement et le but.

Dans ces conditions, le processus de la réincarnation n'est pas plus absurde que d'autres processus constatés et dûment répertoriés par les sciences dites exactes. Le fait que certains individus, à certains moments et selon certaines circonstances qui demeurent encore inexplicables, se mettent tout à coup à extraire de leur mémoire des éléments qui peuvent faire penser à la possibilité d'une vie antérieure, est tout à fait intéressant et même passionnant. Le tout est de mesurer la fiabilité de ces « mémorisations », et de définir s'il s'agit de rappels biologiques inhérents à l'espèce ou à la pesanteur héréditaire, ou de substrats appartenant à cette composante *psi,* appelons-la ainsi, qui semble constituer la charpente même de ce que les spiritualistes de tous bords font recouvrir du terme « âme ». La doctrine chrétienne parle d'une âme unique, et elle insiste sur le fait qu'il ne faut donc pas la « gâcher » dans notre vie actuelle, parce que nous n'avons également qu'une seule vie sur terre.

D'une façon générale, la spiritualité occidentale, qu'elle soit grecque, romaine, celtique, germanique, puis chrétienne et musulmane, insiste sur le caractère individuel de cette âme, créée par Dieu et destinée, sinon à subir des épreuves, du moins à accomplir un certain plan universel, cosmique même, qui est le mystérieux plan divin auquel font allusion toutes les traditions religieuses et que soustendent tous les textes mythologiques. Mais il ne faut pas négliger la conception orientale de cette âme, qui est beaucoup moins individuelle que collective, l'*atman* n'étant en fait qu'une parcelle du divin, parcelle non créée mais *séparée,* et qui n'aspire qu'à réintégrer l'unité primitive dans un quelconque *nirvâna,* c'est-à-dire dans une totalité de non-conscience (et non pas d'inconscience). L'âme de la métaphysique orientale est collective, tandis que l'âme occidentale est individuelle, et cela par nature. C'est là que réside le divorce entre la pensée orientale et la pensée occidentale, et ce divorce, qui représente deux systèmes de pensée contradictoires, me paraît inconciliable, n'en déplaise à tous les tenants du syncrétisme qui affirment que tout est pareil et que les seules différences sont d'ordre terminologique. Je m'inscris en faux contre ce syncrétisme que je serais tenté de qualifier de « syncrétinisme ». Je crois fermement et absolument que les pensées orientale et occidentale sont inconciliables et qu'elles représentent chacune une interprétation de l'univers. Je ne dis pas que l'une est meilleure que l'autre, je dis simplement qu'elles sont antinomiques.

Cela dit, et bien que je n'aie jamais négligé de m'informer le mieux possible sur la pensée orientale, je suis un occidental convaincu de l'être et décidé à mener jusqu'au bout les termes de cette spéculation occidentale tels qu'ils apparaissent dans le Christianisme, le Judaïsme et l'Islam, ces trois religions dites monothéistes, aussi bien que dans les traditions plus anciennes de cette Europe qui a vu se succéder bien des formulations métaphysiques ou théologiques. Par ma naissance et par mon éducation, peut-être aussi par le code génétique qui m'habite sans que je le sache, je ne peux raisonner valablement qu'en occidental. C'est ce que j'ai toujours essayé de faire et c'est ce que j'espère continuer à faire tant que l'Esprit me guidera sur ces chemins périlleux de la spéculation intellectuelle.

Donc, en tant qu'occidental imbu de rationalisme, en tant que produit des « humanités classiques », je ne peux agir autrement qu'en confrontant les données de tous les problèmes qui se posent. Et parmi ces données, je ne peux non plus passer sous silence celles qui me viennent de mon expérience personnelle, pour ne pas dire individuelle. Car j'ai vécu une expérience de mémorisation d'une vie passée, et elle est assez spéciale. Il ne s'agit pas en effet d'une visualisation, ni d'un appel aux sens généralement mis à contribution pour ce genre de mémorisation, mais d'un simple vécu de mon enfance et de mon adolescence qui s'est révélé, beaucoup plus tard, lorsque je l'ai analysé froidement, riche d'informations que je ne soupçonnais même pas au moment de ce vécu.

J'écris ces lignes à l'âge de soixante-deux ans. Mais je me souviens parfaitement aujourd'hui de certains malaises subis dans mon enfance et mon adolescence jusqu'à l'âge de dix-neuf ans. Ces malaises se produisaient très souvent, selon une fréquence que je n'ai pas remarquée. Ils sont très difficiles à décrire puisqu'il s'agit essentiellement de sensations. J'avais l'impression que ma tête gonflait, enflait. Je n'avais pas vraiment mal, mais cette sensation me faisait geindre et pleurer. Tout enfant, chaque fois que j'avais ces « crises », car c'en étaient réellement, ma grand-mère s'inquiétait et me demandait ce que j'avais. Apparemment, il n'y avait rien d'anormal sur mon visage ou sur l'ensemble de ma tête. Mais, à l'intérieur de moi-même, c'était l'Enfer, un enfer subtil, hallucinant, terrifiant. J'entendais ma grand-mère me questionner, me parler, me redresser lorsque j'étais allongé. Je l'entendais, mais j'étais incapable de répondre, de dire quoi que ce soit pour expliquer mon trouble. D'ailleurs, aurais-je pu l'expliquer avec des mots ? Cela durait un certain temps, qui me paraissait très long et de plus en plus insupportable. Et puis, brusquement, tout cessait, et je ne ressentais plus rien. J'étais comme auparavant, sans souffrance, sans angoisse, sans changement extérieur. Et, généralement, je m'endormais tranquillement, paisiblement, sans m'en rendre compte, dans une certaine béatitude de l'esprit.

Ces malaises, je le répète, ont cessé aux environs de mes dix-neuf ans. Je me suis efforcé de les oublier, les rangeant dans la catégorie des troubles psychiques de l'enfance prolongée. Mais, un jour, j'ai lu quelque chose qui m'a fait resurgir tout cela avec une netteté étonnante : la description des impressions d'un homme qui avait reçu une balle dans la tête et qui s'en était sorti. *La même chose.* Alors, les déclics se sont produits : je me suis aperçu que j'avais souffert dans mon enfance et mon adolescence, et jusqu'à ma dix-neuvième année, les impressions qui avaient été celles de mon oncle, le fils aîné de ma grand-mère, tué en 1916, au cours de la Première Guerre mondiale, d'une balle dans la tête qui l'avait conduit à une agonie de plusieurs jours, à l'âge de dix-neuf ans. Or, j'ai été élevé par ma grand-mère qui, sur la fin de sa vie, m'a murmuré : « Tu sais, je t'ai aimé encore plus que mes fils. »

Étrange. Les nombreux témoignages sur de possibles réincarnations insistent tous sur les naissances qui se produisent dans une famille à la suite d'une perte d'un être cher, généralement d'un enfant. Et ces témoignages tendent à faire penser que la nouvelle naissance est en fait une réincarnation de l'être disparu. Le motif de cette réincarnation apparaît alors clairement : le disparu n'a pas pu accomplir ce qu'il devait accomplir ; il doit revenir pour achever ce qu'il avait tout juste commencé. Et, habituellement, on constate que ce *re-né* possède certaines caractéristiques physiques de celui qu'il est censé réincarner, caractéristiques qui peuvent également s'étendre aux aptitudes intellectuelles, psychologiques et morales, aussi bien qu'aux troubles et aux maladies éprouvés par le disparu. Or, je sais que mon oncle, qui, dans sa jeunesse, avait été un joueur acharné de rugby, avait eu des ennuis à un genou pour un ménisque déplacé. Je n'ai jamais joué au rugby, n'étant pas particulièrement sportif, mais j'ai eu moi-même un ménisque déplacé et quelques maladies bénignes qui avaient été celles de mon oncle. Coïncidences ? Cette prise de conscience ayant eu lieu après la disparition de ma grand-mère, je n'ai jamais pu vérifier dans le détail les concordances qui auraient pu s'imposer ; mais les malaises que j'ai éprouvés pendant dix-neuf ans, et qui étaient ceux qu'a subis tragiquement mon oncle, me semblent un argument qui ne peut être négligé. Je n'en conclus rien. Je me pose la question : suis-je le *re-né* de mon oncle, destiné à accomplir ce que lui-même, par suite de circonstances qui lui échappaient, n'a pas pu mener à bien ?

Jamais, en cette vie, je ne trouverai la réponse. Mais la question méritait d'être posée. Il y a tant de choses que nous ignorons et qui sont pourtant à portée de notre compréhension. Cette expérience m'a donné au moins le sentiment que la réincarnation, loin d'être une projection pure et simple de notre angoisse de la mort, était peut-être une possibilité.

2. Résurrection ou Re-Naissance ?

On a dit que toute réincarnation supposait que la survie puisse être une réalité, mais que la réalité d'une survie ne supposait pas forcément la réincarnation. La réincarnation doit être considérée comme une des formes possibles de survie après la mort physique. Il peut donc y avoir d'autres formes de survie. C'est ce que nous enseigne le Christianisme tout entier bâti sur la résurrection de Jésus-Christ, le troisième jour après sa mort sur le Golgotha. C'est la pierre angulaire de tout le Christianisme, l'événement sans lequel la foi chrétienne serait sans objet, réduite à l'état de vague doctrine religieuse au milieu de tant d'autres superstitions à reléguer au magasin des accessoires d'un théâtre qui évoquerait davantage le célèbre Grand-Guignol d'autrefois que la non moins célèbre mais plus sérieuse Comédie-Française. Or, quelque jugement qu'on puisse porter sur le Christianisme et surtout sur ce qu'on en a fait depuis vingt siècles, il ne semble pas que ce soit une simple farce imaginée par quelque esprit délirant désireux de se faire un nom dans l'Histoire.

Car il y a des faits. Vers les années 30 du premier siècle de notre ère, un individu qu'on a dit être Juif, mais qui était en réalité Galiléen, ce qui n'est pas tout à fait identique, du nom de Iéshoua — dont nous avons fait Jésus —, a groupé autour de lui des adeptes, a parcouru la Palestine en prêchant une doctrine reposant sur l'amour universel, et a fini par être condamné *par les Romains* au supplice de la croix en tant qu'agitateur politique nuisible à l'ordre romain auquel était soumise la Palestine. Ces faits ne nous sont connus que par recoupements successifs et tardifs, car le seul document historique à peu près contemporain qui eût pu être valable, l'œuvre du Juif Flavius Josèphe, a été « caviardé », comme on dit en jargon journalistique, c'est-à-dire « censuré » pour cette période précise du récit. On a considéré ce « caviardage » comme une escroquerie des premiers Chrétiens voulant dissimuler la vérité, à savoir que Jésus n'était pas ressuscité mais qu'on avait enlevé son corps pour faire croire à sa résurrection. Mais ce qu'on oublie, c'est que ce « caviardage » pouvait être aussi bien une escroquerie des ennemis de Jésus *qui étaient fort nombreux et agissants, surtout dans les milieux officiels juifs,* escroquerie destinée à supprimer toute preuve de la résurrection réelle de Jésus. Les deux thèses se tiennent parfaitement. Mais je m'étonne qu'on n'ait jamais mis en avant la seconde.

Le problème délicat concerne les Évangiles qui ne sont pas fiables *historiquement,* ayant été composés très tardivement, certainement pas avant 120, d'après des témoignages oraux déjà déformés par une doctrine en pleine élaboration. De plus, les quatre Évangiles retenus par l'Église romaine, qui se prétend dépositaire de la Vérité absolue, sont confus et bien souvent contradictoires ou pleins d'incohérences, ce qui prouve sans discussion possible les triturations et les interpolations qu'ils ont subies afin d'accorder les événements avec la doctrine. Seul, le quatrième Évangile, celui attribué à Jean, le plus jeune des disciples et, parmi ceux-ci, l'unique témoin de la Crucifixion, paraît contenir des éléments susceptibles d'authenticité parce que provenant d'une source différente des trois autres et vraisemblablement moins altérée.

Il ne s'agit pas d'ergoter sur les circonstances de la vie de Jésus. Je laisse le soin aux libres penseurs d'ironiser sur la conception et la naissance de Jésus le Nazoréen (et non pas de Nazareth). C'est très facile, d'autant plus que le monde hellénistique qui était celui de l'époque, était riche en naissances divines miraculeuses, en particulier celle du dieu Mithra, né lui aussi dans une grotte, mais de la roche elle-même, c'est-à-dire de la Terre Mère et Vierge, naissance qu'on situait d'ailleurs le 24 ou le 25 décembre. Je leur laisse également la lourde tâche d'expliquer que Jésus a fait semblant de mourir sur la Croix, qu'il était simplement drogué, et qu'il suffisait de lui administrer un contre-poison pour qu'il pût ressusciter. Les variantes de cette histoire sont bien connues : les disciples ont enlevé le corps de Jésus pour faire croire qu'il était ressuscité, et ils ont fait agir un sosie (certains disent son frère jumeau) à sa place. Tous ces faiseurs de romans sont aussi habiles, semble-t-il, que les rédacteurs des Évangiles. Le malheur, pour eux, c'est que tout en prétendant détenir la vérité scientifique absolue, ils sont incapables de prouver quoi que ce soit, pas plus que les tenants de la vérité théologique. Sur ce plan-là, les adversaires peuvent être renvoyés dos à dos.

Beaucoup d'obscurités émaillent cet ensemble. Il est à peu près certain que le corps de Jésus a été retiré du tombeau, qu'il a donc été enlevé, on ne sait par qui, peut-être par les Romains désireux d'éviter des pèlerinages sur la tombe d'un martyr, peut-être par certains disciples (mais lesquels ?) qui, déçus par la mort de Jésus, auraient voulu effectivement faire croire à sa résurrection. *Mais ce rapt du cadavre de Jésus ne modifie en rien la résurrection de Jésus, car celle-ci se situe sur un tout autre plan.* En effet, dans cette histoire, tous les commentateurs, les Chrétiens comme les athées, s'enferrent dans leurs spéculations soi-disant rationalistes : ils veulent à tout prix que ce soit le corps mort de Jésus qui ait retrouvé la vie. *Or, il est tout à fait possible de supposer que Jésus, s'il a réellement ressuscité (et rien ne s'oppose formellement à cette réalité), a revêtu un autre corps, non pas un corps mortel, mais un corps glorieux.* L'Église romaine devrait d'ailleurs y penser lorsqu'elle fait gloser sur le « corps glorieux » du Christ, au lieu de prôner, comme elle l'a fait pendant des siècles, le linceul de Turin, autrement dit le « Saint Suaire », lequel est reconnu officiellement, depuis peu il est vrai, comme un faux très habile de la fin du XIIIe siècle, œuvre d'un peintre qui a signé lui-même une confession dont l'Église connaissait parfaitement l'existence. A force de vouloir imposer des croyances sans en vérifier le bien-fondé, sans poser les problèmes de fond qu'elles suscitent, on atteint à la caricature.

J'ai dit que le seul texte susceptible d'être tenu pour sûr était le quatrième Évangile, celui qui n'est pas synoptique, celui qui est à part, le seul que retenaient les Cathares, l'Évangile de la tradition de Jean, du *disciple que Jésus aimait,* et qui était probablement le plus jeune, donc le préféré, de tous ceux qui suivaient Jésus. Reprenons cet Évangile à la fin, au moment où Jésus *mort* a été enseveli dans le tombeau donné par Joseph d'Arimathie, disciple secret du maître, étant donné la haute situation qu'il occupait tant auprès des Juifs que des Romains, et qui n'en était pas moins l'ami de Ponce Pilate.

Deux traductions contemporaines rendent compte des nuances et des précisions contenues dans le texte, dont les plus anciennes versions, il importe de le dire, sont en langue grecque. L'une de ces traductions est celle dite de la Bible de Jérusalem ; la seconde est celle d'André Chouraqui. On sait que c'est Marie de Magdala qui vient au tombeau « le premier jour de la semaine », soit le jour du Sabbat. Elle trouve le tombeau vide et se précipite chez Pierre et Jean, leur annonçant qu'on a volé le corps de Jésus. Les deux disciples courent au tombeau. Jean n'entre pas dans le tombeau, se contentant de regarder par la porte [1]. Pierre entre et constate la disparition du corps. Jean entre alors et le texte signale qu'*il crut,* sous-entendu « que le Christ était ressuscité ». Puis Pierre et Jean s'en vont, *laissant inexplicablement toute seule Marie de Magdala qui, sans que les Évangiles le reconnaissent, était l'une des plus fidèles adeptes du Maître.*

1. Une thèse fort intéressante fait de Jean un prêtre, ce qui, au regard de la loi juive, lui interdit, sous peine de souillure, d'entrer dans un endroit où repose un cadavre. Cela justifierait le fait qu'arrivé le premier, il n'entre pas avant que Pierre, qui n'était pas prêtre et ne craignait pas la souillure, lui ait confirmé la disparition du cadavre.

Voici la suite, selon la traduction de la Bible de Jérusalem : « Marie se tenait près du tombeau, au-dehors, tout en pleurs. Or, tout en pleurant, elle se pencha vers l'intérieur du tombeau et elle voit deux anges, en vêtements blancs, assis là où avait reposé le corps de Jésus, l'un à la tête et l'autre aux pieds. Ceux-ci lui disent : « Femme, pourquoi pleures-tu ? » Elle leur dit : « Parce qu'on a enlevé mon Seigneur, et je ne sais pas où on l'a mis. » Ayant dit cela, elle se retourna et elle voit Jésus qui se tenait là, *mais elle ne savait pas que c'était Jésus.* Jésus lui dit : « Femme, pourquoi pleures-tu ? Qui cherches-tu ? » *Le prenant pour le jardinier,* elle lui dit : « Seigneur, si c'est toi qui l'as emporté, dis-moi où tu l'as mis et je l'enlèverai. » Jésus lui dit : « Marie ! » Se retournant, elle lui dit en hébreu : « Rabbouni ! » — ce qui veut dire : « Maître ». Jésus lui dit : « *Ne me touche pas, car je ne suis pas monté vers le Père. Mais va trouver mes frères et dis-leur :* « Je monte vers mon Père et votre Père, vers mon Dieu et votre Dieu. » Marie de Magdala vient annoncer aux disciples qu'elle a vu le Seigneur et qu'il a dit cela. »

Le but de l'hébraïsant André Chouraqui a été de retrouver, sous le texte probablement grec à l'origine des Évangiles, la pensée sémite qui anime ce message. Dans sa traduction, il reprend donc les noms hébreux ou araméens des personnages, ce qui leur donne parfois une dimension que nous n'avons pas coutume de remarquer dans les autres versions, trop *romanisées* pour rendre compte d'un état d'esprit qui était celui de la Palestine au premier siècle de notre ère. Voici donc le même passage dans la traduction de Chouraqui : « Cependant Miriâm se tient hors du sépulcre et pleure. Donc, en pleurant, elle se penche dans le sépulcre. Elle contemple deux messagers en blanc, assis, l'un à la tête, l'autre aux pieds, là où gisait le corps de Iéshoua. Ils lui disent : « Femme, pourquoi pleures-tu ? » Elle leur dit : « Ils ont enlevé mon Adôn, et je ne sais où ils l'ont déposé. » Disant cela, elle se tourne en arrière et contemple Iéshoua debout, *ne sachant pas que c'était Iéshoua.* Iéshoua lui dit : « Femme, pourquoi pleures-tu ? Qui cherches-tu ? » Elle, *croyant que c'était le jardinier,* lui dit : « Adôn, si c'est toi qui l'as retiré de là, dis-moi où tu l'as déposé : je l'enlèverai. »

Iéshoua lui dit : « Miriâm ! » Elle, se tournant, lui dit en hébreu : « Rabbouni ! » — c'est-à-dire : « Mon Rabbi ! » Iéshoua lui dit : « Ne me touche pas ! Non, je ne suis *pas encore monté chez le Père.* Va vers mes frères et dis-leur : "Je monte chez mon Père et votre Père, mon Élohim et votre Élohim." Miriâm de Magdala vient et annonce aux adeptes : « J'ai vu l'Adôn ! » et ce qu'il lui avait dit. »

Je pense que ce court récit de Jean est le plus beau texte jamais écrit sur cette terre. C'est à la fois le chant de vie le plus étonnant et le chant d'amour le plus émouvant. Est-ce une exacte transcription d'une réalité vécue ou la cristallisation de tous les désirs de l'humanité ? Il semble que ce *témoignage,* car c'en est un de toute façon, s'il eût été inventé pour les besoins de la cause, eût été beaucoup plus riche en merveilleux et moins avare d'explications. Car, ici, tout est énigme, tout pose question, à commencer par l'amour absolu de Marie de Magdala pour son « rabbouni ». On a beau avoir voulu escamoter le personnage de la Magdaléenne, il est bien là, et à un moment crucial du processus de la Rédemption. Les autres évangélistes précisent que c'était celle de qui Jésus avait chassé les sept démons, ce qui fait ricaner les détracteurs du Christianisme qui s'empressent de traiter Marie, sinon de folle, du moins de névrosée, pour ne pas dire, en conformité avec le passé de courtisane qu'on lui suppose, une nymphomane. La composante sensuelle du personnage de la Magdaléenne n'est pas niable, même si les commentateurs chrétiens ont tout fait pour la masquer ou l'ignorer, on ne comprend toujours pas pourquoi. En effet, l'attitude de Marie apparaît éloquente : anéantie par la mort de Jésus, elle revient au tombeau pour y manifester son désespoir ; stupéfaite de la disparition du corps, elle se sent privée de tout lien avec son « rabbouni », et elle pleure. Il lui faut la présence physique de Jésus et elle est prête, si on lui dit où est le corps, à aller le chercher, témoignage irréfutable de son attachement passionné pour Jésus. Et la réflexion de Jésus : « Ne me touche pas ! » en dit long sur les rapports qui devaient exister entre Jésus et Marie. On ne peut l'ignorer, et l'on ne voit pas très bien ce qu'il y a de choquant ou même d'indécent dans cet amour qui semble absolu et probablement très pur : les mystiques chrétiens, surtout les femmes, parlent un langage sensuel autrement plus audacieux quand ils décrivent leurs extases dans l'union avec le divin. Il reste que ce récit constitue l'une des plus belles scènes d'amour qui se puisse imaginer, racontée avec une simplicité de moyens qui sublime cet amour : le nom de Miriâm prononcé par Iéshoua, le terme respectueux mais tendre (et possessif, puisqu'il signifie « *mon maître* ») de *Rabbouni,* tout est exprimé dans ce dialogue réduit à sa plus simple expression.

Et c'est une femme qui est le premier être vivant à rencontrer le Christ vainqueur de la mort. Sur le plan symbolique, le détail a son importance. En quelque sorte, Marie de Magdala est un autre visage de Marie, mère de Jésus, donc de la Vierge universelle, la Déesse des Commencements honorée depuis des millénaires, qui préside à cette *re-naissance* de Jésus et qui, en termes purement symboliques, le rend à la lumière, accouche littéralement de *Jésus-autre.* Car Jésus est bel et bien *autre* tout en étant lui-même : la Magdaléenne ne le reconnaît pas tout de suite ; elle le prend pour le jardinier. C'est le son de la voix, l'appel plein de tendresse de Iéshoua à Miriâm qui provoque cette reconnaissance, et elle est d'ordre affectif. On peut alors supposer que Jésus n'a pas le même corps que celui qui a été inhumé dans le tombeau. Certes, plus tard, il fera toucher ses plaies à Thomas. Mais ce sont des marques qui ne peuvent s'effacer, puisque ce nouveau corps de Jésus, ce corps glorieux *qui n'est d'ailleurs pas encore dans son état définitif puisqu'il n'est pas encore monté vers le Père,* ne peut être que la synthèse de toute la personnalité de Jésus, de sa vie passée, de ses joies, de ses souffrances, de tous les éléments qui se sont cristallisés autour du phénomène vital qu'on appellerait volontiers la composante *psi* de cet être exceptionnel.

Ce n'est pas la première fois qu'on parle du démembrement d'un dieu, de sa mort et de sa résurrection *ou de sa re-naissance.* Il en était ainsi en Égypte avec Isis, rassemblant les restes démembrés d'Osiris et lui redonnant la vie. Il en était ainsi, dans tout le Proche-Orient et même dans l'ensemble de l'Empire romain, avec la mort annuelle d'Attys — ou Adonis, ce qui nous renvoie naturellement au terme sémite *adôn,* « seigneur » —, ce jeune dieu ressuscité — ou *re-né* — par la Déesse-Mère, qu'elle soit Cybèle, Artémis ou Aphrodite-Vénus, de toute façon, celle qu'on vénérait à Éphèse, là où la légende chrétienne placera la maison soi-disant habitée par la Vierge Marie et l'apôtre Jean. La présence d'une femme, dont la fonction maternelle est inhérente à la nature, s'imposait donc pour que Jésus acquît sa nouvelle naissance.

Car il s'agit d'une re-naissance beaucoup plus que d'une résurrection, ce qui expliquerait d'ailleurs un possible enlèvement du corps placé dans le tombeau. On sait que l'empereur Julien l'Apostat fut assassiné par un Chrétien parce qu'il avait affirmé avoir retrouvé le véritable tombeau du Christ bien loin de Jérusalem. Le tombeau du Christ, mais de quel Christ, ou plutôt de quel *corps* ? Le corps glorieux de Jésus, vu par Marie de Magdala et par les apôtres, n'était sûrement pas le corps mortel qu'on avait déposé dans le tombeau de Joseph d'Arimathie et que des inconnus — Juifs, Romains ou disciples zélotes partisans d'un Messie uniquement temporel ? — ont enlevé, sans doute pour le déposer dans un autre tombeau plus ou moins secret. Cette hypothèse n'altère en rien la réalité de la réapparition de Jésus sous forme humaine, le matin du troisième jour, bien au contraire : car s'il est difficile de croire qu'un corps mort et déjà entré dans un processus de dissociation puisse retrouver sa force vitale, il est beaucoup plus acceptable de croire qu'une entité spirituelle parvenue à un très haut degré de perfection puisse se matérialiser et apparaître dans ce que, faute de mieux, on doit appeler un « corps glorieux ».

Très longtemps, on a entretenu la confusion entre réincarnation, résurrection et re-naissance. Ce sont pourtant trois concepts fondamentalement différents. La résurrection, qui serait la réanimation d'un cadavre réellement mort, est une absurdité. La réincarnation, qui est le passage de l'âme (ou de la composante *psi*) dans un autre corps par le moyen d'une conception et d'une naissance parfaitement normales et naturelles, est une possibilité qui ne peut être niée. La re-naissance, au sens large du terme, qui est la matérialisation d'une âme (ou de la composante *psi*) ayant atteint un haut degré d'évolution, est une probabilité qui peut encore moins être niée. D'autant que cette *matérialisation* peut se jouer sur différents plans : aussi bien dans la dimension de notre univers terrestre que dans d'autres dimensions, celles de l'Autre Monde ou des Autres Mondes qui peuvent très bien exister sans que nous en ayons la connaissance sensible.

C'est dans cette optique qu'il faut considérer l'Ascension de Jésus. Comment imaginer un corps humain normal se désintégrant brutalement et passant ailleurs, sinon dans une œuvre de Science-Fiction ? Par contre, on peut admettre sans difficulté que Jésus, revêtu de son corps glorieux, ayant terminé sa mission auprès de ses disciples, ait eu le pouvoir de s'*effacer* du monde sensible pour *aller vers le Père,* pour atteindre un univers qui est un autre plan de conscience, un univers que décrivent abondamment les récits mythologiques et qu'on situe toujours *ailleurs* et pourtant *tout près.* On se souviendra utilement du don d'invisibilité qui caractérise les Tuatha Dé Danann : ils se voient entre eux, mais ne sont pas vus par les humains, sauf quand ils se matérialisent et se présentent à eux. Mais, même invisibles, ils sont là, près des humains. Ce sont ces derniers qui sont aveugles, parce que, comme disent certains textes orientaux, ils n'ont pas encore réussi à faire fonctionner le « troisième œil », celui de la conscience supra-sensible.

Tout le monde a entendu parler de Rosemary Brown, cette femme médium née à Londres, et qui durant toute sa vie a été capable de recevoir les communications de l'au-delà, en particulier de Franz Liszt et d'autres compositeurs qui lui dictaient des œuvres, lesquelles, selon l'avis des musicologues les plus avertis, ne sont jamais des « faux » mais des créations originales qui ne peuvent avoir été composées que par les auteurs en question. Le cas de Rosemary Brown a été étudié et passé au crible de la critique la plus exigeante, et il faut bien reconnaître qu'il laisse perplexe. Or, Rosemary, qui a écrit un certain nombre d'ouvrages pour communiquer les messages qu'elle a reçus de ces personnages de l'au-delà, fait dire ceci à Franz Liszt, à propos de la réincarnation et de la re-naissance sous un aspect matériel : « Le dernier stade est un état de conscience céleste où l'âme n'est pas intéressée par l'apparence, mais par l'être. Les âmes dans cet état ont perdu tout intérêt pour la représentation corporelle individuelle, sentant que cette forme extérieure n'est plus nécessaire. Certains de ces niveaux très évolués sont imprécis puisque là, les âmes n'ont plus besoin de s'assurer une forme extérieure. » Mais cet état de conscience, toujours d'après ce qu'aurait dit Liszt, ne peut être atteint qu'après une longue évolution qui ne saurait être la même pour tous : « Il y a une sorte de perception de l'âme. Lorsqu'une âme est près d'une autre, elle la reconnaît en percevant sa présence et elle peut identifier l'atmosphère d'une personne. Cela se produit après un très long délai. Cela peut prendre de nombreuses années. Aussi il n'est pas question d'être soudain projeté d'un certain état de conscience dans un autre si totalement différent que l'âme s'y sentirait mal à l'aise et hors de son élément [1]. » Il est bien entendu que ces « révélations » n'ont d'autre caution que l'apparente bonne foi de Rosemary Brown. Mais elles permettent de projeter certaines lueurs sur les phénomènes d'apparitions et autres matérialisations de personnes connues comme défuntes et se manifestant auprès de quelques privilégiés.

Il ne s'agit pas ici d'évoquer des « apparitions » comme celles qui ont été consignées et officialisées par l'Église romaine, concernant principalement la Vierge Marie. Ces « apparitions » relèvent essentiellement du mysticisme religieux. Elles sont des prises de conscience, par des êtres humains doués d'une sensibilité particulière, d'énergies supérieures auxquelles ces êtres humains donnent des formes qui correspondent à leur propre niveau socioculturel. Sans mettre en doute la réalité de ces « apparitions », elles ne sont cependant pas des matérialisations, des re-naissances, mais plutôt des « reconnaissances », des conjonctions entre des forces spirituelles par nature invisibles et des perceptions sensibles. Il est impossible de ranger dans ces catégories d'apparitions la présence de Jésus auprès de Marie de Magdala, près du tombeau

1. Rosemary Brown, *En communication avec l'au-delà,* Paris, J'ai Lu, 1974, pp. 109-110.

vide. D'après le contexte, à condition qu'on veuille bien faire confiance au récit attribué à l'apôtre Jean, *Jésus est réellement présent,* quelle que soit la nature exacte de son corps glorieux, devant la Magdaléenne éperdue d'amour.

En partant du principe qu'un défunt — ou tout au moins sa composante *psi,* mais il est plus commode d'employer le terme « défunt » — ait la possibilité de se réincarner ou de re-naître, de se matérialiser dans certaines circonstances, on peut supposer en effet qu'un certain nombre d'entités ayant atteint un haut degré d'évolution peuvent s'incarner ou se matérialiser et partager la vie du commun des mortels, dans le but notamment d'aider les vivants, de leur donner des conseils, des orientations diverses, voire des marques d'affection et des compensations en cas de torts causés antérieurement. Et on peut également supposer que certains défunts reviennent et revivent une autre vie *parce qu'ils n'ont pas pu mener à bien la mission qui leur était dévolue* dans un plan universel qu'on pourrait appeler les « desseins secrets de Dieu », plan qui nous échappe peut-être mais qui est présent en chaque être vivant.

Le cas de Jésus est très clair : il fallait qu'il persuadât les disciples, qu'on nous présente d'ailleurs comme des sceptiques, et qui en sont restés trop souvent à la notion de Messie temporel, que le but de la vie était de vaincre la mort, non pas en l'évitant, mais *en la vivant,* puisque cette expérience se révèle nécessaire pour atteindre un état supérieur de l'existence. Donc, il était indispensable que Jésus se manifestât après sa mort pour prouver à ses disciples que la survie existait et qu'il dépendait de chaque être humain de la réaliser le mieux possible. D'où la formule chrétienne bien connue : « Vivez dans le Christ », qui n'est qu'une déformation maladroite d'une formule autrement exaltante : *Soyez tous des Christ.* Car c'est là l'essentiel du message de Jésus. En prouvant la réalité de sa renaissance, il signifiait à tous que la nature humaine est destinée à re-naître.

Mais Jésus n'a pas donné de détails sur l'après-vie, à moins que l'on ait fait disparaître ce qu'il avait dit à ce sujet. Il a pourtant prononcé une parole importante : « Il y a plusieurs demeures dans la maison de mon Père. » En clair, cela signifie que les modalités de l'Autre Monde appartiennent à chacun des êtres humains qui constituent le fameux « sein d'Abraham », ou mieux encore la « Communion des Saints ». Si les diables et autres monstres infernaux qui assaillent le mourant sont des projections de ses propres turpitudes, les anges et le bonheur du séjour paradisiaque sont également les conséquences de nos actes. Là-dessus, la plupart des traditions religieuses sont en parfait accord.

L'Église primitive attendait le retour imminent du Christ, la *Parousie.* C'est donc que le concept de nouvelle matérialisation de Jésus était présent dans l'esprit des premiers disciples et de leurs premiers successeurs. Mais si ce concept était partagé par l'ensemble des fidèles, c'est qu'il correspondait à une notion plus ancienne, celle qu'on voit exprimée dans *l'Iliade* ou *l'Odyssée* par exemple, ou dans les récits mythologiques irlandais : les dieux, ou les personnages doués de pouvoirs divins, peuvent apparaître aux humains et participer à leur vie active. Quand Diarmaid et Grainné, poursuivis par les *Fiana,* sont en grand danger, Oengus, le vénérable maître de Brug na Boyne, se présente à eux et les dérobe à la vue des autres humains. Autrement dit, ce concept de parousie n'est pas spécifique du Christianisme : il appartient à la tradition universelle, ce qui supposerait d'ailleurs, à l'origine, un *acte fondateur,* qu'on peut appeler une *révélation,* celle-ci étant transmise de génération en génération par des moyens mnémotechniques appropriés, l'imagerie symbolique des schémas mythologiques. Rappelons que Jésus n'est pas venu sur terre pour innover, mais, selon sa propre expression, « pour accomplir les Écritures ».

Admettons donc la réincarnation, la résurrection et/ou la re-naissance. Dans l'imaginaire populaire, qui rend compte de l'inconscient collectif et du substrat culturel des peuples, elle prend toujours des formes concrètes et concerne des circonstances définies. Un conte populaire bien connu, et dont on possède de nombreuses versions, est celui du vivant qui rend les derniers devoirs à un défunt et que celui-ci récompense en l'aidant dans des cas désespérés. La version la plus explicite est occitane. C'est l'histoire de Jean de Calais, un jeune homme sans souci mais généreux, qui, un jour, voyant le cadavre d'un homme laissé sans sépulture, le fait enterrer religieusement et paie les dettes qu'il avait laissées. Il ne se contente d'ailleurs pas de cet acte charitable : en passant devant le cimetière, il va se recueillir sur la tombe du défunt. « Il était agenouillé sur la fosse et récitait ses prières, quand un grand oiseau blanc se posa sur la grande croix du cimetière. Et le grand oiseau blanc se mit à parler : « Jean de Calais, je suis l'âme du pauvre mort que tu as fait enterrer ici. Tu m'as fait grand service, Jean de Calais, et sache que je ne l'oublierai pas [1]. »

Effectivement, au cours d'une série d'aventures, Jean de Calais est tiré de situations catastrophiques par le grand oiseau blanc, jusqu'à la crise finale où l'oiseau blanc, pour prix de ses services, demande la moitié de l'enfant de Jean de Calais. Le héros ne peut qu'obéir et tire son épée pour partager son enfant en deux. Alors le grand oiseau blanc l'arrête dans son geste, lui déclare que c'était une épreuve à laquelle il le soumettait, et qu'il peut maintenant se considérer quitte de toute redevance envers lui. « Et le grand oiseau blanc s'envola. On ne l'a jamais revu depuis ce temps-là. » Il est probable que l'âme du défunt, ayant accompli sa mission et s'étant dégagée du désir d'apparaître sous une forme corporelle, s'en était allée vers ces régions inconnues que Platon appelle le Monde des Idées pures.

Il arrive aussi que cette résurrection/re-naissance soit assortie d'épreuves en apparence insurmontables et complètement aberrantes au regard de la logique habituelle, surtout quand elle concerne le héros de l'histoire, présenté comme un modèle, un exemple significatif du processus de régénération déclenché par la problématique vie-mort ou mort-vie. C'est le cas présenté dans un très beau conte breton armoricain dont il existe plusieurs versions, qui sont autant de variations sur le même thème. Il s'agit des aventures d'un chasseur errant, du nom de Yann, qui loue ses services à qui veut l'employer. Un homme en rouge (le diable, bien entendu !) l'engage,

1. J. Markale, *Contes de la Mort,* pp. 239-240.

moyennant cinq sous qu'il doit toujours conserver dans sa poche, pour être le gardien de son bois. Mais c'est un bois un peu bizarre : « Il y avait beaucoup de gibier dans ce bois, et Yann se disait qu'il ne manquerait pas de nourriture. Seulement, le bois semblait n'avoir pas de fin. Il avait beau marcher dans toutes les directions, aller toujours plus loin, il n'arrivait pas à sortir du bois. Il ne rencontrait ni habitation, ni être humain. » Il est évident que Yann se trouve dans l'Autre Monde, mais il n'est pas habitué à cet Autre Monde et n'y distingue rien, obnubilé qu'il est par les sensations recueillies pendant sa vie terrestre. Voilà qui corrobore tous les témoignages de N.D.E. concernant l'inadaptation à un nouvel état de conscience.

Cependant, un jour, Yann s'engage dans « une grande avenue dont les côtés étaient remplis de belles fleurs aux parfums délicieux et où les oiseaux de la forêt semblaient s'être tous réunis pour chanter et voltiger ». Persuadé qu'il s'agit du domaine du maître de la forêt, il poursuit son chemin et parvient dans un château désert, avec « un bon feu dans le foyer », et « un agneau qui y cuisait à la broche ». C'est un épisode classique dans les récits mythologiques, et on en trouverait d'innombrables exemples. Yann mange et boit tranquillement. Mais « quand il eut fini, il aperçut avec stupeur une main prendre un chandelier sur la table. On ne voyait absolument que la main. Yann se demanda s'il ne rêvait pas. Mais la main lui fit signe de la suivre. Il examina soigneusement cette main et reconnut que ce devait être une main de femme, très fine et soignée, avec de belles bagues à ses doigts. Il se leva et suivit la main. Tenant toujours le chandelier, la main le conduisit dans une chambre très spacieuse où il y avait un beau lit. Puis elle posa le chandelier sur la table et disparut ».

Jusqu'ici tout va bien. Yann se couche et s'endort. Mais il est réveillé au milieu de la nuit par le bruit que font « trois personnes de grande taille, à la mine affreuse, et qui jouaient aux cartes. Prudemment, Yann se cacha du mieux qu'il put sous les draps ». Cela ne l'empêche pas d'être « senti » et repéré par les êtres démoniaques. Ils se saisissent de lui, le font cuire dans une marmite, le découpent en morceaux et le dévorent à belles dents. Puis ils quittent les lieux. « Dès qu'ils furent partis, une tête de femme et une main entrèrent dans la chambre. On ne voyait que la tête et la main. La tête et la main cherchèrent d'abord sur la table, puis dessous, et dans tous les recoins de la chambre. La main finit par retrouver un fragment d'os, pas plus gros que le petit doigt... La main se mit à frotter cet os avec un onguent qu'elle avait, et, à mesure qu'elle frottait, l'os se recouvrait de chair, et bientôt les membres apparurent et le corps de Yann se reconstituait, si bien qu'il se retrouva complet et aussi sain qu'avant. »

Résurrection ou re-naissance ? Il est difficile de trancher. La seule chose certaine, c'est que le petit morceau d'os représente réellement la fameuse « composante *psi* » qui peut re-naître, en tout cas reprendre forme dans un nouveau corps créé de toutes pièces grâce à cet « onguent magique » qui n'est autre que l'énergie cosmique et divine qui circule dans l'univers et à laquelle on peut attribuer des noms divers. Puis la tête déclare à Yann : « Tu as encore deux nuits à passer comme celle-ci. Mais garde ton courage et ne t'effraie de rien, même si ce que tu vois et ce que tu subis te paraissent terrifiants. Quand tu auras subi ces trois épreuves, les monstres perdront tout pouvoir sur ce château et sur tous ceux qui y sont sous leur domination. Grâce à toi, nous serons délivrés. Nous sommes nombreux ici, sous des formes très différentes. Et si tu veux, tu pourras alors m'épouser, car je suis une princesse victime de la vengeance d'un enchanteur. Tu vois, tu as déjà permis que ma tête apparaisse. »

La symbolique de ce conte semble très claire : le héros, qui est mort, doublement mort puisqu'il est dans l'Autre Monde et qu'il vient d'être démembré et absorbé par les monstres, est pourtant celui par qui seront sauvées les autres âmes qui gisent ici sous des formes diverses. Il s'agit en fait de vaincre les démons, les projections des pensées négatives ; il s'agit de néantiser le Purgatoire ou l'Enfer, de détruire le mal et de restituer l'être dans sa pureté originelle, par un *sacrifice,* une épreuve sanglante et terrifiante, qui dure trois nuits, l'équivalent de trois vies. Et pour ce faire, l'intervention d'une femme est nécessaire, celle de la Princesse, bien entendu, puisque c'est un lieu commun des contes populaires, qui n'est autre que l'image de la Déesse-Mère, autrement dit de la Vierge Marie, représentée dans l'Évangile de Jean par Marie de Magdala. Les épreuves sont l'apprentissage de la mort. Mais cette mort est la source absolue de la vie nouvelle qui doit s'instaurer. Le personnage de Yann joue ici le rôle du Christ : il se sauve lui-même, il triomphe de la mort, mais dans le même acte, il sauve la Femme initiatrice (Marie de Magdala, bien sûr !) et toutes les autres âmes enfermées dans les fantasmes démoniaques que suscitent les forces négatives, celles que le Christianisme recouvre du nom de Satan.

Ainsi en est-il. Les deux nuits suivantes, Yann est encore démembré et dévoré par les êtres fantastiques qui sont les maîtres du château. A chaque fois, la Princesse reconstitue le corps de Yann à partir d'un petit morceau d'os en le frottant avec son onguent. Mais, la seconde nuit, la Princesse est visible jusqu'à la ceinture, et la troisième nuit, elle est entière, plus belle que toutes les autres femmes du monde. « Et en même temps, on vit surgir de partout des hommes et des femmes de toute condition. Ils venaient remercier Yann de les avoir délivrés. Puis ils s'en allèrent dans toutes les directions pour retourner dans leur pays. Quant à Yann, il épousa la Princesse et demeura dans le château [1]. » Car *il y a plusieurs demeures dans la maison de mon Père.*

Il peut paraître choquant ou sacrilège de mettre en parallèle ce conte fantastique de la tradition populaire bretonne et l'admirable scène du dimanche de Pâques relatée par l'apôtre Jean. René Laurentin, spécialiste des miracles en tous genres, thuriféraire de toute nouvelle « apparition », m'a fait le même genre de réflexion en public, devant les caméras de la Télévision, parce que j'osais comparer la « fable » de la naissance de Mithra et la « réalité historique » de la naissance de Jésus à Bethléem. René Laurentin est prêtre catholique, ce que je ne suis pas. Mais il sait très bien au fond de lui-même — nous en avons parlé depuis — que je ne suis pas si éloi-

1. J. Markale, *Contes de la Mort,* pp. 371-376. Ce conte a été recueilli vers 1880 à Pluzunet (Côtes-d'Armor) par François-Marie Luzel.

gné de lui que certaines personnes aux vues étroites peuvent penser. Le « merveilleux » n'est pas la caractéristique du soi-disant paganisme, car à ce compte, les fondements mêmes du Christianisme seraient inexistants si l'on s'avisait d'en soustraire les éléments qui échappent à la Logique classique, ce que, malheureusement, ont trop tendance à faire certains prêtres contemporains, plus proches du petit père Combes que de saint Jean de la Croix et du curé d'Ars. Ce n'est pas une question de foi, mais de certitude. Il y a bien longtemps que j'ai abandonné la foi pour acquérir la certitude que Jésus était apparu *réellement* à la Magdaléenne, même si cet épisode de l'histoire humaine demeure mystérieusement enfoui dans les brumes tenaces qui empêchent notre pauvre esprit de s'ouvrir à l'Esprit.

3. Les messagers de l'Autre Monde

Il y a tant de mystères, tant d'énigmes dans notre monde. La beauté d'une fleur est un mystère ; son parfum est une énigme. Dans un poème attribué à Taliesin, barde gallois du VIe siècle, se trouve une accumulation de certitudes énoncées par l'auteur présumé :

« *Je sais combien nombreux sont les vents, les ruisseaux,*
je connais la largeur de la terre et son épaisseur,
je sais pourquoi une vache est cornue,
pourquoi une épouse est aimante,
pourquoi le lait est blanc,
pourquoi le houx est vert...
mais personne ne sait pourquoi les entrailles du soleil sont
[rouges[1]. »

Il faut toujours reconnaître ce qu'on ne sait pas. Et le moins qu'on puisse dire, c'est qu'on sait très peu de chose. Mais il importe également de reconnaître ce que

1. J. Markale, *les Grands Bardes gallois*, Paris, J. Picollec, 1981, pp. 70-71.

l'on sait. Les entrailles du soleil sont-elles vraiment rouges ? Peut-être, mais qu'est-ce que cela change à notre destinée ? Il existe des questions auxquelles on ne peut apporter de réponse. Pourtant, je dirai que si les entrailles du soleil sont rouges, c'est pour une raison et que cette raison nous concerne tous, parce qu'elle concerne l'univers tout entier, et que nous sommes tous, que nous l'acceptions ou non, partie intégrante de cet univers. Plus que jamais, le destin d'un être individuel est lié au destin de la totalité. Plus que jamais, la formule des Cathares selon laquelle le monde idéal de la lumière, c'est-à-dire le Paradis, ne sera pas réalisé tant qu'il restera une seule âme à sauver, me paraît une évidence. Car *rien n'est inutile,* rien de ce qui est créé ne peut être *décréé.* Sur un plan théologique, il est inconcevable que Dieu puisse néantiser une créature qui émane de lui, car alors, il se renie lui-même. C'est sans doute la seule justification de l'existence du Mal, qu'on le considère comme un principe abstrait ou comme un personnage revêtu des oripeaux de Satan. Prétendre que Dieu puisse anéantir quoi que ce soit de sa création est le blasphème suprême au-delà duquel il n'y a plus que néant absolu, en vertu du principe, qui semble bien établi, que rien ne se crée, mais que rien ne se perd. Il en va tout autrement des changements de formes ou d'états. Et c'est dans cette problématique que s'insèrent les mystères de l'après-vie.

Car rien ne se perd. Le corps d'un défunt est restitué à la totalité, se trouve engagé dans une série de métamorphoses et de renaissances qui conduisent à des restructurations et à des variances de puissance énergétique. Mais l'esprit, la pensée, qui sont par nature irréductibles à la matière, même s'ils en dépendent dans une certaine mesure ? En vertu du même principe, l'esprit (ou l'âme, ou la composante *psi*) ne peut se perdre puisqu'il a une existence révélée et autonome et qu'il ne dépend de la matière que pour sa manifestation dans une dimension donnée qui est celle de la vie terrestre. Donc, il y a tout lieu d'admettre que cet esprit, quelle que soit sa nature, perdure après la mort physique. Dans quel état et dans quelles conditions ? C'est là où les spéculations peuvent se donner libre cours.

Une histoire étrange figure dans la quatrième branche du *Mabinogi* gallois. Lleu Llaw Gyffes, le fils du magicien divin Gwyddyon, a été tué par traîtrise du fait de l'adultère de son épouse Boddeuwedd. Mais Gwyddyon ne peut pas croire que Lleu soit mort définitivement. Il part à sa recherche et parcourt toutes les provinces de Gwynedd et de Powys. Un jour, il s'arrête chez un paysan, et celui-ci lui raconte qu'une de ses truies accomplit tous les jours un trajet qui demeure inconnu et qu'elle ne rentre que le soir rejoindre les autres cochons. Le lendemain, Gwyddyon suit la truie et se retrouve bientôt dans une vallée, auprès d'une rivière. Là, la truie s'arrête sous un arbre et se met à manger. « Gwyddyon vint sous l'arbre et regarda ce que mangeait la truie. Il vit que c'était de la chair pourrie et des vers. Il leva la tête vers le haut de l'arbre et aperçut un aigle au sommet. A chaque fois que l'aigle se secouait, il laissait tomber des vers et de la chair en décomposition que mangeait la truie. »Et Gwyddyon, se persuadant que l'aigle est en réalité un aspect provisoire de Lleu Llaw Gyffes, chante des incantations, ce qui redonne à l'aigle son apparence primitive, celle du beau jeune homme qu'est Lleu Llaw Gyffes.

Là encore, le symbolisme apparaît très clair. L'aigle représente l'âme ou la composante *psi* de Lleu Llaw Gyffes, et cette âme perdure tandis que la chair décomposée tombe sur le sol. Il est probable que si Gwyddyon n'avait pas agi pour en quelque sorte « remonter le temps » et redonner vie à Lleu, celui-ci se serait envolé pour de bon dans le ciel et ne serait jamais réapparu désormais en un autre état de conscience qui lui aurait permis de ne plus désirer revêtir une forme concrète. Et ce fait signifie aussi qu'il existe un lien entre les vivants et les défunts, lien sans lequel Gwyddyon n'aurait jamais retrouvé la trace de son fils. Et ce lien s'exprime de différentes manières selon les civilisations. Mais il existe, et les expériences médiumniques, surtout celles qui sont contrôlées scientifiquement, sont là pour fournir non des preuves, mais des indications précieuses quant à l'établissement de rapports entre les êtres charnels et les êtres spirituels, même si ces relations s'opèrent sans recours à la matérialisation.

Passons sur les rituels religieux qui tentent d'établir des communications entre les vivants et les saints dûment répertoriés. Passons sur ces séances de magie, de nécromancie où interfèrent les plus louches pulsions de l'être humain. Passons sur les transes médiumniques qui valent ce qu'elles valent, qui permettent parfois d'étranges et surprenants contacts, mais qui se révèlent dangereuses quand elles sont systématiques. Passons sur les rêves, dont les composantes sont complexes et qui peuvent ne rien signifier d'autre qu'une mauvaise digestion. D'une tout autre nature sont les rapports parfaitement subtils que chaque être humain peut entretenir avec un être disparu et auquel il était lié par des liens affectifs. « Ils sont là et ils nous voient », disait ma grand-mère en parlant de ses disparus. Et même si elle se trompait dans ses identifications, elle ressentait, j'en suis persuadé, une *présence* près d'elle d'un être cher qu'elle n'avait jamais cessé d'aimer, qu'elle n'avait jamais oublié, et qui, peut-être, de son côté, n'avait de cesse d'entrer en communication, ne fût-ce que sur ce plan affectif, avec elle. L'amour — avec ses nuances — est le plus fort des liens qui existent entre les êtres. Si, dans le cadre de la vie terrestre, un individu passe son temps à rechercher la compagnie de ceux qu'il aime, comment ne pas supposer qu'un défunt, non encore dégagé de toutes les attaches terrestres, n'ait point le constant désir d'entrer en contact avec ceux qu'il a dû quitter. Si Jésus est apparu en premier à Marie de Magdala, ce n'est peut-être pas sans raison.

Il s'agit donc de présences. Bien sûr, il ne faut pas tomber dans le piège qui est commun aux tenants du spiritisme, voyant des esprits partout, et aux dévots superstitieux qui sentent des diables s'agiter constamment autour d'eux. Ce qui peut conduire aussi bien au fanatisme et aux bûchers de l'Inquisition qu'à la douce folie d'un certain Alexandre Berbiguier de Terre-Neuve du Thym, brave citoyen de Paris au XIXe siècle, qui, harcelé par les « farfadets », n'avait rien trouvé de mieux que de les enfermer dans des bouteilles. La recette était très simple, et c'est M. Berbiguier lui-même qui nous la livre dans un des nombreux écrits qu'il a laissés sur ce sujet : « Lorsque je les sens, pendant la nuit, marcher et sauter sur mes couvertures, je les désoriente en leur jetant du tabac dans les yeux ; ils ne savent plus alors où ils sont. Ils tombent comme des mouches sur ma couverture. Le lendemain matin, je ramasse bien soigneusement ce tabac avec une carte et je les vide dans mes bouteilles où je mets du vinaigre et du poivre. Je cachette la bouteille avec de la cire d'Espagne... » Pauvres farfadets... Dire que M. Berbiguier voulait faire don de sa collection de bouteilles remplies de farfadets au Muséum d'Histoire naturelle où elles auraient été rejoindre les glorieuses reconstitutions de Buffon ! Mais les « farfadets » sont des esprits farceurs. D'après l'honorable M. Berbiguier, « ils s'introduisent comme bon leur semble dans toutes les maisons, se glissent dans les meubles les plus soigneusement fermés ; ils ont même l'adresse de se placer entre la jarretière et la culotte. Ils se procurent l'agrément d'être à toute heure du jour et de la nuit dans les appartements, d'assister au lever et au coucher des dames, d'être témoins de tout ce qu'elles font et disent dans le secret ; de contribuer souvent, par des attouchements qui n'appartiennent qu'à l'époux légitime, à porter les femmes à des actions qui les rendent coupables envers leurs maris ». Au Moyen Age, on appelait ces « farfadets » des *incubes,* ou encore des *succubes* quand ils « importunaient » les hommes. Il faut seulement croire qu'il y avait beaucoup de puces chez M. Berbiguier. C'est du moins ce qu'on peut espérer avant de considérer ce brave homme comme un fou.

Ce n'est là que plaisanteries, dira-t-on. Et pourquoi ces « présences » n'auraient-elles pas envie de plaisanter, puisque, surgissant d'un monde terrestre hérissé de comportements et de sentiments qu'elles n'ont pas encore oubliés, elles se trouvent *en manque* et veulent, par tous les moyens, satisfaire leurs envies ? La question est plus sérieuse qu'on ne pense, et il est bien certain qu'il est très difficile de se débarrasser de ses habitudes. Dans son film *Orphée,* Jean Cocteau a pris soin de nous montrer les défunts, dans le décor décadent des ruines de Saint-Cyr, en train de vaquer aux occupations qu'ils avaient lorsqu'ils se trouvaient de l'autre côté. La scène est hallucinante, surtout lorsque l'on voit Orphée, qui est vivant, passer au travers d'un vitrier qui, son matériel sur le dos, persiste à appeler le client d'une voix monocorde et sans espoir. Et ces exemples, comiques ou sérieux, ne font que mettre en garde contre ces présences qui, sans qu'on le sache, peuvent se révéler négatives. Car si les personnes que l'on a aimées sont supposées rôder de façon invisible autour de nous, pourquoi ne pas supposer également que ceux qui nous haïssent ne cherchent pas à satisfaire leur ressentiment à notre encontre, plongés qu'ils sont dans un « enfer » de haine, qui est l'aspect négatif de l'amour ? L'imagerie populaire a fourni bien des exemples d'illustrations montrant l'être humain encadré d'un « bon » ange aux ailes blanches et d'un « mauvais » diable aux ailes noires.

Tout le monde n'est pas médium, ni « voyant », ni « clairvoyant ». Tout le monde ne distingue pas forcément les « auras » qui émanent de chacun d'entre nous et qui sont des réalités physiques autant que psychiques. Tout le monde n'a pas le don de « double vue ». Dans la tradition bretonne, ce don de « double vue » est réservé à ceux qui, lors de leur baptême, sont entrés deux fois dans l'église paroissiale en traversant le cimetière. Cela paraît obscur, mais c'est très simple : un baptême, autrefois, devait se faire dans les trois premiers jours après la naissance de l'enfant, et, par conséquent, la mère ne pouvait y assister. Le père, accompagné du parrain et de la marraine, laquelle prenait en charge l'enfant, partait donc de bonne heure de son village pour aller au centre paroissial. Mais le chemin était parfois très long, et, de plus, il était parsemé d'auberges où il était d'usage de fêter l'événement. On arrivait fatalement en retard à l'église, et le recteur avait été appelé pour d'autres devoirs. Il fallait donc ressortir de l'église, aller attendre à l'auberge de la place, et entrer une nouvelle fois dans l'église. Et l'on ne pouvait entrer dans les églises, en ces temps anciens, qu'en traversant le cimetière. C'est ce double cheminement à travers le monde des morts qui donnait à l'enfant cette faculté de voir, au-delà des réalités quotidiennes, un Autre Monde où les défunts lui faisaient des signes qu'il pouvait comprendre ou interpréter. Cette tradition, qui n'est certes pas dénuée d'humour, en dit cependant très long sur la familiarité de certaines sociétés rurales avec le monde de la mort. De nos jours, les cimetières ont été déplacés du pourtour de l'église et exilés bien loin, là où la Mort peut se faire oublier. Mais, elle, elle n'oublie pas.

Je n'ai pas été baptisé selon cette méthode, et je n'ai donc pas acquis le don de double vue. Des médiums, à qui je n'avais rien demandé, m'ont cependant révélé qu'ils me voyaient toujours *accompagné* par des êtres qui semblaient me protéger, notamment une vieille femme pleine de tendresse, qui est sûrement ma grand-mère, et un homme étrange, une sorte de prêtre de l'ancien temps, un druide peut-être, empreint de sagesse et de lumière. Une femme, que je pense avoir réellement des dons de clairvoyance, m'a dit un jour que j'avais été de ceux qui accompagnaient Jésus... D'autres m'ont mis en garde contre l'environnement granitique qui est le mien et m'ont conseillé d'aller me retremper dans l'atmosphère du calcaire. Mais tous étaient d'accord sur un point : j'étais entouré et protégé par des êtres qui paraissaient m'aimer avec une incommensurable tendresse.

C'est là tout ce que je retiens de ces « révélations ». Car je me sens en effet rempli de l'amour de ceux qui ne sont plus. Je ne saurais expliquer pourquoi j'ai cette certitude, mais je l'ai. Je ne peux concevoir la vie sans que mon existence d'aujourd'hui ne soit reliée à l'existence des autres, ceux qui sont effectivement vivants auprès de moi, ou tout au moins contemporains, et ceux qui ont déjà franchi la barrière qui nous sépare de l'Autre Monde. J'ai dit et répété ce qui m'attache à ma grand-mère. Je sais qu'elle est là, près de moi, qu'elle me guide dans des moments difficiles, qu'elle me soumet à des épreuves lorsque celles-ci sont nécessaires, qu'elle me juge sévèrement quand je m'écarte du plan qui m'est dévolu. Cela ne va pas sans pleurs ni grincements de dents, ni sans heurts. Les êtres qui nous entourent silencieusement, invisiblement, ne nous laissent rien passer. Ils sont nos censeurs vigilants. Le tout est de savoir les écouter et de comprendre le message qu'ils nous transmettent. Mais dans cette étrange complicité, qui n'est jamais complaisante, je ressens les flèches aiguisées d'un amour qui ne se démentira jamais. En définitive, je suis persuadé que c'est l'amour, sous toutes ses formes, qui lie les êtres entre eux, qu'ils soient dans ce monde ou ailleurs. L'amour est indestructible. La légende de Tristan et Yseult en est la preuve : une ronce unit le tombeau de Tristan et celui d'Yseult, une ronce, pleine de piquants, tortueuse, agressive, mais vivace, tenace, et qui s'accroche pour l'éternité. Voilà une belle image, un beau symbole, et c'est la clef de toute relation entre des êtres intérieurs pour qui l'apparence cède le pas devant la réalité suprême.

Mais cette relation joue dans les deux sens : les défunts ont besoin de nous ; ils s'adressent à nous pour nous demander ce qu'ils n'ont pas pu accomplir durant leur existence ; ils nous demandent notre amour, notre aide, voire notre compassion. Car « ils sont là, et ils nous voient ». J'ai vécu une expérience de ce genre, voici quelques années et qui concerne une femme, la mère d'un de mes filleuls, avec laquelle j'étais lié d'une amitié sincère et totalement désintéressée. A la suite de certains événements douloureux, cette femme a cru bon de mettre fin à ses jours dans des circonstances assez atroces. Je n'ai pas à juger cet acte, même s'il m'attriste profondément. Mais le fait est là : Micheline s'est donné la mort. Or, pendant plusieurs semaines, Micheline s'est présentée à moi chaque nuit, au milieu de brouillards qui m'empêchaient de la voir nettement, et elle me parlait dans un langage que je ne comprenais pas. Et cela a duré tant que je ne me suis pas décidé à faire quelque chose, à répondre à ces demandes incompréhensibles. J'avais fini par deviner cet appel angoissé : j'ai enfin vu qu'elle me tendait désespérément la main pour que je puisse l'aider à émerger d'un effroyable marécage dont elle ne parvenait pas à mesurer la profondeur. J'ai fait ce qui était en mon pouvoir. Dès cet instant, elle n'est plus revenue me hanter. Je me suis rendu compte qu'elle était enfin libérée de quelque chose et qu'elle avait pris son essor. Où ? Je l'ignore. Tout ce que je peux dire, c'est que, plongée dans un Autre Monde hostile, elle a eu besoin de moi. J'ai répondu par un geste d'amitié affectueuse, et le nœud qui l'enserrait s'est défait.

On dira que cette expérience est pure subjectivité, que c'est une projection de mes fantasmes, que j'aime jouer au « sauveur » du monde, que c'est une preuve de paranoïa. On sait que les cimetières sont remplis de gens irremplaçables. Et pourtant, on les a tous remplacés, du moins dans la vie sociale, car un être humain n'est jamais remplaçable puisqu'il est *unique*, puisque c'est un *individu* qui n'aura jamais son *identique*. Je pense à cette autre femme, curieux personnage qu'un ministre de l'Intérieur (voici un certain temps !) m'avait jetée entre les pattes pour sonder mes opinions et en rendre compte à qui de droit. Au bout de quelques verres, et envahie d'un immense élan d'amitié, elle m'avait tout avoué, et je savais quel était son rôle. J'ai eu avec elle une relation exceptionnelle, là aussi une relation d'amitié et d'affection hors du commun. Depuis qu'elle est morte, tuée dans un accident que je soupçonne d'avoir été provoqué (on la jugeait encombrante, semble-t-il !), elle reste toujours présente près de moi et me guide parfois sur des sentiers difficiles. Subjectivité encore et toujours ! Mais je sais que Marie-Paule est près de moi, en train d'accomplir une action qu'elle n'a pas eu le temps d'achever durant son existence, et que peut-être je dois accomplir à sa place. Mais je sais aussi qu'en échange, elle me protège et qu'elle est attentive à tout ce qui m'arrive. Je pourrais multiplier les exemples de cette sorte.

Nous recevons tous des messages. Mais ou nous ne savons pas les déchiffrer, ou nous ignorons que ce sont des messages issus de l'Autre Monde. Et pourtant, comme le chante si magnifiquement Baudelaire, « la Nature est un Temple où de vivants piliers / Laissent parfois sortir de confuses paroles ». Avons-nous la clef qui nous permette de transcrire ces paroles ? L'Évangile de Jean nous met en face de nous-mêmes. Après la résurrection (ou re-naissance) de Jésus, quelques-uns des disciples sont réunis sur le lac de Tibériade pour pêcher. « Ils sortent et montent en bateau. Cette nuit-là, ils ne prennent rien. De grand matin, Iéshoua se tient sur le rivage. *Cependant les adeptes ne savent pas que c'est Iéshoua* » (trad. Chouraqui).

Car la tragédie de la nature réside bien dans ce verset de l'Évangile de Jean : *Ils ne savent pas que c'est Iéshoua.* Le philosophe grec Lucien de Samosate, que d'aucuns considèrent trop rapidement comme un sceptique irrévérencieux, se livre à une curieuse description du dieu gaulois Ogma-Ogmios, identifié avec l'Héraklès grec. Cet étrange dieu, qui incarne la force, est représenté comme un vieillard « qui attire un grand nombre d'hommes attachés par les oreilles et ayant pour liens des chaînettes d'or et d'ambre qui ressemblent à de très beaux colliers. En dépit de leurs faibles liens, ils n'essaient pas de fuir, bien que cela leur soit facile ; loin de résister, de se raidir et de se renverser en arrière, ils suivent tous, gais et contents, leur conducteur, le couvrant de louanges, cherchant tous à l'atteindre et, en voulant le devancer, desserrent la corde comme s'ils étaient étonnés de se voir délivrés. Ce qui me parut le plus singulier, je vais vous le dire immédiatement. Le peintre, qui ne savait où placer le début des chaînes — car la main droite tient déjà la massue et la gauche l'arc —, a perforé le bout de la langue et la fait attirer les hommes qui suivent ; le dieu se retourne vers eux en souriant » (*Héraklès,* I, 7). Cette scène extraordinaire, qu'Albert Dürer a visualisée dans une de ses gravures, est une admirable conclusion à toute discussion sur les messages de l'Autre Monde. Car c'est le dieu de l'éloquence qui parle et qui, selon l'expression de Lucien de Samosate, accomplit tous les exploits dont on le crédite et y fait participer tous les hommes. Et le dieu de l'éloquence, l'Ogmios celtique qui est l'Ogma irlandais, c'est le symbole du Verbe. Nous voici revenus à l'Évangile de Jean : « Entête, lui, le logos et le logos, lui pour Élohim, et le logos, lui Élohim. Lui entête pour Élohim. Tout devient par lui ; hors de lui, rien de ce qui advient ne devient. En lui la vie — la vie et la lumière des hommes. La lumière luit dans la ténèbre, et la ténèbre ne l'a pas saisie » (trad. Chouraqui). Le Logos, le Verbe, la Parole, trois termes pour désigner le souffle vital qui vient d'en haut. Mais ce qui est en bas est comme ce qui est en haut.

La description d'Ogmios par Lucien de Samosate est une véritable fable ; mais elle a le mérite de fixer le schéma des relations subtiles qui existent entre le visible et l'invisible, entre les humains et le monde mystérieux qu'on situe dans l'après-vie. Il est certain que chacun de nous reçoit des messages venus de *là-bas.* Pour moi, c'est une certitude absolue, ce qui débouche évidemment sur une autre certitude, celle d'un Autre Monde, quelles que soient sa forme et sa situation dans le Temps et dans l'Espace, un Autre Monde en perpétuel devenir dont chacun de nous est l'acteur privilégié. La mort n'est qu'une naissance à un nouvel état de conscience, une porte qu'on ouvre pour découvrir d'autres paysages. Je n'ai jamais tant senti cette réalité profonde que dans le sanctuaire de Newgrange, quand le soleil de l'hiver vient caresser la matrice originelle, au cœur même de l'ombre. Le soleil, cette lumière, cette chaleur soudaine, cette image de la Femme éternelle qui veille sur les vivants et les morts, la Déesse des Commencements, ou plutôt des perpétuels recommencements... Alors, on comprend que tout est possible et que rien n'est jamais définitif dans cet univers que nous connaissons à peine et dont nous avons parfois peur de franchir les limites.

A quoi bon cette peur ? « J'ai joué dans la nuit, j'ai dormi dans l'aurore », dit le barde Taliesin. C'est au fond des tertres, dans cet étrange monde du *sidh,* c'est-à-dire de la « paix », que notre visage se rafraîchit aux sources vives de la lumière.

Sainte-Anne d'Auray, 1990.

REPÈRES BIBLIOGRAPHIQUES

Bardo-Thödol, Livre des morts tibétain, Paris, Maisonneuve, 1933.

Bertholet, Éd., *la Réincarnation,* Lausanne, Génillard, 1978.

Bianu Zéno, *les Religions et la Mort,* Paris, Ramsay, 1981.

Boyer Régis, la *Religion des anciens Scandinaves,* Paris, Payot, 1981.

Brune François, *les Morts nous parlent,* Paris, Le Félin, 1989.

Hardy Christine, *l'Après-Vie à l'épreuve de la Science,* Monaco, Le Rocher, 1986.

Keller Carl-A., *la Réincarnation,* Berne, Peter Lang, 1986.

Koechlin de Bizemont D., *l'Univers d'Edgar Cayce,* Paris, Laffont, 1971.

Kolpaktchy, *le Livre des Morts des anciens Égyptiens,* Paris, Omnium Littéraire, 1954.

Markale J., *le Druidisme,* Paris, Payot, 2e éd., 1989.

Markale J., *le Christianisme celtique,* Paris, Imago, 1984.

Markale J., *Contes de la Mort,* Paris, Bartillat, 1986.

« *La Mort est une autre naissance* », collectif, Paris, Albin Michel, 1989.

« *Méditation* », numéro 67 de *Question de,* Paris, Albin Michel, 1986.

Moody Raymond, *la Vie après la vie,* Paris, Laffont, 1977.

« *La mort et ses destins* », nº 71 de *Question de,* Paris, Albin Michel, 1987.

Rawlings M., *Au-delà des portes de la Mort,* Paris, Pygmalion, 1979.

Rougier L., *la Genèse des dogmes chrétiens,* Paris, Albin Michel, 1972.

Schonfield H., *Le Mystère Jésus,* Paris, Pygmalion, 1989.

Sherman H., *Vous vivez après la mort,* Paris, Pygmalion, 1978.

TABLE DES MATIÈRES

CHEZ LE MÊME ÉDITEUR

Bibliothèque de l'Étrange :

L'ÉNIGME DU TRIANGLE
DES BERMUDES
par Jean Markale
Dépassant les thèses formulées jusqu'ici,
de nouvelles perspectives sont envisagées explorant la *mémoire des profondeurs*,
celle où convergent tous les grands mythes et légendes de l'humanité.

Histoire de la France Secrète :

MONTSÉGUR ET L'ÉNIGME CATHARE
par Jean Markale
Une enquête rigoureuse et documentée ouvrant
des voies nouvelles et des pistes oubliées.

•

GISORS
ET L'ÉNIGME DES TEMPLIERS
par Jean Markale
Dans le strict respect des sources historiques,
l'éclairage objectif et raisonné du lancinant mystère.

•

LE MONT SAINT-MICHEL ET L'ÉNIGME DU DRAGON
par Jean Markale
Une vision symbolique et historique du Mont Saint-Michel,
l'un des plus énigmatiques sanctuaires de l'Occident.

•

CARNAC ET L'ÉNIGME DE l'ATLANTIDE
par Jean Markale
Une nouvelle hypothèse explosive et passionnante.

•

CHARTRES ET L'ÉNIGME DES DRUIDES
par Jean Markale
La Déesse des Commencements des Anciens, Notre-Dame de Chartres,
et la présence indélébile des Druides.

•

BROCÉLIANDE ET L'ÉNIGME DU GRAAL
par Jean Markale
La forêt fabuleuse, Arthur, les Chevaliers de la Table ronde,
les Dames du Lac...

•

LA BASTILLE ET L'ÉNIGME DU MASQUE DE FER
par Jean Markale
Une enquête passionnante, pleine d'imprévus,
nous entraîne sur des pistes jusqu'alors curieusement négligées
concernant les célèbres prisonniers de la forteresse-prison.

•

RENNES-LE-CHÂTEAU ET L'ÉNIGME DE L'OR MAUDIT
par Jean Markale
La mystérieuse destinée de l'abbé Saunière.

L'ÉNIGME SACRÉE
par Michel Baigent, Richard Leigh, Henry Lincoln
Jésus-Christ, le Saint-Graal, les Cathares, les Templiers,
à la source d'une extraordinaire remise en cause de l'Histoire.

•

LE MESSAGE
par Michel Baigent, Richard Leigh, Henry Lincoln
Suite de la passionnante enquête de l'ÉNIGME SACRÉE.

CHEZ LE MÊME ÉDITEUR

Les Grandes Aventures de l'Archéologie :

LA FABULEUSE DÉCOUVERTE
DE LA CITÉ PERDUE DES INCAS
par Hiram Bingham
Traduite pour la première fois en France, la passionnante histoire d'une redécouverte devenue un classique du récit d'exploration.

•

LA FABULEUSE DÉCOUVERTE
DE L'EMPIRE DES INCAS
par Siegfried Huber
L'aventure de Pizarre et ses frères
reconstituée à partir de documents originaux (1490-1548).

•

CHAMPOLLION
par Hermine Hartleben
La biographie fondamentale consacrée
au plus grand égyptologue français.

•

LE SECRET DES BÂTISSEURS
DES GRANDES PYRAMIDES
par Georges Goyon, Maître de recherche au CNRS
Nouvelles données
sur la construction des monuments mégalithiques.

•

LA FABULEUSE DÉCOUVERTE
DE LA TOMBE DE TOUTANKHAMON
par Howard Carter
Les mémoires inédits de l'auteur de la découverte.

•

VOYAGE DANS LA BASSE ET LA HAUTE ÉGYPTE
par Vivant Denon
A l'origine de l'égyptologie,
la découverte de l'empire des pharaons par le fondateur du Louvre.

•

VOYAGE EN ÉGYPTE ET EN NUBIE
par Belzoni
« L'un des livres les plus fascinants
de toute la littérature concernant l'Égypte » (Howard Carter).

Les Grandes Aventures de l'Exploration :

TROIS ANS DE LUTTE
DANS LES DÉSERTS D'ASIE 1894-1897
par Sven Hedin
Vingt mille kilomètres sur les traces
de Marco Polo.

•

LE CONTINENT PERDU
DANS L'ENFER VERT AMAZONIEN 1906-1925
par le Colonel Fawcett
— Mémoires posthumes — L'aventure qui a inspiré
le Monde Perdu de Conan Doyle.

TOUTANKHAMON
par Christine Desroches Noblecourt
Vie et mort du plus fabuleux de tous les pharaons.

Achevé d'imprimer en février 1991
sur presse CAMERON,
dans les ateliers de la S.E.P.C.
à Saint-Amand-Montrond (Cher)

N° d'édit. : 372. — N° d'imp. : 548.
Dépôt légal : février 1991.
Imprimé en France